西安

地区城市考古地理信息系统建设与应用研究

冯健 赵晶 著

图书在版编目(CIP)数据

西安地区城市考古地理信息系统建设与应用研究 / 冯健，赵晶著. -- 上海：上海古籍出版社，2024.9.
ISBN 978-7-5732-1283-2

Ⅰ.K872.411.4

中国国家版本馆 CIP 数据核字第 2024ZG8877 号

责任编辑　贾利民
装帧设计　阮　娟
技术编辑　耿莹祎

西安地区城市考古地理信息系统建设与应用研究
冯　健　赵　晶　著
上海古籍出版社出版发行
（上海市闵行区号景路 159 弄 1-5 号 A 座 5F　邮政编码 201101）
（1）网址：www.guji.com.cn
（2）E-mail：guji1@guji.com.cn
（3）易文网网址：www.ewen.co
上海雅昌艺术印刷有限公司印刷
开本 710×1000　1/16　印张 19　插页 7　字数 321,000
2024 年 9 月第 1 版　2024 年 9 月第 1 次印刷
印数：1—1,800
ISBN 978-7-5732-1283-2/K・3671
审图号：GS(2024)1246 号　定价：138.00 元
如有质量问题，请与承印公司联系

西安文物保护考古研究丛书
编辑委员会

主　任：冯　健　陈　斌
副主任：张翔宇　赵凤燕　冯　滨　陶　亮
成　员：张全民　张小丽　郭永淇　辛　龙　朱连华　赵　晶
　　　　柴　怡　王艳鹏　吴　晨　张　良　郭　晖

《西安地区城市考古地理信息系统建设与应用研究》

顾　问：安家瑶　赵　荣　郑育林

序

　　考古学是通过古代人类遗留下的各种实物资料研究古代人类社会发展历史的科学。在几乎所有的考古学研究中，不仅需要记录古代人类活动遗存的空间位置，也需要具体分析其所属的时代甚至更加精确的时间。古代遗存的空间和时间问题，一直是考古学研究的核心基础和不懈追求。如何与时俱进地综合运用多种分析手段，对历年所获并日益增加的海量考古资料、信息进行有效管理、分析和处理，模拟甚至以之重建古代社会的历史，是新时代考古学事业发展的大势所趋。

　　1928年傅斯年在《历史语言研究所工作之旨趣》中提出："因行动扩充材料，因时代扩充工具，便是唯一的正当路径。"越来越多的研究者、管理者清醒地认识到，随着地理科学技术的发展，能有效整合研究对象时间、空间属性的地理信息系统，与不断进步的考古学研究，存在着愈来愈多的"不谋而合"。因此，在考古学的研究和管理之中引入新工具——考古地理信息系统，自然而然成为了新时代考古学事业发展的重要标志。

　　古称长安的西安在今天虽然仅是陕西省的省会，但在我国悠久的历史中，它是周、秦、汉、唐等十余朝代的都城所在，"秦皇汉武""唐宗宋祖"中的四分之三均以此为都建立了赫赫功勋，是我国最伟大的古代都城。

　　1933年国立北平研究院史学研究所徐炳昶、常惠先生开展了以探寻"周民族与秦民族初期的文化"为目的的陕西历史上第一次考古调查。次年2月1日，西安成立了北平研究院与陕西省政府合组的陕西考古会；2月21日至3月19日，在西安城内的陕西省民政厅内开展了陕西历史上的第一次考古发掘；3月3日，出土"唐代兴庆宫图、大明宫图同刻一石之残碑"；3月5日，于城内湘子庙街调查获得"太极宫图暨寺街府坊市图"。前辈学者在为唐代长安城复原研究提供珍贵资料的同时，开启了以城市考古、西安考古为起点的陕西考古——这当然是西安这座伟大城市厚重历史积淀的必然选择。

90多年来，特别是新时代以来，经过几代考古人的不懈努力，西安考古成绩斐然，将中国历史上最重要都城的面貌越来越清晰地展现于世间，也不断展现着考古学事业的伟大贡献。

日益现代化的省会西安，与古代周、秦、汉、唐的都城，特别是隋大兴唐长安城的全面叠压，使以古代都城为背景和对象的西安考古，呈现出严重的"碎片化"局面。不仅大量考古工作的地点因"配合基本建设"而出现不时的"跳跃"，而且即使是同一地区相邻地点考古工作的时间也难以连续，给城市考古的"拼图"工作带来巨大困难。长期以来"散点状"开展考古工作后积存的相关资料，不仅难以得到有效整合，而且在新时代考古工作不断扩展、加深后的资料利用也愈加困难，更遑论以考古资料为基础重构、复现古代都城的辉煌景象。

如何在新时代考古的发展中化解难题，就成为2014年12月冯健从西安市文物局文物处处长调任西安市文物保护考古研究院院长后，面对70年来积累的考古资料时，必须筹划解决的最主要问题。

经过一系列反复思考，冯健院长敏锐地意识到已逐渐在考古工作和研究中发挥巨大作用的考古地理信息系统，是有效化解前述各种矛盾和问题的"良兵利器"。因此，他迅速地从2015年底开始，通过一系列学习、摸索和尝试，一步一步地搭建起我国第一个省会城市的、覆盖古都西安的城市考古地理信息系统。

在这个过程中，冯健院长带领下的西安市文物保护考古研究院通过组建专门机构，与相关部门合作，以精确的西安城市测绘信息为底图，广泛收集并数字化了1933年以来的大量西安城市测绘资料，和不同年度的高清卫星影像，同时将历年积存的西安考古调查、勘探、发掘资料、第三次全国文物普查资料、文物保护单位资料等进行数字化处理，在制定数据库标准体系和构建起基础地理数据库、考古调查数据库、考古勘探数据库、考古发掘数据库和文物保护单位数据库等一系列专题数据库后，第一次让之前分散、互不统属的各种信息，以"西安文物考古地理信息一张图"的形式呈现出来，迅速实现了各类文物资源、考古数据的准确、高效叠加，实现了文物管理、数据分析和综合应用的"同图"作业，成为我国若干重要城市考古的"探路者"和"引路人"。

2020年4月，习近平总书记在浙江省考察时强调："危和机总是同生并存的，克服了危即是机。"2015年以来起步、完善和不断发展的西安城市考古地理信息系统，不仅适应了西安城市快速发展给考古工作带来的严峻挑战，更逐步化解了现代化城市快速扩张、城市建设范围迅速扩大给城市考古、研究及文物管理带来的巨大难题，成为新时代城市考古中"化危为机"的重要代表。本书第五章给我们提供的多个例证，已非常清晰地显示出它的巨大价值，但只要每一个使用或了解过这个系统的学者都会知道，其功能和意义远不止本书所述。

当然，与之前和之后由学者或公司开发的一些考古地理系统不同，西安城市考古地理信息系统一个非常突出的特点，是它从一开始就积极筹划、对接了城市文物保护事业，可以随时为西安市文物保护管理提供扎实的基础支撑，这当然与冯健院长曾任西安市文物局文物处处长的经历有关，而这也正是其优势所在。

2024年8月，习近平总书记指出，要"进一步加强文化和自然遗产的整体性、系统性保护，切实提高遗产保护能力和水平，守护好中华民族的文化瑰宝和自然珍宝"。2015年以来，已持续九年的西安城市考古地理系统的一步步成长，正是考古人对西安古都文化"整体性、系统性保护，切实提高遗产保护能力和水平"的有效尝试和成功经验。我们期待它在新时代考古学事业发展中，不断取得更加丰富而辉煌的成果。

从2014年12月中旬开始，冯健院长曾就考古地理信息系统建设和城市考古中的一些问题与我进行过持续交流，我也有幸参加了为推进西安城市考古地理信息系统建设而召开的多次会议并提出建议。可以说，我是展现在大家面前的这部西安城市考古地理信息系统重要成果的"参与者"之一。因此在冯健院长嘱我为本书作序时，作为熟悉该系统从"出生"到"成长"环节的我自然"义不容辞"。希望在告诉大家它的"来历"后，能让它在得到更多的关怀和关爱后继续成长。

刘　瑞
2024年9月17日中秋

自 序

西安地区文物考古数据库建设，始于2014年一场关于未来研究方向的探讨，初始设想旨在将西安地区的文物考古资料数字化，为考古研究提供一些新的思路与方法。随着西安城市快速发展，给考古工作带来了严峻挑战，城市化快速扩张、建设范围迅速扩大，需要考古工作在对全局把握的基础上，有清晰的学术目标，科学的工作计划，才能变"被动"为"主动"，从而厘清地下遗迹状况，统筹考古发掘与文物保护，这也是城市考古的积极方法。在陕西省与西安市文物局的大力支持下，2015年底我院开始了西安文物考古地理信息系统的建设。

这一工作在当时并没有可供参考的经验，我们只能摸着石头过河，一边进行各类资料的数字化采集，一边完善入库标准。经过几年的探索，关于西安地区文物考古数据库的设想有了初步的框架，在此基础上，我们申请了国家社科基金项目，以深化多元异构考古数据集成和相关入库标准的研究。

地理信息系统（GIS）本身就具有强大的空间数据管理和分析能力，而古代都城考古本身也是探寻历史文化要素在自然城市空间上的缩影，两者结合必然会给城市考古提供分层处理的信息与跨图层运算的可能。在田野考古、环境考古、考古地理信息和计量考古等多手段支持下，我们利用区域和空间分析法，着力构建考古空间信息采集技术、大数据技术和地理信息技术支撑下的西安地区综合考古数据库，制定一系列信息数字化标准，并在数据库建设基础上构建西安文物考古地理信息系统，本书旨在记录这一建设过程及在此基础上展开的研究，包括以下主要内容：

一、搜集、分析整理近70年的西安地区考古调查、勘探、发掘资料以及第三次全国文物普查、西安市文物保护单位资料。厘清西安地区考古数据库建设思路，制定数据库标准体系，进行数据编码设计，构建基础地理数据库、考古调查数据库、考古勘探数据库、考古发掘数据库、第三次全国文物普查数据库和文物保护单位数据库等。

二、在考古需求分析的基础上，设计西安文物考古地理信息平台架构。从基础设施层、数据层、组件和服务层、应用层和用户层五个层次，利用大数据、WebGIS、微服务架构技术，构建"西安文物考古地理信息一张图"平台。研发系统功能模块，实现各类文物资源和考古数据叠加，实现文物考古资料数字化管理、考古数据统计分析，最终实现综合应用一张图。

三、基于西安地区考古数据库建设成果，开展专题研究，包括新石器时代聚落遗址文化重心迁移与环境考古研究、西安地区唐墓随葬器物组合分析研究、唐长安城居民宅邸与葬地之间的关系研究、西安地区古建筑与环境地质关系研究，通过专题研究证实数据库构建赋能考古科研。

西安文物考古"一张图"，是基于考古研究的数字化、系统化实践，而其中的创新思维，成为建设该系统的最大成就：第一，构建了一个多尺度多元异构考古数据集成平台和相关标准体系，为文物数据资源管理提供新方法。采用全息空间信息技术对考古全流程数据进行记录和数字化，实现数据存储、管理与动态更新。第二，基于考古全流程构建考古"专业数据"和"管理数据"，提升系统应用生命力，完善西安市文物保护考古研究院考古全流程业务，通过数据标准制定，优化业务流程。第三，为城市考古与大遗址考古构建"城市考古新范式"，丰富城市考古方法论。通过构建全市考古一张图，提供多种分析预测功能，为研究者提供全局观察视野，可以让城市考古发掘者迅速获取历史数据与地形地貌信息，制定科学方案，提高考古工作的主动性和预见性，为城市考古工作提供新的实践方法与普适性实践经验。

考古人员既是系统的使用者，也是系统的生成者，考古工作者辛劳认真的田野工作，细致科学的资料整理，是一切研究的基础。

在此，谨向所有田野一线的考古工作者表示诚挚的敬意，也希望此书给大家的研究带来帮助和新的思路。望大家抱着批评的态度推动考古工作走向数字化、系统化。

冯 健 赵 晶
于西安市文物保护考古研究院
2024 年 6 月

目　录

序 ……………………………………………………………… 刘　瑞　I
自序 …………………………………………………………………… I

第一章　绪论 …………………………………………………… 1
第一节　研究背景 …………………………………………… 3
一、考古学不断发展的内在需求 ………………………… 3
二、新时代对考古学科发展的新要求 …………………… 4
三、西安城市快速发展对考古工作的新要求 …………… 5
第二节　研究区域概况 ……………………………………… 7
一、地理的西安 …………………………………………… 7
二、历史的西安 …………………………………………… 7
三、文物的西安 …………………………………………… 8
四、考古的西安 ………………………………………… 10
第三节　研究回顾 …………………………………………… 13
一、国内外考古数据库研究回顾 ………………………… 14
二、国内外考古 GIS 应用研究回顾 …………………… 19
第四节　研究意义、对象与内容 ………………………… 28
一、研究意义 …………………………………………… 28
二、研究对象 …………………………………………… 30
三、研究内容 …………………………………………… 30
第五节　创新之处 ………………………………………… 31

第二章　理论基础与支撑技术 ……… 33
第一节　理论基础 ……… 35
一、田野考古学 ……… 35
二、环境考古学 ……… 36
三、考古地理信息科学 ……… 37
四、计量考古学 ……… 38
第二节　分析方法 ……… 39
一、区域分析方法 ……… 39
二、环境考古研究方法 ……… 40
三、空间分析方法 ……… 41
第三节　支撑技术 ……… 42
一、空间信息采集技术 ……… 42
二、大数据库技术 ……… 43
三、地理信息系统 ……… 44

第三章　西安地区考古数据库建设 ……… 45
第一节　数据来源与采集方法 ……… 47
一、数据来源 ……… 47
二、采集方法 ……… 48
第二节　建设思路、原则与流程 ……… 54
一、数据库建设思路 ……… 54
二、数据库建设原则 ……… 56
三、数据库建设流程 ……… 59
第三节　数据库设计 ……… 60
一、数据编码与规则 ……… 61
二、数据库空间参考设计 ……… 80
三、基础地理实体数据设计 ……… 80
四、基础地理影像数据设计 ……… 90
五、基础地理高程数据设计 ……… 91
六、文物调查数据设计 ……… 92
七、考古勘探数据设计 ……… 99

八、考古发掘数据设计 ··· 103
　　九、文物保护单位数据设计 ··· 113
第四节　数据库实现 ··· 118
　　一、基础地理数据库 ·· 118
　　二、考古专题数据库 ·· 134
　　三、重点项目数据库 ·· 154
　　四、文献资料数据库 ·· 162
第五节　数据存储管理 ·· 163
　　一、库容估算 ·· 163
　　二、存储模式 ·· 163
第六节　数据质量控制 ·· 164

第四章　西安地区考古地理信息系统建设 167
第一节　系统建设目的 ·· 169
第二节　系统总体设计 ·· 169
　　一、设计理念 ·· 169
　　二、总体架构设计 ·· 170
　　三、实施重难点技术 ·· 172
第三节　系统功能模块设计与开发 ··· 174
　　一、数据采集录入系统 ··· 175
　　二、考古资源数据中心 ··· 176
　　三、考古一张图系统 ·· 178
　　四、模型分析系统 ·· 185
　　五、历史图库系统 ·· 191
　　六、文献检索系统 ·· 193
　　七、共享交换系统 ·· 196
　　八、科研标绘系统 ·· 197
　　九、运维管理系统 ·· 202
第四节　系统应用方向 ·· 206
　　一、实现考古数据资源管理 ·· 207
　　二、支持城建规划遗产保护 ·· 209

三、提升田野考古发掘工作效率 ……………………………………… 210
　　　四、助力考古发掘预测分析 …………………………………………… 212
　　　五、辅助考古科学研究产出 …………………………………………… 218

第五章　西安地区考古地理信息系统应用研究 ……………………… 221
　第一节　西安新石器时代聚落遗址文化重心迁移与环境考古研究 …… 223
　　　一、材料与研究方法 …………………………………………………… 224
　　　二、结果与分析 ………………………………………………………… 225
　　　三、讨论 ………………………………………………………………… 231
　　　四、结论 ………………………………………………………………… 232
　第二节　西安地区唐代墓葬随葬品器物组合分析研究 …………………… 233
　　　一、数据来源 …………………………………………………………… 233
　　　二、样本分析 …………………………………………………………… 235
　　　三、结果 ………………………………………………………………… 237
　　　四、讨论 ………………………………………………………………… 239
　第三节　唐长安城居民宅邸与葬地之间关系研究 ………………………… 241
　　　一、研究现状 …………………………………………………………… 242
　　　二、研究方法 …………………………………………………………… 243
　　　三、特征分析 …………………………………………………………… 243
　　　四、结论 ………………………………………………………………… 248
　第四节　西安地区古建筑与环境地质关系研究 …………………………… 248
　　　一、数据来源与研究方法 ……………………………………………… 249
　　　二、分析与结果 ………………………………………………………… 250
　　　三、讨论 ………………………………………………………………… 260

第六章　结论与展望 ……………………………………………………… 261
　第一节　结论与观点 ………………………………………………………… 263
　　　一、研究结论 …………………………………………………………… 263
　　　二、主要观点 …………………………………………………………… 264
　　　三、示范意义 …………………………………………………………… 266
　第二节　重要价值 …………………………………………………………… 269

  一、统计考古学的实践应用 …………………………………… 270
  二、从时空大范围视角研究都城考古的实践 ………………… 270
  三、考古二重证据法在实践中的应用 ………………………… 271
  四、演绎思维方法论在考古研究中的应用探索 ……………… 272
 第三节　研究展望 …………………………………………………… 273
  一、推动跨学科研究 …………………………………………… 273
  二、推动数据共享与服务 ……………………………………… 273
  三、推动文物大数据建设 ……………………………………… 274
  四、推动文物智能发展 ………………………………………… 275
  五、推动公众考古发展 ………………………………………… 276

参考文献 …………………………………………………………………… 279

后记 ………………………………………………………………………… 283

插图目录

图 3.1 考古发掘现场全息数字化采集 ·········· 51
图 3.2 记录发掘现场照片 ·········· 52
图 3.3 管理发掘现场正射影像 ·········· 52
图 3.4 出土遗物三维扫描 ·········· 53
图 3.5 西安地区考古数据库建设流程 ·········· 60
图 3.6 基础地理数据处理流程 ·········· 119
图 3.7 西安市 1∶10 000 比例尺地形图图幅分布 ·········· 拉页
图 3.8 地理实体矢量数据底座 ·········· 122
图 3.9 影像数据库建设流程 ·········· 123
图 3.10 西安市卫星影像图 ·········· 124
图 3.11 锁眼卫星影像数据（原始 2 米分辨率） ·········· 125
图 3.12 锁眼卫星影像 AI 增强处理（增强后 0.8 米分辨率） ·········· 126
图 3.13 西安 DEM 渲染图 ·········· 127
图 3.14 地貌可视化与晕渲图制作系统结构图 ·········· 128
图 3.15 西安市地形晕渲图 ·········· 129
图 3.16 1933 年西京筹备委员会时期地形图分幅目录 ·········· 130
图 3.17 1933 年地图矢量化 ·········· 130
图 3.18 1933 年西京筹备委员会钟楼东地图 ·········· 拉页
图 3.19 西安 1∶50 000 民国时期地形图索引 ·········· 131
图 3.20 西安 1∶50 000 民国时期地形图 ·········· 拉页
图 3.21 历史地图数据库 ·········· 131
图 3.22 城区地面沉降与地裂缝分布图 ·········· 133
图 3.23 西安水文地质分布图 ·········· 133

图 3.24	长安区古建筑信息登录	135
图 3.25	长安区古遗址信息登录	135
图 3.26	长安区古遗址照片自动化编号	136
图 3.27	编号为 YZ-8-1 的长安区东马坊遗址	136
图 3.28	第三次文物普查数据分布（部分类型）	137
图 3.29	勘探项目平面图	139
图 3.30	对勘探报告内容按照结构化进行项目信息提取	139
图 3.31	利用田野考古勘探采集系统对勘探项目进行录入	140
图 3.32	对勘探平面图进行配准和遗迹单位矢量化	140
图 3.33	勘探工作作业流程	141
图 3.34	勘探布孔作业流程	141
图 3.35	考古勘探工地	142
图 3.36	考古勘探现场 RTK 测绘	142
图 3.37	内业勘探项目 CAD 绘图	143
图 3.38	考古勘探数据导入数据库	143
图 3.39	根据简报对墓葬信息进行结构化属性采集	145
图 3.40	对墓葬平面图利用快速配准功能进行校准	145
图 3.41	发掘墓葬点图层分布	146
图 3.42	遗址属性信息采集	147
图 3.43	出土器物信息采集	148
图 3.44	西安市国家级文物保护单位入库质检	149
图 3.45	遗迹照片	152
图 3.46	考古发掘墓葬无人机航空摄影照片	152
图 3.47	鼎湖延寿宫遗址勘探遗迹分布	155
图 3.48	隋唐长安城遗址范围（参考《西安历史地图集》）	156
图 3.49	隋唐长安城遗迹单位预测	156
图 3.50	城墙东北角实际发掘与遗迹单位预测对比	157
图 3.51	隋唐长安城范围内已发掘项目分布	159
图 3.52	唐长安城官员住宅图（参考《太平广记》）	160
图 3.53	唐长安城商业及娱乐场所图（参考《西安历史地图集》）	162
图 4.1	系统总体架构设计	171
图 4.2	考古资源数据中心	177

图 4.3	数据中心详情展示页面	178
图 4.4	考古一张图系统	179
图 4.5	空间数据叠加显示	180
图 4.6	空间查询结果	181
图 4.7	行政区查询结果	181
图 4.8	查询统计分析	182
图 4.9	窗口比对分析	183
图 4.10	时态推演分析	184
图 4.11	地形剖面分析	188
图 4.12	缓冲区分析	189
图 4.13	热度分析	189
图 4.14	时态分析	190
图 4.15	历史图库管理	192
图 4.16	无人机正射影像叠加在一张图上展示	192
图 4.17	文献条件查询	193
图 4.18	文献空间查询	194
图 4.19	文献检索结果	194
图 4.20	数据智能推荐	195
图 4.21	文献在线翻书阅览	195
图 4.22	结果数据导出和预览	197
图 4.23	标绘创建点	198
图 4.24	标绘创建线	199
图 4.25	标绘创建面	200
图 4.26	标绘创建特殊符号	200
图 4.27	标绘创建综合符号	201
图 4.28	标绘创建图片	201
图 4.29	上传文件批量标注	202
图 4.30	IP 访问监控	203
图 4.31	服务调用监控统计	204
图 4.32	用户访问监控	205
图 4.33	运维管理系统	206
图 4.34	西安市出土陶质镇墓俑的唐墓统计	208

图 4.35	模糊查询信息中包含"三彩"字段的所有墓葬	208
图 4.36	古遗址中聚落址统计分析图	210
图 4.37	墓室数字高程影像图	211
图 4.38	三维激光扫描和多视角融合高保真建模	211
图 4.39	遗址分布情况	212
图 4.40	坡向结果图	214
图 4.41	坡度结果图	214
图 4.42	提取河网成果图	215
图 4.43	距离栅格图	216
图 4.44	古遗址和非古遗址分布图	216
图 4.45	样本过滤	217
图 4.46	Logistic 回归模型计算结果	218
图 4.47	不同时期墓葬分布与高程关系图	219
图 5.1	聚落遗址与坡度叠加图	227
图 5.2	聚落遗址与坡向叠加图	228
图 5.3	不同河流缓冲区聚落遗址分布	229
图 5.4	聚落遗址等级分布图	231
图 5.5	唐代墓葬在唐长安城周围分布情况	234
图 5.6	隋唐时期长安附近陆路交通示意图	234
图 5.7	器物统计图	235
图 5.8	时代统计图	236
图 5.9	研究统计图	238
图 5.10	研究统计图	240
图 5.11	研究统计图	241
图 5.12	唐长安城纪年墓葬分布示意图	244
图 5.13	隋唐、明、清时期古建筑分布与地质构造线距离关系图	250
图 5.14	清代民居分布与地质构造线距离关系图	252
图 5.15	清代宗庙分布与地质构造线距离关系图	253
图 5.16	隋唐、明、清时期古建筑分布与动力地质特征关系图	255
图 5.17	清代民居分布与动力地质特征关系图	257
图 5.18	清代宗庙分布与动力地质特征关系图	258

第一章 绪论

第一节 研究背景

一、考古学不断发展的内在需求

考古学是根据古代人类活动遗留下的实物研究人类古代社会历史的一门学科。作为一门重要的认知民族历史与文化的学科，考古学在中国经历了漫长的发展历程。

中国考古学是在中国古代金石学发展了近千年的基础上，于20世纪伴随中国近代实证史学的创立和西方考古学思想的传入，经社会变革的催化和萌芽快速发展起来的一门新兴学科，也是20世纪以来中国人文社会科学中发展最快的一门学科[1]。它使用的是以新发现的文字资料结合古代文献记载来研究、证实古代史实的研究方法。这种将文献与考古实证结合的方法推进了敦煌藏经洞、甲骨文等一系列重大发现的相关研究。

五四运动时期，受西方考古学思想影响，"爱国、民主、科学"成为社会的潮流，国民萌发出一股用科学认知中国历史的渴望，中国考古学顺势而生。1921年，安特生主持发掘仰韶遗址，引进了科学的考古理念，创立、使用了一些规范的方法，并在研究出土器物中初步使用了类型学，标志着中国考古学的起步。1926年，中国学者李济主持发掘山西夏县西阴村史前遗址，开启了中国学者主持田野考古工作的先河。20世纪30年代，梁思永先生将考古地层学与类型学系统引入中国，解决了仰韶文化、龙山文化、殷商文化的年代关系问题。以梁思永发现后岗三叠层（1931）、夏鼐发掘齐家文化墓葬（1945）、苏秉琦发表《瓦鬲的研究》（1948）为代表，标志着地层学与类型学方法已经发展成为中国考古工作实践中的主要方法。

新中国成立以后，田野考古学已经成为中国考古学的主流，一系列重大遗址的相继发现使得中国考古学逐渐壮大。随着时代的发展，越来越多的科学技

---

[1] 朱乃诚. 中国考古学百年历程 [J]. 南方文物，2021（1）：43-54.

术应用到考古学的探索与研究中，进一步促进了考古学的发展。除了基础的考古地层学与类型学方法外，碳十四测年、古 DNA 研究、动植物考古、环境考古、冶金考古、物质结构与成分分析、地质雷达探测技术、电磁法探测技术、航空遥感与地学分析相结合技术、卫星影像与航空影像增强处理技术、水下勘测技术等也有了一定的进步，体质人类学、动物考古、植物考古、环境考古、冶金考古等考古分支学科充分发展，为考古学发展提供了重要的技术支撑与理论基础，拓展了考古学的研究范围，丰富了当代考古学的内涵。

近年来，在科技考古不断发展的基础上，随着计算机技术的成熟与完善，考古的信息化、数字化、智能化成为大数据时代考古研究的新方向。遥感考古、考古地理信息系统、科技分析、新型测绘技术的应用使中国科技考古技术迅速发展，为考古学研究贡献了大量的资料和信息，提高了考古学研究的科学性。如今的考古学，不再仅限于对文献史学的研究，更多的是解读特定文化的发展和变化规律。

考古学已经发展为具有中国特色的考古学。2020 年 9 月 28 日，习近平总书记在主持中共中央政治局第二十三次集体学习时指出："考古工作是一项重要文化事业，也是一项具有重大社会政治意义的工作。考古工作是展示和构建中华民族历史、中华文明瑰宝的重要工作。认识历史离不开考古学。历史文化遗产不仅生动述说着过去，也深刻影响着当下和未来；不仅属于我们，也属于子孙后代。保护好、传承好历史文化遗产是对历史负责、对人民负责。"习近平总书记强调："要坚持辩证唯物主义和历史唯物主义，深入进行理论探索，增强中国考古学在国际考古学界的影响力、话语权。"

建设中国特色、中国风格、中国气派的考古学，加强考古能力建设和学科建设，更好认识源远流长博大精深的中华文明，是完全符合历史规律的，也与考古学的发展规律一致。为了更加积极地探索中国人类史及其发展演变历程，考古学建立了完整的不断裂的谱系与历史文化序列，并依托自身不断发展。随着数字技术的不断发展，也为考古信息的提取、分析与应用研究提供了新方向和新手段。

二、新时代对考古学科发展的新要求

党的十八大以来，以习近平同志为核心的党中央高度重视文化遗产的历史意义和作用，将其作为新时期治国理政新理念、新思想的战略组成部分。对于如何做好考古工作与历史研究，习近平总书记强调"做好考古成果的挖掘、整理、阐释工作。考古学界要会同经济、法律、政治、文化、社会、生态、科技、医学等领域研究人员，做好出土文物和遗址的研究阐释工作，把我国文明起源和发展以及对人类的重大贡献更加清晰、更加全面地呈现出来"。新时代的考古学研究必须做到多学科交叉融合，才能更好地挖掘、整理和阐释考古成果。在建设新时代考古学学科的要求下，从考古学理论与实践方法角度出发，结合现代科技，以学科交叉进行融合创新研究是考古学研究的必然选择。习近平总书记在对考古学进行阐释时强调："要运用科学技术提供的新手段新工具，提高考古工作发现和分析能力，提高历史文化遗产保护能力。"

在《"十四五"文物保护和科技创新规划》中，明确提出了加强文物资源大数据应用的要求。在大数据时代，加强文物的数字化保护、建立文物数字化标准规范体系，推进文物资源的数字化采集与展示利用、完善相关考古发掘信息管理系统与相关数据库的建设，既有利于考古数据的快速采集与永久保存，又有利于后期考古数据的展示应用，是新信息时代与新考古学时代下的文物领域新型基础设施建设的前提条件。

西安作为历史文化名城，拥有丰富的地上及地下文物资源，如何在高速发展的前提下，运用新技术新科技，做好配合城市建设的考古与文物保护工作，使文物保护工作能够满足高速、大规模发展的城市建设步伐，做好文化遗产服务社会发展工作，让文化遗产"活起来"，成为亟待解决的问题。在国家关于"十四五"文物保护和科技创新的规划中，明确提出"支持国家和省级文物数据中心、重点文博单位信息基础设施建设，加强文物领域新型基础设施建设"，在此背景下，建设区域性的考古数据库，并以此建立西安文物考古地理信息系统，既符合时代发展需求，也是考古与信息技术充分结合的初步应用，有助于西安进行重点文博单位信息基础设施建设，是新时代下考古学发展的必经之路。

三、西安城市快速发展对考古工作的新要求

西安是中华文明发祥的核心地之一，拥有厚重的历史和丰富的文化遗产资源。西安不但拥有大量的国家级遗址公园，还有众多的重点文物保护单位和深埋在地下的未知文化遗产。截至 2024 年 5 月，西安拥有全国重点文物保护单位 58 处，省级重点文物保护单位 107 处，第三次全国文物普查登记文物点

3 246处，除此之外，涉及周、秦、汉、唐的遗址分布在城市建设区域的近230平方公里的范围内，而与之适应的战国、秦汉、隋唐墓地更是分布甚广。这些宝贵的资源成为西安城市文化与城市形象的有机组成部分，因此，西安城市的发展与考古工作的推进密不可分。

同时，西安又是一座快速发展的现代化国际大都市，处在急速发展阶段，城市经济飞速发展，城市规模不断扩张。根据2023年政府工作报告，西安市地区生产总值达到11 486.51亿元，增长4.4%。城市国土空间规划"三区三线"划定成果正式启用，加快了国际性综合交通枢纽建设步伐，机场三期工程、蓝田通用机场、西安东站、西延高铁西铜段等建设得到推进。开工老旧小区改造项目85个，新建和改扩建中小学、幼儿园116所。推进国家医学中心、国家区域医疗中心创建工作，建成市第一医院迁建、市中心医院经开院区、市疾控中心等22个重点医院项目。新建充电场站102座、充电桩2 916根、5G基站6 956个。

事实上，西安城市中心叠压在大量的古代遗迹之上，城市化快速扩张严重挤压了文物保护空间，而配合其发展的考古发掘与文物保护工作又具有科学、严谨的性质，很难在极短的时间内完成。古今叠加型城市的特征决定了城市考古不能像在田间和荒野的考古工作一样自主展开，其考古发掘工作较为零碎、被动；同时，由于城市建设与更新，考古工作任务繁重，也容不得"从容不迫"地开展细致工作。如隋大兴唐长安城，被现代城市完全叠压，且规模、范围较大，长期以来，受到城市扩张发展的冲击，给基层文物管理单位的文化遗产保护工作带来很大的压力。

总体而言，考古发掘与城市建设的矛盾主要表现为三个方面：第一，考古发掘工作具有滞后性特点，必须在建设选址后才能进行，而建设工作一旦开展，考古发掘保护与城市建设之间的冲突就不可逆；第二，考古发掘与保护工作具有细致性的特点，其工作周期很难进行工期限定，因此，很难满足城市高速建设的需要；第三，长期以来考古与保护人员都是通过研究人员的方式进行配置的，小规模的人员配置很难满足大规模抢救工作的需要。

为了应对西安城市快速发展对考古工作提出的新要求，西安的考古工作者迫切需要化被动为主动，系统摸清地下文物资源家底，划定地下文物埋藏区，从根源上理清考古工作思路，掌握考古工作重点，才能很好地辅助城市规划。这就需要对考古数据进行全面的整合与分析。因此，西安地区考古数据库的建设符合西安城市规划过程中对考古数据的管理、研究需求,为解决西安地区的考古工作与城市发展的矛盾提供了新的思路与探索方法。

第二节 研究区域概况

一、地理的西安

西安古称长安,它位于中国的中心地带,处于关中平原中部,东经107°40′—109°49′,北纬33°42′—34°45′之间,北临渭河,南靠秦岭。西安属于暖温带半湿润大陆性气候,四季分明,气候温和,雨量适中。西安地区河流分布密集,水力资源丰富,拥有广阔的平原和肥沃的土地,是我国农业发展最早的地区之一。

西安地势开阔,西安市区更是位于渭河干流冲积平原发育最为宽广的区域,地势低平且缓和。西安的地貌特点最适宜于早期人类的生存与发展,气候条件有利于农作物生长发育,土壤以褐土为主,土壤肥力丰厚,使得西安成为我国最早的农业发达地区之一[①]。在气候类型上,西安雨热同期、四季分明,同时西安属于黄河流域,境内河网密度大,总共有54条河流。正是这样优越的自然地理环境为城市的产生和发展起到了奠基作用。西安的北部区域,位于渭河平原的中心地带,地势低平,有渭河作为水源,气候较南部更加温暖,这些都是农耕文明发展的重要条件。而农耕文明的发展是城市形成的开端,早期人类在这些区域活动时间早、范围大,留下了大量的活动痕迹,因此,西安文物古迹年代久远,物藏丰富。西安优越的地理位置、适宜的气候与物产富饶的自然环境为中华文明的延续与繁荣提供了有力的支撑。

二、历史的西安

早在100万年前,蓝田人就在此留下了古人类的活动遗迹;7 000年前的仰韶文化时期,这里已经出现了城垣雏形。西安有3 100多年的建城史和1 100多年的国都史,先后有西周、秦、西汉、新莽、东汉、西晋、前赵、前秦、后

---

① 王建国,陈正奇.试论古都西安的地理环境优势[J].渭南师范学院学报(综合版),2014(22):47-54.

秦、西魏、北周、隋、唐 13 个王朝在此建都。自西汉起,西安就成为中国与世界各国进行经济、文化交流和友好往来的重要城市。"丝绸之路"就是以长安为起点,西至古罗马。西安是闻名世界的历史名城,与罗马、雅典、开罗齐名,也是中国八大古都中建都历史最长的一个。"西安"之名称始于明代,明洪武二年(1369),改奉元路为西安府,府城简称"西安",名称一直沿用至今。

在建都过程中,西安确定了自己作为中国古代政治、经济、文化中心的地位,在中国历史上具有举足轻重的地位。西安的文化内涵尤为丰富,在长达一千多年的建都史中,众多文化在历史长河中大放异彩,包括重视礼乐的西周、统一六国的秦、开拓进取的西汉和万国来朝的盛唐。这些建都史留给后人的不仅仅是一处处遗址,更是一座座精神丰碑,为当今西安城市文化、城市精神的塑造奠定了基础。

三、文物的西安

西安市第三次全国文物普查工作共登记文物点 3 246 处,其中新发现 1 862 处、复查 1 384 处。其中古遗址 987 处、古墓葬 1 287 处、古建筑 612 处、石窟寺及石刻 54 处、近现代重要史迹及代表性建筑 274 处、其他 32 处。收集文物点照片及位置图纸共 22 872 张,采集标本 1978 件。三普中有很多重大发现,如高陵县人头骨及古生物化石出土点,开创了高陵县的历史先例,动物化石的数量和种类之多在整个渭水流域非常罕见。周至县北留遗址,是西安市三普新发现中唯一一处商代遗址,面积较大,遗存丰富,保存较好。灞桥区发现的张氏民居,是少数现存的清代民居之一,规模较大,保存相对完好,建筑风格古朴,体现了关中民居的典型风格。蓝田县发现的佛教岩画更为多年来西安地区的首次发现,填补了本市岩画历史的空白。还有一批近现代史迹及代表性建筑不但是近现代历史事件的记录者,也是近现代建筑风格的典型代表。

三千年的发展史为西安留下众多的历史遗迹,考古资源十分丰富。这些文物古迹分布在西安市的各个角落,成为这个城市的重要组成部分。包括重要宫殿遗址、帝王陵寝遗址和大型工程遗址,同时还拥有古城垣、古塔、宗教寺院和历史文化街区在内的大量文化遗产,这些遗产代表了西安地区的历史记忆,反映了西安的文化特色、文脉之城的特色,同时也是抢救保护、传承西安特色历史文化可持续发展的灵魂。遗留下来的不可移动文物古迹根据其重要性、艺术价值、历史文化价值等因素，部分被确立为不同级别的文物保护单位。截至 2023 年底，西安市政府网站上记录的文物保护单位共计 300 余处，其中仅国家级就有 58 处，省级 107 处。

表 1.1 西安市文物保护单位统计表

类　　别	国家级	省级	县（市）级	总计（处）
古遗址	21	31	75	127
古墓葬	9	17	33	59
古建筑	21	31	56	108
石窟寺及石刻	2	4	20	26
近现代重要史迹及代表性建筑	5	23	35	63
其他	0	1	2	3
合计（处）	58	107	221	386

西安市的各类文物保护单位中，数量最多的为古遗址类，总计 127 处，占总数量的 32.9%，县（市）级文物保护单位的数量最多，有 75 处。古墓葬类的文物保护单位总计 59 处，其中汉代墓葬在数量上有绝对优势，占比为 35.6%，有杜陵、薄太后陵、窦太后陵等。古建筑类的文保单位有 108 处，90% 以上是唐代以及明、清的古建筑，此外还有少量宋代建筑。石窟寺及石刻类文物保护单位数量较少，仅为 26 处，其中国家级别的 2 处，大部分为县（市）级。近现代重要史迹及代表性建筑类文保单位有 63 处，占总量的 16.3%，绝大部分为级别较低的省级和县（市）级文保单位，国家级的文保单位仅有 5 处。6 个类型中数量最少的是"其他"类文保单位，只有 3 处，且无全国重点文物保护单位。

截至 2010 年底，西安市辖的国有文博单位馆（库）藏文物约 20.8 万余件（组），其中珍贵文物 2.2 万件，一般文物 18.6 万件。主要集中在西安博物院、市考古所和各博物馆、纪念馆。各区、县馆藏文物 2.3 万余件，分别收藏在各区、县文博单位和库房。西安市的馆藏文物具有时代序列完整、品类齐全、数量大、等级高的特点。藏品从旧石器时代直至近现代，包括石器、玉器、陶器、青铜器、金银器、瓷器及纸质（书画碑帖、古籍善本）等各种材质的文物。馆藏文物的来源主要有两方面，一是发掘出土，二是征集。自20世纪90年代以来，随着配合基本建设考古项目的大幅增加，发掘出土的文物与日俱增，其中不乏高等级的珍贵文物。如：北郊枣园西汉早期积炭墓出土的鎏金铜锺及其中保存的"西汉美酒"；北郊北朝入华胡人安伽墓、史君墓、康业墓、李诞墓出土的造型精美、图像独特的石榻、石棺椁、石围屏等石雕葬具；东郊唐金乡县主墓出土的彩绘陶俑；东郊洪庆原出土的十六国陶俑；南郊唐墓出土的唐三彩等都是这一时期的重要发现。征集的文物大部分来自公安机关移交的涉案文物，其中北郊谭家出土的汉代金饼、南郊汉杜陵出土的玉人、长安区祝村被盗唐墓出土的金银器等都堪称珍品。

四、考古的西安

新中国成立以来，考古工作除一小部分属于以科研、教学为目的的主动性考古调查、勘探和发掘项目外，绝大部分属于配合基本建设的考古项目。20世纪90年代以前，西安地区的考古工作绝大部分由国家和省级考古机构来承担，市文物部门只进行了少量抢救性的考古工作。直到1988年10月，市文物园林局成立了配合基建的第一支专业考古队伍，这种局面才开始有所转变。

20年间，西安地区的考古专业队伍日益发展壮大。除了20世纪50年代成立的中国（社会）科学院考古研究所下辖的丰镐考古队、汉长安城考古队、隋唐长安城考古队长期在西安地区主要从事都城遗址的考古发掘外，在西安地区具有考古发掘资质，从事考古发掘的单位还有陕西省考古研究院、西北大学文化遗产学院、秦始皇帝陵博物院等。西安市文物保护考古研究院于1994年10月在市文物研究咨询服务中心的基础上改组成立，从此西安市有了具有独立法人资格的专职考古机构。

在西安地区进行的考古发掘可分为两部分：一是以科研、教学为目的的主动性发掘，主要是由中国社会科学院考古所在西安的三支考古队和西北大学文化遗产学院等进行的，发掘对象多为遗址类，如丰镐遗址、汉长安城遗址、唐大明宫遗址等；二是配合基本建设而进行的抢救性考古发掘。随着经济建设和城市化进程的加快，配合基本建设开展考古勘探与发掘已成为文物工作中最紧迫而又最重要的一项内容。截至2010年底，市域范围内配合基建发掘的古遗址已达数万平方米，古墓葬 8 000 余座，尤以汉、唐时期的遗址和墓葬数量最多，出土了 3 万余件各类文物。配合基建的考古发掘基本由陕西省考古研究院与西安市文物保护考古研究院共同承担，省、市考古院也对正在遭到破坏或盗掘而亟待保护的古遗址、古墓葬进行抢救性发掘。在众多的发掘项目中杨官寨遗址、张安世家族墓地、蓝田吕氏家族墓等都曾荣获全国十大考古发现；老牛坡遗址、灞河水上建筑遗址、汉长安城沇水古桥遗址、仙游寺及法王塔遗址、唐长安城圜丘遗址、西市遗址、朱雀大街遗址、北周安伽墓、史君墓、康业墓、唐金乡县主墓等重要发现曾引起全社会的广泛关注。

通过考古发掘，西安地区地下的文物古迹得到了保护，如老牛坡遗址、新街遗址等；一些重大的考古发现往往使原建设项目停建、改建或迁建，如西安高陵杨官寨遗址等；再如西汉张安世家族墓地、蓝田吕氏家族墓因考古发掘揭示了其真正的价值而被同时公布为第七批全国重点文物保护单位，得到更高级别的保护。

西安市文物保护考古研究院作为西安市重点文博单位及专职考古机构，具备公益性、社会性、服务性等多重属性，主要负责西安地区文物古迹的调查、勘探、发掘与研究，并对出土文物、库藏文物等进行修复、整理、保护与研究；宣扬世界文化遗产保护理念，推动国际文化遗产的交流与合作，在西安市的考古工作中发挥着重要作用。近年来，我院开展了渭河古桥、隋唐长安城、秦汉栎阳城遗址、北周史君墓等众多考古调查与发掘工作，其中西汉长安城渭桥遗址、秦栎阳城遗址、陕西西安少陵原十六国大墓等被评为全国十大考古发现，西安南郊焦村十六国墓等项目被评为"考古中国"重大项目。出版有《西安鱼化寨》《长安汉墓》《西安东汉墓》等考古发掘报告以及各类考古发掘简报。完成西安区域考古调查超 9 000 万平方米，开展超过 1 万项考古发掘项目，累计出土、整理、储存文物共计约 32 796 件。西安市文物保护考古研究院的发展历程是西安市考古工作的发展历程的缩影，体现了时代发展下西安考古工作的进步与成果，其发展历程可以分为三个阶段。

第一阶段是 1994 年—2004 年，这一时期为西安市文物保护考古研究院发展的起步阶段。西安市文物保护考古所的成立，为西安的文化遗产保护和研究事业增添了一支强大的力量。在起步阶段，为配合西安市的城市发展和建设，汇集了一批专业出身的考古工作者，先后发掘了西安相家巷遗址（秦封泥）、唐金乡县主墓、韩森寨元代壁画墓、灞河古桥等。先后出版了《西安龙首原汉墓》《唐金乡县主墓》《韩森寨元代壁画墓》等考古发掘报告。2002年10月，市考古所与中国社会科学院考古研究所联合组建了阿房宫考古工作队，经国家文物局批准，从2002—2007年，对阿房宫遗址进行了为期五年的考古勘探与局部发掘，取得了丰富的第一手资料，为阿房宫遗址保护规划的编制提供了考古依据。这次考古发掘是历史上对阿房宫遗址进行的首次科学发掘。

第二阶段是2004年—2014年，初步发展阶段。随着西安城市建设的快速发展和西安文化遗产保护事业的不断前进，业务人员也不断增加，业务人员年轻化、专业化程度进一步加深。配合完成了大量的考古发掘工作，取得了一大批重要的考古成果，如西安鱼化寨遗址、米家崖遗址、西安理工大学西汉壁画墓、翠竹园西汉壁画墓、石家街汉代大型墓葬、北周史君墓、李诞墓、隋唐长安城遗址的调查及发掘、周至佛坪厅故城等，还与中国社会科学院考古研究所、陕西省考古研究院合作进行了阿房宫与上林苑遗址、秦汉栎阳城、汉长安城北渭桥遗址等的考古发掘工作。文物保护工作取得多项成果，尤其是山西太原龙泉寺地宫遗址出土鎏金木胎铜棺及木椁遗迹修复引人注目。2006年ICOMOS第15届大会在西安召开，随后在西安成立了国际古迹遗址理事会西安国际保护中心（IICC-X），主要工作是通过国际协作推进对丝绸之路沿线文化遗产的研究与保护。遵循《中华人民共和国宪法》和其他法律、法规及政策，承认并遵循国际古迹遗址理事会章程、宪章和其他相关文件，致力于宣扬ICOMOS的文化遗产保护理念，特别是《西安宣言——关于古建筑、古遗址和历史区域周边环境的保护》的研究与推广，对文化遗产保护和相关技术人员进行培训。IICC-X成立以来，承担了多次国际会议的组织和协调工作，尤其是承担了五国联合"丝绸之路：长安—天山廊道的路网"的申遗工作，并推动该项目在2014年成功列入"世界文化遗产名录"。也是在这一时期，考古工作进一步走近公众。

第三阶段是2015年至今，快速发展阶段。专业人员进一步加强，考古工作进一步规范化、课题化。在考古工作中进一步深化学术目标，在配合基建工作中贯穿主动发掘工作的意识，取得了令学界赞赏的诸多成果，如发掘的西安北里王汉代积沙墓，栗家村汉墓，焦村M25、M26十六国高等级墓葬，少陵原中兆村M100十六国时期高等级墓葬等都引起了学术界的关注。其中，西安少陵原十六国大墓获评"2020年度全国考古十大发现"。文物保护工作取得新进展，多个项目获省、市立项，出版《西安明清寺观壁画》等专著。IICC-X

作为 ICOMOS 设立在亚太地区的唯一业务分支机构,推动了共建"一带一路"国家文化遗产保护的合作,并继续深化推广《西安宣言》国际理念;在国家文物局的指导下,加强对"一带一路"共建国家,尤其是中亚、南亚国家的智力与技术援助,建立有效的沟通协作机制;促进西安建设国际化大都市的进程,成为欧亚合作交流的国际平台、"一带一路"交流的文化机构和西安城市对外开放的重要窗口。

西安市的考古工作从无到有,从筚路蓝缕到初具规模,依托于西安市丰富的文化遗产资源、国家的大力支持和西安文博行业工作者的不懈努力,现如今西安地区的考古事业繁荣发展,重要考古发现层出不穷,考古调查、勘探、发掘和研究成果显著,这些工作为构建西安区域考古数据库提供了源源不断的数据资源。

第三节　研究回顾

数字化是当今时代处理数据的趋势,考古数字化也是新时代考古学发展的前沿方向。数字考古技术既是文化遗产保护利用的研究手段和技术方法,也是活化文化遗产的有效途径。

数字化是将复杂多变的信息转变为可度量的数字和数据,再将这些数据导入计算机并进行统一处理的过程。考古数字化是指运用数字化技术助力考古工作,将考古调查、勘探、发掘、整理研究等过程与资料进行数字化。其中数据库的搭建是实现考古数字化的基础,数据库具有海量存储多元异构考古数据的能力。在数据库存储的基础上,基于考古数据库的田野考古地理信息系统建设是考古数字化的核心应用。数据库与以数据库为基础的考古地理信息系统对于考古调查、勘探、发掘、资料管理、展示以及研究等方面将会产生很大的推进作用,可以简化考古工作流程,便于信息的采集、展示以及永久保存。

在《"十四五"文物保护和科技创新规划》中,国家明确提出了要加强文物资源的大数据数字化应用,将文物保护与考古工作的数字化要求提升到新的高度。在当今数字化时代,考古工作者对考古数字化技术的探索从未停止,国内外学者在考古数据库的构建与应用、考古地理信息系统的开发与应用等研究方面取得了一系列成果。

一、国内外考古数据库研究回顾

对于任何一项研究来说，对资料的量化、统计与储存都是信息利用的基础与前提。近年来，考古工作者越来越重视对数据的信息化处理与应用，数据库在考古学研究领域的应用越来越广泛。数据库的应用与发展为考古学的信息处理、储存与应用提供了新的思路与发展路线。

2009年，国家文物局颁布的《田野考古工作规程》明确指出："各考古项目可根据需要设计不同的电子数据库。"[1] 数据库作为信息时代下最为广泛应用的工具，电子数据库应基于田野工作的各项标本、文字、影像、考古发掘简报和测绘记录。其中，记录表格是构建数据库的主体；其他文字、测绘和影像记录应统一归类，并在数据库中建立有效链接。各表格之间应关系清晰，符合数据库的结构要求，便于统一管理、检索、查询、数据的扩充和数据库的升级[2]。各类多元异构空间和非空间考古数据的存储、管理、发布、共享、分析、可视化和综合应用，有助于实现考古数据的开放共享。

数据库是长期存储在计算机内，有组织的，可共享的数据集合[3]。数据库里的数据按照一定的数理模型组织和储存，具有较高的独立性、易扩展性，较小的冗余度，可以为多人共享。数据库的设计建设步骤大概可以分为需求分析、概念模型设计、逻辑模型设计、物理模型设计与最终的数据库应用实施阶段[4]。

其中物理模型设计即物理建库过程，包括系统架构，总体设计和空间数据库实体设计。系统架构是对数据层、管理层、服务层和应用层的整体把握。总体设计主要是对数据命名规则的设定，兼顾通用性、可扩展性和用户友好性三项原则。空间数据库实体设计可参照逻辑设计中数据录入的方式，将属性表设

---

[1] 贡一文. 考古数字信息的采集与展示 [D]. 北京：中国社会科学院，2019.
[2] 霍东峰，梁建军. 田野考古资料数据库的理论、方法与实践——以后套木嘎遗址为例 [J]. 边疆考古研究. 2015（1）：399-406.
[3] 曹阳. 浅谈计算机数据库的维护 [J]. 企业技术开发，2013（5）：69-70.
[4] 容秀婵，邹湘军，张胜等. 基于B/S模式的设备管理信息系统设计与实现 [J]. 现代电子技术，2021（12）：78-82. 郭梦颖，刘敏. 西山永定河文化带文化遗产空间数据库的设计与实现 [J]. 安徽农学通报，2021（7）：131-135.

计中的内容录入到数据库中①。其中，考古数据库内容建设主要分为三个层面：资料收集、资源规划、数据治理和建库导入。资料收集实现对地区已有文献资料、报告资料、地图资料、影像资料的搜集和整理，进行分类编目，并制定具体的文档存储命名规则，分类保存；资源规划是针对考古工作性质和业务需求，对区域所有的文物考古数据进行整理分析，根据分析设立类别，根据制定的数据库标准进行统筹规划；数据治理就是根据建库要求和数据库标准，对原始搜集的数据进行各类标准化处理和质量检查；建库导入则是在前两者的基础上进行数据导入、质检，并建立空间图形数据库和属性数据库之间的关联。

考古数据库构建的前提是筛选数据资源的价值，而数据资源的价值又取决于数据的应用。数据应用的基础则是资源标准的统一，只有统一的数据标准才能更好地做到数据互通、共享和价值利用。考古数据库应该做到专项数据的分类，对于不同的专项达到数据的统一整合。因考古工作涉及多学科方向、多专业技术的分析和研究工作，所以从考古数据库的设计上要实现总体规划、统一标准、个性化独立定制的设计思路。建立以考古遗迹单位信息、样本信息、后期研究资料为主体，多项数据分析成果为内容，实现数据标准统一化、架构设计分层化、功能扩展模块化、数据应用多元化的设计思路，从业务管理上实现检测数据按需分类、逻辑独立管理、分级权限共享应用的功能。通过对数据库标准体系的设计，就可以根据具体建设需求和数据实际情况进行数据资源内容建设。

考古数据库的构建不仅可以对资源进行整合与处理，达到对考古资源的存储、管理与分析，还可以达到一套数据同时面向政府部门、研究人员与社会公众，做到分级管理、设置不同权限，各项数据保密与专项应用。每个管理部门都做到对考古、文化遗产资源的家底心中有数，如此才能使文化遗产的保护与管理逐步进入信息化、科学化与规范化的现代化轨道。

20世纪90年代起，国际社会对考古学与数据库的应用实践开始起步，世界各国开始了对遗产数据化、信息化保护技术的探索阶段，学术界对于考古数据库的研究也取得了一系列进展。国外对考古数据的研发与数据分析应用已广泛用于科技考古等多个方面，且取得了一系列成果。

Bauer 等利用 GIS 数据库分析了俄亥俄州东北部凯霍加河谷南部下游考古

---

① 汪超. 徽州家谱数据库建设现状、设计与建议 [J]. 大学图书情报学刊，2021 (5)：55-60.

遗址的分布，利用数字化的土壤形状文件生成了地貌数据层，从而界定了 79 个考古遗址的时空分布特征及文化活动、地理过程、地貌发展和自然因素等对其空间分布的影响[1]。Angelini 和 Bellintant 通过意大利北部的琥珀考古建立了欧洲琥珀的数据库，基于数据库分析发现，来自意大利北部和南部的琥珀均可以追溯到青铜时代中期到铁器时代[2]。Hein 和 Kilikoglou 提出了一个考古陶瓷关系数据库的原型，该数据库包含了来自东地中海的数千件陶瓷制品元素，数据已经在分析程序的基础上进行了校准，并且可以通过 web 应用程序访问。除了元素组成外，该数据库还包含特定遗址的参考模式、考古信息元数据、地理分布、文献参考和以前的统计评价[3]。Steinhauser 等利用考古地层学分析数据库对考古发掘的浮石样品进行分析，可以确定样品的来源，从而获得浮石样品的最大年龄和运输路线的信息[4]。Drap 等通过构建 3D 地理信息系统，为肖巴克考古确立了两步走的方式，首先是使用摄影测量的调查方式，可获得密集地图，随后可使用统计分析工具[5]。Hochstetter 等通过构建复活节岛（拉帕努伊）的考古数据库，利用免费提供的谷歌地球地图服务，提供了地球表面的高分辨率彩色图像、照片和最近调查产生的数据，使每个对复活节岛考古感兴趣的人都可以免费获得关于该岛的考古记录[6]。Francisco Javier Marcos-Saiz 和 J. Carlos Díez Fernandez-Lomana 利用考古调查 GIS 制图技术和地理空间数据库，评估了阿塔普尔卡山周围地区的巨石结构和其他发掘出土的定居点，分析了从新石器时代到青铜时代的 200 多个考古遗址的整体全新世空间分布：洞穴、露

---

[1] Bauer A, Nicoll K, Park L, et al. Archaeological Site Distribution by Geomorphic Setting in the Southern Lower Cuyahoga River Valley, Northeastern Ohio: Initial Observations from a GIS Database [J]. *Geoarchaeology-an International Journal*, 2004 (8): 711-729.

[2] Angelini I, Bellintani P. Archaeological Ambers from Northern Italy: an Ftir-drift Study of Provenance by Comparison with the Geological Amber Database [J]. *Archaeometry*, 2005 (2): 441-454.

[3] Hein A, Kilikoglou V. CeraDat — Prototype of a Web-Based Relational Database for Archaeological Ceramics [J]. *Archaeometry*, 2012 (2): 230-243.

[4] Steinhauser G, Sterba J H, Bichler M, et al. Neutron Activation Analysis of Mediterranean Volcanic Rocks — An Analytical Database for Archaeological Stratigraphy [J]. *Applied Geochemistry*, 2006 (8): 1362-1375.

[5] Drap P, Seinturier J, Hijazi B, et al. The ROV 3D Project: Deep-sea Underwater Survey Using Photogrammetry: Applications for Underwater Archaeology [J]. *Journal on Computing and Cultural Heritage*, 2015 (4): 1-24.

[6] Hochstetter F T, Haoa S R, Hunt L T L. A Public Database of Archaeological Resources on Easter Island (Rapa Nui) Using Google Earth [J]. *Latin American Antiquity*, 2011 (3): 385-397.

天遗址和巨石结构[1]。sewell 通过考古数据库对意大利半岛 583 个（原型）城市中心的遗址数量、防御工事的年代和城镇规划进行了定量和地理空间分析，认为希腊化时期是半岛聚落增长最活跃的时期[2]。Sagona 等认为安扎克加里波利考古数据库搜集了大量的原始数据，可作为网络数字档案提供给其他研究人员和公众[3]。Fabio 等编制了一个广泛的亚洲水稻考古证据数据库，包括来自东亚、东南亚和南亚的 400 个遗址；该数据库用于比较水稻种植地理起源的几个模型，并推断其起源和随后向外扩散的最可能区域[4]。Filzwieser 在 OpenAtlas 的基础上构建了墓穴人类学的考古数据库以及其数据模型和交互式 web 界面与演示前端，并讨论了进一步整合考古结构（如中世纪定居点、防御工事、战场系统和交通路线）和其他数据（如历史地图、航空照片和机载激光扫描数据）的中世纪墓地数据库的可能扩展[5]。

  自 20 世纪 90 年代以来，我国考古数据库建设取得了一系列成果，考古数据库中的数据类型越来越丰富，考古数据库的检索和查询功能得到了显著提升，并逐步开始注重数据的共享和合作。2000 年以来，开始构建数据标准与规范，并结合多元异构数据管理、大数据、人工智能、三维数字化等技术，实现了考古数据库建设。同时，以现有考古数据成果为资源的相关研究也逐步实现。李安波等从基于摄影测量技术的数据采集与处理、考古知识获取与管理、空间决策支持、可视化与虚拟考古环境构建四个方面分析了田野考古地理信息系统的实现途径[6]。陈德超和刘树人结合上海的考古资料和遥感解译结果分析

---

[1] Diez, Fernandez-Lomana, J, et al. The Holocene Archaeological Research around Sierra de Atapuerca (Burgos, Spain) and Its Projection in a GIS Geospatial Database [J]. *Quaternary International*, 2017 (433): 1-25.

[2] Sewell J. Higher-Order Settlements in Early Hellenistic Italy: A Quantitative Analysis of a New Archaeological Database. [J]. *American Journal of Archaeology*, 2016 (4): 603-630.

[3] Sagona, Antonio, et al. Anzac battlefield: A Gallipoli Landscape of War and Memory [M]. Cambridge University Press, 2016.

[4] Fabio S, Stevens C J, Alison W, et al. Modelling the Geographical Origin of Rice Cultivation in Asia Using the Rice Archaeological Database [J]. *Plos One*, 2015 (9): 1-21.

[5] Filzwieser R, Eichert S. Towards an Online Database for Archaeological Landscapes. Using the Web Based, Open Source Software Open Atlas for the Acquisition, Analysis and Dissemination of Archaeological and Historical Data on a Landscape Basis. [J]. *Heritage*, 2020 (4): 1385-1401.

[6] 李安波, 毕硕本, 裴安平等. 田野考古地理信息系统研究与建设 [J]. 地理与地理信息科学, 2004 (1): 39-42.

了基于 GIS 技术的考古信息系统的开发思路[①]。杨林等在进行田野考古三维现象剖析的基础上提出了适合考古发掘对象的矢量与栅格集成的混合数据模型，并以地层模型和地物模型分别加以描述和建模，论述了建模方法[②]。毕硕本将近景摄影测量技术、无线网络传输系统和 GPS、GIS 的数据相融合，建立了空间数据快速采集集成处理系统等集群技术，并给出了该三组集群技术的设计方案[③]。柳泽等以京杭运河为例，基于地理数据库模型探索了采用 GIS 空间数据库管理大型遗址数据的优越性，为京杭运河申报世界遗产提供了有力支持[④]。周金艳从环嵩山地区史前聚落数据特点入手，构建了史前聚落考古空间数据库，详细介绍了数据采集和处理、数据库设计、数据入库以及数据更新等工作，为进行该区域聚落考古和空间分析研究提供了数据和技术支持[⑤]。康明娟以多年环境考古研究数据为数据来源，基于 Geodatabase 数据结构构建环境考古数据库，实现了遗址的信息在时空关系上具有统一描述的特性，使得研究者能够在统一的系统下对比分析不同时空节点上遗址的相关环境考古信息，探寻数据自身的内在联系[⑥]。霍东峰和梁建军以后套木嘎遗址为例探讨了田野考古资料数据库的理论、方法与实践[⑦]。戎子卿使用 FileMaker 构建了个性化文物管理数据库，让文物工作者可以轻松自制文物数据管理系统。他认为量身定制一套符合自身实际工作需求的文物管理系统，是让少量科研经费发挥较大效用的一个有效方法[⑧]。

李海蓉等通过对金沙遗址考古探测数据的分析，结合考古探测的具体需

[①] 陈德超，刘树人. GIS 支持下的上海考古信息系统的研发 [J]. 测绘与空间地理信息，2004 (5)：41-43.

[②] 杨林，盛业华，闾国年等. 田野考古 GIS 数据模型研究 [J]. 中国矿业大学学报，2007 (3)：408-414.

[③] 毕硕本，闾国年，耿焕同. 田野考古信息系统的设计方案与实施流程 [J]. 测绘科学，2009 (5)：193-195.

[④] 柳泽，毛锋，周文生等. 基于空间数据库的大遗址文化遗产保护 [J]. 清华大学学报（自然科学版），2010 (3)：338-341.

[⑤] 周金艳，杨瑞霞. 环嵩山地区史前聚落空间数据库设计 [J]. 地理空间信息，2011 (5)：96-98.

[⑥] 康明娟. 基于航测数据的环境考古数据库与三维可视化方法 [D]. 石家庄：河北师范大学，2016.

[⑦] 霍东峰，梁建军. 田野考古资料数据库的理论、方法与实践——以后套木嘎遗址为例 [J]. 边疆考古研究，2015 (1)：399-406.

[⑧] 戎子卿. 使用 FileMaker 构建个性化文物管理数据库的实践 [J]. 文物保护与考古科学，2015 (1)：89-95.

求，阐述了考古探测 GIS 数据库的设计目标、逻辑结构以及针对探测数据设计的数据分析功能，并实现了数据存储和数据分析功能[①]。郗家贞等探讨了未来考古信息系统的数据库模块的建设问题[②]。张鹏程认为数据库技术是一种高效、简便管理复杂日常事务的方法，它能方便管理大量繁杂的数据，快速直观地监视和分析数据的变化[③]。曲轶莉和张开亮利用数字化技术对馆藏皮影进行了数字化综合性保护研究，在完善皮影基本信息的基础上实现了皮影数字化采集，建立了皮影关系数据库，探讨了皮影数字化采集的新方式，研究结果在一定程度上提高了皮影保护和传承的水准，促进了馆藏文物信息静态与动态管理的互补[④]。贡一文在总结田野考古工作中，探寻了当下考古数字信息的展示模式，以期能向公众呈现出区别于以往的存在于文学作品、新闻报道和博物馆展示中的考古遗址和考古工作[⑤]。田博宇在描述田野数字考古信息管理系统的需求分析、系统框架设计和实现过程的基础上，分析了用户对业务流程、系统功能以及系统性能等方面的需求，对于关键的业务逻辑，如项目管理业务、项目考古发掘业务等进行了用例描述，在对田野数字考古信息管理系统功能需求分析的基础上，明确了系统要实现的基本功能以及实现技术[⑥]。

二、国内外考古 GIS 应用研究回顾

20 世纪 80 年代，欧洲和北美国家开始将 GIS 技术应用于考古学研究，计算机图形学、数据库和统计分析等技术开始投入应用。最早的应用实践项目是美国的 Granite Reef 项目。20 世纪 80 年代遗址预测成为 GIS 考古研究的主要方向，20 世纪 90 年代景观考古 GIS 分析逐步盛行。GIS 作为考古学时空性问题的新解决手段而备受青睐。随着 GIS 技术的成熟与发展，在考古学领域的应用也随着应用要求的提高而逐渐成熟。

---

① 李海蓉，王绪本，郑文锋. 基于 GeoMedia 的考古探测 GIS 数据库研究［J］. 物探化探计算技术，2007（3）：276-279+282.
② 郗家贞，王笑冉，何芳等. 基于 webGIS 田野考古信息系统的数据库设计［J］. 信息与电脑（理论版），2010（4）：69-70.
③ 张鹏程. 关于建立文物考古数据库的几个问题［J］. 考古与文物，2008（3）：108-110.
④ 曲轶莉，张开亮. 馆藏皮影文物的数字化保护探讨——以黑龙江省民族博物馆馆藏皮影为例［J］. 文物保护与考古科学，2022（4）：123-128.
⑤ 贡一文. 考古数字信息的采集与展示［D］. 北京：中国社会科学院，2019.
⑥ 田博宇. 基于 Net 平台的田野数字考古信息系统的研究与开发［D］. 石家庄：河北师范大学，2013.

(一) 国外经验总结

以下从文物资源管理、考古数据分析、遗址预测模型和景观考古GIS等四个方面对国外关于考古GIS的应用研究进行回顾。

1. 文物资源管理

主要利用空间数据库技术对考古数据进行组织与管理。将各种数据输入GIS数据库中，使遗址的测量、制图、遥感和发掘等资料都有严格的统一存储标准，为后续的考古研究、遗址保护、资料存档以及相关部门的管理提供有力的支持[1]。希腊、英国等历史悠久的国家，对于文物资源、遗址的数字化管理与应用起步较早，在世界上属于领先地位，特别是基于文物与遗址资源管理的地理信息系统的应用起步较早。美国在联邦层次设立美国国家公园管理处（National Park Service，简称NPS），对所有的文物与遗址进行管理。NPS建立专门的国家考古数据库、国家历史标志景观数据库、国家登录文物信息系统等大型数据库。这些数据库专门用于存储这些文化遗产资源的地理坐标、测绘数据等专业地理位置空间信息，并且数据库可以直接与GIS进行系统链接，实现基于地理位置的文化遗产的查询与管理。北美已建立了较为完善的北美考古地球物理数据库（North American Database of Archaeological Geophysics，简称NADAG）。这些数据库的建立不仅给专业的考古学工作者提供了可以利用的平台，还为数据的建设提供了基本数据标准与范例。

80年代中期以后，更多的数字化信息和简单易用的GIS工具集使位置建模工作更为便利。同时，更多的资金投入也激发了研究人员的创造力。尽管大部分工作仍集中于文化资源管理（CRM）范畴，但考古信息数据库充实了当地的文化资源信息，也为考古位置建模等定量空间分析工作提供了丰富的数据基础[2]。

2. 考古数据分析

GIS的缓冲区分析、叠置分析等基本功能可直接应用于考古研究，进行遗址保护区域划定、遗址时空分布规律总结等研究工作。统计分析等功能也可以内嵌到GIS中，进行一些必要的考古学统计分析工作。

70年代中期到80年代早期，国外将地质学中的趋势面分析应用到考古遗

---

[1] 高立兵. 时空解释新手段——欧美考古GIS研究的历史、现状和未来[J]. 考古，1997（7）：89-95.

[2] 柳泽，毛锋，周文生等. 基于空间数据库的大遗址文化遗产保护[J]. 清华大学学报（自然科学版），2010（3）：338-341.

迹的分布模式或器物的研究中。除了多项式法外，考古学者还发展了加权平均空间插值等新的曲面分析方法。Effland 利用最简单的绘图仪从区域性考古数据库中生成了美国西南部不同时期的考古遗址分布图[1]。Aldenderfer 是计算机考古模拟应用的先行者，他针对计算机模拟在考古学中的应用进行了一次批判性的、合理的、全面的考察[2]。Chadwick 利用 2 千米×2 千米网格对地理环境数据进行编码，生成了希腊青铜文化早期和中期适合人类居住的地理区域和加权分布图[3]。真正将 GIS 应用到考古学中是美国西南部的格拉尼特礁（Granite Reef）考古项目，该项目组开发出了栅格地图处理系统 MAPS，并通过系统建立了高程、土壤类型、降雨量和温度分布图等图层[4]。这些功能已被用于建立考古模型，以研究适合采集、狩猎和早期农业的地理环境。这一研究与现在的基于 GIS 的聚落研究已没有多大区别。当时的考古出版物中还没有出现过"GIS"这个词，他们仅将自己的研究称为"基于计算机的制图分析系统"。

基于 GIS 的区域分析技术在考古研究中有很多成功的应用案例。例如 Ranta 利用 GIS 模型环境，对芬兰的地质处理和制图建模工具进行了空间分析，解决了森林燃料使用量低的问题[5]。Gaffney 和 Stancic 在波希米亚青铜时代末期聚落研究中，分析了 6 种地貌类型与罗马时期聚落分布之间的关系[6]。在此阶段，GIS 区域分析能够为考古工作提供新的思路与研究方法，尤其在已知遗址、聚落的分布特征基础上，能揭示古人选择活动场所的原因。

3. 遗址预测模型

建立考古预测模型是以人类位置行为的模式化为基础，根据一个区域中某类已知考古遗址的分布特征，提取遗址及其周围的高程、坡度、坡向、土壤类型或距水系距离等环境因素数据，分析考古遗址及其周围环境的典型特征，并

---

[1] Effland R W. Statistical Distribution Cartography and Computer Graphics [J]. *Computer Graphics in Archaeology*, *Anthropological Research Papers*, 1979 (15): 17 – 29.

[2] Aldenderfer M. The Analytical Engine: Computer Simulation and Archaeological Research [J]. *Archaeological Method and Theory*, 1991 (3): 195 – 247.

[3] Chadwick A J. *Settlement simulation* [M]. Academic Press, 1979.

[4] Brown P E, Tubin B H. Patternsof Desert Resource Use: An Integrated Approachto Settlement Analysis [J]. *Anthropological Research Papers*, 1982 (28): 267 – 305.

[5] Ranta T. Logging Residues from Regeneration Fellings for Biofuel Production — a GIS-Based Availability Analysis in Finland [J]. *Biomass and Bioenergy*, 2005 (2): 171 – 182.

[6] Gaffney V L, Stancic Z. *GIS Approaches to Regional Analysis: A case Study of the Island Hvar* [M]. Ljubljana: Znanstveni Institut Filozofske Fakultete, 1996.

以此建立考古遗址的理论模型。然后再分析研究区域内其他地点，查找类似地点作为可能的遗址位置，最后通过实地调查，对预测结果进行检验。

欧美考古界在遗址预测模型分析中已经取得了一定的成果，为区域考古研究和文化资源保护提供了重要数据。此类数据能预测重要的考古遗址，并进行监测和保护，减少野外调查的时间和经费。有的学者还根据特定区域的具体情况，分析各种环境因素的影响程度，对不同的环境因素赋予不同的权值，建立更为完善的预测模型。

70年代末、80年代初，数字高程模型（DEM）在区域性考古研究中得到了应用，它能直观地显示出考古遗址的分布，遗址预测成为这一时期GIS考古研究的热点方向。考古学家借用数字高程模型可以预测遗址的分布规律。然而，由于熟悉计算机技术的考古学家较少，且未形成成熟的GIS软件，考古学家需要自己编写程序；另一方面GIS遗址预测偏重从数据中寻找规律，这与当时美国考古界那种预先假定模式，再抽样验证、演绎规律的"新考古学派"学风不符，但此阶段北美区域的GIS考古研究也取得了一些进展。Reddy分析了将GIS应用于南加州彭德尔顿营地考古遗址预测项目的初步结果，研究得出的方法模型为具有潜在文化遗存的地区提供了指标选择依据[1]。Whitlow开发了一个GIS框架预测模型用于研究罗马尼亚东北部东喀尔巴阡山脉和摩尔多瓦高原的青铜时代Cucuteni-Ariusd聚落模式[2]。Atwater基于GIS等模型为Denali国家公园保护区创建了一个预测模型，用于对现有资源进行规划[3]。Shnewer将遥感数据与GIS相结合，对伊拉克西部沙漠遗址的地下水潜在站点进行了预测[4]。在80年代的后期，ARC/INFO、MOSS和GRASS等GIS软件陆续被研发出来后，美国的相关政府部门利用这些软件构建考古数据库，并且在考古学术会议中提出将GIS技术作为一种解决过去问题的未来工具。

---

[1] Reddy S, Brewster A. Applying GIS to Archaeological Site Prediction on Camp Pendleton, Southern California [J]. *Pacific Coast Archaeological Society Quarterly*, 1999 (1): 7-18.

[2] Whitlow R B. *Copper Age Settlement Patterns in the Eastern Carpathian Mountains A GIS Approach to Site and Territory Analysis* [M]. State University of New York at Buffalo, 2014.

[3] Atwater A L. Dinosaur Track Site Prediction Model in Denali National Park Using Remote Sensing, Geographic Information Systems (GIS), Databases and Suitability Analyses [C], GSA Annual Meeting in Denver, 2013.

[4] Shnewer F M, Hasan A A, Al-Zuhairy M S. Groundwater Site Prediction Using Remote Sensing, GIS and Statistical Approaches: A Case Study in the Western Desert, Iraq [J]. *International Journal of Engineering & Technology*, 2018 (4): 166-173.

4. 景观考古 GIS

90 年代，考古 GIS 研究在北美得到了迅速发展。国外诸多考古研究机构开展了考古 GIS 技术的研究，既有涉及国家级考古数据库的研究，也有对考古 GIS 数据结构和时间性问题的理论探讨。到了 90 年代中期，一些欧洲国家将 GIS 技术应用到了景观考古学中，利用时间和空间上的优势并结合丰富的景观资料，运用社会、经济、政治等模型解释了自然环境因素与聚落模式之间的空间关系，并进行了空间结构解释。Michael 基于 GIS 对沙特阿拉伯的历史环境进行了调查，该调查是一个包含了丰富景观考古证据的集中活动[1]。Caracausi 分析解释了荷兰文化遗产局开发的全国景观地理信息系统并提出了具体建议[2]。Green 对景观考古学和 GIS 进行了一般讨论，并简要讨论了他们对爱尔兰早期史前史的工作[3]。Mazzia 以阿根廷潘柏斯草原为例，分析了景观考古研究中所遵循的研究策略，强调了 GIS 工具对于研究过程的重要性[4]。Bevan 基于地理信息系统（GIS）和考古调查数据，研究了其在基泰拉岛（希腊）的景观考古学中的应用[5]。进入 21 世纪，国外的考古 GIS 技术出现了新的发展趋势：一是虚拟现实、可视域分析等技术被应用到了考古学研究中，二是将 RS、GPS 与 GIS 即 3S 技术应用于考古研究；三是将三维可视化技术应用于考古研究。

(二) 国内经验总结

国内在 GIS 考古领域的应用研究起步较晚，但发展速度较快。近几十年来，随着国内考古调查研究的深入，考古资料的不断丰富为考古 GIS 项目的开展奠定了坚实基础，并取得了丰硕成果。从 20 世纪 80 年代初开始，我国地理信息系统在多方面都取得了进步。90 年代初，国内学者陆续将国外 GIS 及其在考古学中的应用介绍到中国，中国学者自己开始尝试将 GIS 应用于考古研

---

[1] Michael F, Sarah G. Landscapes of Mobility and Movement in North-West Arabia: A Remote Sensing Study of the Neom Impact Zone [J]. *Land*, 2022 (11): 1941.

[2] Caracausi S, Berruti G L F, Daffara S, et al. Use of a GIS Predictive Model for the Identification of High Altitude Prehistoric Human Frequentations. Results of the Sessera Valley Project (Piedmont, Italy) [J]. *Quaternary International*, 2018 (490): 10-20.

[3] Green S W. Sorting out Settlement in Southeastern Ireland: Landscape Archaeology and Geographic Information Systems [J]. *Interpreting Space: GIS and Archaeology*. London: Taylor and Francis, 1990: 356-63.

[4] Mazzia N, Gomez J C. GIS and Landscape Archaeology: A Case of Study in the Argentine Pampas [J]. *International Journal of Heritage in the Digital Era*, 2013 (4): 527-546.

[5] Bevan A, Conolly J. GIS, Archaeological Survey, and Landscape Archaeology on the Island of Kythera, Greece [J]. *Journal of Field Archaeology*, 2004 (1-2): 123-138.

究，并取得了一系列成果。

1. 文物资源管理

随着我国信息化的不断深入发展，国家对历史文化遗产保护力度加大，针对面向考古文物的地理信息系统需求也在扩展，进一步推动了面向文物的GIS系统的开发与研究[1]。90年代初期，全国文博单位计算机应用状况调查显示，有半数以上的文博单位希望能够将计算机应用于田野工作、资料检索、处理系统及藏品管理系统等方面，国内文博界迫切需要构建一套现代化、高效率的信息管理模式[2]。针对实际工作需要，已经有多家考古研究机构自主开发了考古资料管理系统，并应用于考古工作的实践中[3]。

90年代中后期，国内研究者尝试将GIS运用于文化遗产保护及考古调查资料的管理等方面，并取得了许多成果。2004年苏州教育学院陈得超教授与华东师范大学刘树人教授开展了"上海考古信息系统研究"，对地理信息系统在考古学中的应用问题进行了初步探讨，实现了考古信息的手工作业管理向计算机管理的转变[4]。2010年柳泽等人以中国京杭运河为例，证实了采用空间数据库管理大型遗址的相关数据的优越性，该研究为京杭运河申报世界遗产提供了有力支持[5]；西安交通大学李明明等以地理信息系统中的ArcGIS为基础，结合兵马俑博物馆大量的文物保护考古数据，建立以C/S和B/S相结合的秦始皇陵兵马俑文物保护数据库[6]。南阳师范学院的杨杰等基于"3S"技术和GIS技术对探测到的古迹影像、数字数据等文物信息进行判读与解译、分析、定位，并探讨了南阳市文物保护信息系统的建立和实现[7]。金鑫等基于ArcGIS Geodatabase设计并实现了良渚古城遗址空间数据库，完成了良渚古城数字化地图的矢量化，并综合考古发掘和研究成果，对不同空间实体进行了属性设计，使得各类已发

---

[1] 张国防. GIS在乾陵文物资源保护中的应用[D]. 西安：西安工业大学，2008.
[2] 李科威，于冰，童波. 全国文博系统计算机应用状况调查[J]. 东南文化. 1991（Z1）：249-254.
[3] 李岩. 田野考古资料的信息化处理与《田野考古·2000》[J]. 考古. 2000（6）：90-97.
[4] 陈德超，刘树人. GIS支持下的上海考古信息系统的研发[J]. 测绘与空间地理信息，2004（5）：41-43.
[5] 柳泽，毛锋，周文生等. 基于空间数据库的大遗址文化遗产保护. 清华大学学报（自然科学版），2010（3）：338-341.
[6] 李明明，王勇，容波等. 基于GIS的秦始皇陵兵马俑文物保护数据库研究[J]. 宝鸡文理学院学报（自然科学版），2007（3）：246-248.
[7] 杨杰，徐恒升. 基于GIS的南阳市文物保护信息系统设计与实现[J]. 内江科技，2006：65-67.

掘的重要遗址、遗迹的空间位置及其文化背景和相互联系能够在地图上直观地表现出来[1]。李安波等基于 GIS 技术建立田野考古信息系统，进行了系统平台的框架设计，为田野考古发掘、研究以及文化遗产保护提供了一种数字化的手段和方法[2]。

2. 遗址预测

考古遗址预测模型研究是迄今 GIS 在考古应用中开展最为广泛的研究。其基本的方法就是对研究区域建立一个数学模型，该模型能够根据研究区域任何给定位置的一些环境变量对该位置存在考古遗址的概率进行预测。从本质上讲，GIS 与考古遗址预测模型的结合是一个 GIS 与应用模型集成的问题。GIS 是建立考古遗址预测模型的理想工具。首先，GIS 使得大范围高精度的海量考古信息和环境信息的集成成为可能；第二，GIS 技术提供了预测文化资源分布的复杂模型的实现方法和能力；第三，GIS 提供了对预测结果进行显示和检测的方法和能力。

国内在利用 GIS 进行考古遗址预测方面取得了一系列成果。郭飞基于 Logistic 回归最优化方法，以汾河流域为研究区域，通过梯度上升法建立了遗址预测[3]。曹耀文运用 GIS 的空间分析功能，借助 Logistic 回归分析方法构建了从化流溪河流域先秦时期的遗址分布预测模型，得出了遗址分布与海拔等自然地理要素之间的定量关系[4]。董振和金石柱以延边地区的渤海国遗址为研究对象，借助 GIS 软件获取同遗址分布相关的高程、坡度、坡向、与河流之间的距离、与村屯之间的距离等因素值，利用 Logistic 回归模型建立了延边地区渤海国遗址预测模型[5]。倪金生以山东莒县沭河上游流域地区为研究区域，通过对大汶口、龙山和岳石文化时期遗址空间结构及其与环境特征的关系进行分析，建立了基于 GIS 的沭河上游考古遗址预测 Logistic 回归模型，较为精确地

---

[1] 金鑫，董少春，王晓琪等. 基于 ArcGIS Geodatabase 的浙江良渚古城遗址空间数据库的设计与实现 [J]. 南京大学学报（自然科学版），2018（1）：163-175.

[2] 李安波，毕硕本，裴安平等. 田野考古地理信息系统研究与建设 [J]. 地理与地理信息科学，2004（1）：39-42.

[3] 郭飞. 基于 Logistic 回归最优化方法的遗址预测分布研究 [D]. 北京：中国科学院大学（中国科学院遥感与数字地球研究所），2018.

[4] 曹耀文. 基于 Logistic 回归分析的从化流溪河流域先秦时期遗址预测模型 [J]. 测绘与空间地理信息，2021（5）：124-127+131.

[5] 董振，金石柱. 基于 Logistic 回归模型的延边地区渤海国遗址预测研究 [J]. 延边大学学报（自然科学版），2015（2）：179-184.

分析得出遗址分布与地形高度、河流分布等因子间的定量关系[①]。

3. 聚落考古与人地关系

考古学理论与实践中最基本的一个问题就是如何分析和解释人类在各种类型的空间范围内所遗留的物质文化问题。因此，在采集、整理和分析、研究考古资料的过程中必须始终关注和思考考古遗存的各类空间信息。聚落考古与人地关系研究作为考古学的一个重要研究分支，对于分析区域空间文化遗存与环境的关系具有重要意义。

近年来，GIS作为强有力的支撑手段被越来越广泛地应用在了聚落与环境考古研究中。区域性的聚落考古研究在国内发展起来，一些学者把区域系统调查与有选择的重点遗址发掘相结合，来考察广阔空间范围内长时段的聚落形态变迁和社会发展。刘建国运用GIS技术的空间分析功能，通过建立山西临汾盆地、河南洛阳盆地、河南洹河流域、陕西省周原地区（七星河、美阳河流域）等四个区域的聚落考古数据库系统，研究聚落分布与局部地区自然环境之间的关系，探索了研究区域中人类文明形成之初的人地关系特征[②]。河南工业大学周金艳利用GIS的空间数据库特征，从环嵩山地区史前聚落数据特点和应用需求入手，构建了史前聚落考古空间数据库，提出了聚落空间数据库的设计和实现方案，为进行该区域聚落考古和空间分析研究提供了数据和技术支持等[③]。惠夕平以鲁东南沿海地区史前至汉代聚落考古研究为例，通过对聚落分布与环境因素关系的统计，并结合研究区域内重要通道的利用状况，分析探讨了影响聚落选址的自然环境因素和社会因素，并对不同时期聚落选址表现出的资源开发利用和流通进行了分析[④]。吴敏以粤东古村落凤山楼村为例，以聚落考古学的方法为视角，通过梳理建立村落的时间序列和空间分布框架，并探讨了家族文化传统等对凤山楼村聚落形态演变所产生的影响[⑤]。许飞进和刘强以江西乐安流坑村为例，从多维视角分析了传统聚落的演变关键特点，并对聚落进行了

---

① 倪金生. 山东沭河上游流域考古遗址预测模型 [J]. 地理科学进展，2009（4）：489-493.
② 刘建国. 考古与地理信息系统 [M]. 北京：科学出版社，2007.
③ 周金艳. 环嵩山地区史前聚落数据库建设研究与应用 [D]. 郑州：河南工业大学，2012.
④ 惠夕平. 地理信息系统支持下的鲁东南沿海地区史前至汉代聚落考古研究 [D]. 济南：山东大学，2011.
⑤ 吴敏. 凤山楼——聚落考古学视角中的粤东古村落 [M]. 北京：社会科学文献出版社，2019.

总结，揭示了流坑村的赣文化特色[1]。陶卫宁以陕南汉江走廊地区新石器时代的聚落遗址为例，以考古发掘资料为主要依据对这一区域内聚落的地理环境进行了微观个案研究，充分阐述了汉江新石器时代走廊内的人地关系[2]。

4. 文化遗产保护与展示

文化遗产保护及展示方面的工作主要是针对文化遗产的保护领域和公众展示方面。GIS在文化遗产展示方面的应用非常广泛，它可以构建多维的展示平台，将文化遗产以更直观的形式呈现给观众，从而更好地传达其所蕴含的文化内涵和特色。

胡明星和董卫根据镇江市建委的要求建立的西津渡历史街区保护和管理工作的日常应用系统，已用于古街区房屋现状及规划方案的查询[3]。胡明星、邹兵和方必辉将GIS应用于安徽宏村世界文化遗产保护规划现状调查、规划编制中，对古民居进行了全面调查，并在现状调查数据和规划数据的基础上，建立了宏村世界文化遗产保护的空间信息数据库[4]。张剑葳、陈薇和胡明星以扬州城遗址保护规划为例，研讨了地理信息系统（GIS）技术在复杂的大遗址保护规划中的应用[5]。王一帆、孔云峰和马海涛基于开封市考古发现和历史文献研究成果，运用地图学方法、GPS和GIS技术，探讨了古代城市空间结构复原的基本思路、方法和操作步骤；（北宋）东京城GIS的初步实验表明：以现有考古发现和文献研究资料为基础，在GIS环境中重现古代城市空间，可以整合历史学研究成果，不仅实现了历史研究成果的共享，而且为历史学研究提供一个新方法[6]。张慧将三维激光扫描、GIS和虚拟现实等技术应用到小雁塔、西汉古墓等古遗迹的重建和展示中，建成了一个大的古遗迹场景，设计并实现了以小雁

---

[1] 许飞进，刘强. 乐安流坑村传统聚落形成与演变的特色探讨 [J]. 农业考古，2008（3）：236-238.
[2] 陶卫宁. 陕南汉江走廊新石器时代考古聚落研究 [J]. 经济地理，2003（4）：486-490.
[3] 胡明星，董卫. 基于GIS的镇江西津渡历史街区保护管理信息系统 [J]. 规划师. 2002（3）：71-73.
[4] 胡明星，邹兵，方必辉. 基于GIS宏村世界文化遗产地保护规划修编中应用研究 [J]. 安徽建筑，2010（2）：31-35.
[5] 张剑葳，陈薇，胡明星. GIS技术在大遗址保护规划中的应用探索——以扬州城遗址保护规划为例 [J]. 建筑学报，2010，57（6）：23-27.
[6] 王一帆，孔云峰，马海涛. 古代城市结构复原的GIS分析与应用——以北宋东京城为例 [J]. 地球信息科学，2007（5）：43-49.

塔和西汉张安世古墓群为例、基于 GIS 的三维古遗迹虚拟漫游系统[①]。张凤梅等通过综合应用 WebGIS、三维虚拟现实和数据库等技术，对中华文化遗产和旅游信息资源进行整合和集成，构建了数字化中华文化遗产区域地理信息地图，并对部分文化遗产及景区进行了三维虚拟数字化展示，为提升中华文化遗产数字化程度和文化旅游综合服务水平开辟了新途径[②]。

GIS 已经广泛应用于考古学研究中，但其潜力仍旧很大，深度与广度仍需进一步拓展。GIS 在国内考古学中的应用虽然取得了一系列成果，但是缺少 GIS 与多种信息技术融合的开发研究，也尚未有将数据库构建、系统开发和研究案例置于同一框架下的应用研究。本书以西安为例，通过收集西安的多元异构考古数据，利用 GIS 技术与空间信息采集技术、大数据技术等进行数据库构建、系统开发与考古案例应用研究，在研究手段和研究思路上均具有一定新意。

第四节　研究意义、对象与内容

一、研究意义

配合基本建设的考古发现天生具有碎片化与复杂性的特点，很难依靠个人的认知形成一个科学性、系统性的认识。因此，如何将这些碎片化的数据整合起来，帮助决策人员和科研人员更好地规划、保护与研究文化遗产，使保护工作具有系统性与高效性，这就需要利用新技术、新方法与传统考古工作相结合。如何利用新技术构建区域级考古数据库，将这些分散的资源进行统一管理，成为困扰西安考古行业的一个难题。

通过建立西安地区考古数据库，可以将分散的考古数据资源进行全面整合，打破以往通过单个遗址、单项业务独立构建数据库系统导致的数据资源孤岛和资源浪费，从而建立从数据采集、存储、管理、应用、分析到服务的全流程一体化闭环，实现西安文物考古从区域整体思路到综合信息数据库的构建。

其价值和意义体现在：

[①] 张慧. 真实感古遗址三维重建及虚拟展示技术研究与应用 [D]. 西安：西北大学，2010.
[②] 张凤梅，黄羊山，张红军等. 基于 WebGIS 的文化遗产及景区旅游信息系统的设计与实现 [J]. 现代测绘，2015（6）：28-30.

（一）实现多元考古数据的集成化管理

西安地区文物资源十分丰富，文物工作具有坚实的基础，但是资源分散，成果分散在各个文博单位，碎片化管理严重，缺乏统一的数据库和管理系统；再者，以往以遗址为单位构建的考古地理信息系统很难在空间范围和数据标准上达到统一，各个遗址之间的数据无法贯通。通过西安地区考古数据库的建设，以全市域为研究空间范围，以全时代为时间轴线，以文物资源为研究对象，可以摸清地下文物资源家底，了解西安地下遗迹空间分布，对于深挖西安历史文化资源价值，加强全市范围内的文化遗产资源管理工作，促进文物资源活化利用，讲好西安故事具有支撑作用。

（二）有助于实现数字考古行业标准的构建

通过西安地区考古数据库的构建为考古行业形成相关标准和规范，包括数据采集的标准和数据库建设标准。行业标准的构建一方面有助于数据库内容质量的规范，另一方面将反作用于考古业务流程，对现有田野考古工作进行优化和提升。如综合利用田野测绘、无人机正射影像、三维激光扫描和多视角三维重建技术，将改造现有考古绘图工作流程，极大提高考古成果发表的速度和质量。

（三）为考古研究提供全域视角，有助于拓宽考古研究的深度

基于西安地区考古数据库强大的查询、统计、分析和输出功能，有助于提高考古科研水平，促进考古新发现。以往考古研究大都以单个遗址或者墓葬为研究对象，西安地区考古数据库可以让研究者从全域视角研究同类墓葬或者遗址的空间分布，拓宽了考古学研究的深度。例如利用数据库研发的功能可以分析出土不同器物墓葬的分布，同一时代下多倾向于哪种墓葬形制等。此外，利用 GIS 的预测分析功能，可以根据已经出土的遗迹研判其空间分布，这对考古发掘前选取工作区域的研判意义重大。

（四）有助于协调城市规划建设与考古发掘之间的矛盾，构建全新的"数字考古"新模式

利用西安地区考古数据库的查询、可视化展示和输出功能，可以在建设用地审批前期进行文物影响评估，有效避让文物地下空间，解决了长期存在的文物保护与城市建设之间的矛盾。本数据库将为遗址保护规划提供强有力支持，从西安市整体空间角度出发，对遗址数据进行统计、分析，尤其以大遗址及其周边用地的空间联系为重点，辅助城市规划部门对全市范围内文化遗产保护规

划进行编制。

（五）有助于西安考古成果的多样化展示与传播

利用数字化技术构建西安考古地理信息系统，实现对西安古代遗迹的高精度模拟和再现，通过可视化技术呈现各类遗迹在不同历史时期的样貌和变化。此外，通过西安考古数据库收集整理的数字化数据还能用于制作各种形式的展示作品，如数字考古博物馆、虚拟遗址、交互式网页等，以便更广泛地向公众传播西安的考古成果。

二、研究对象

研究对象是西安地区考古数据库。首先，需要根据西安地区考古数据库建设需求，全面收集、采集西安市范围内文化遗产资源数据，根据不同数据类型进行分析，设计分类编码体系，进而制定数据库标准，建设西安地区考古数据库。

文化遗产资源的收集和整理是考古数据库构建的基础，数据库的架构设计是核心。西安地区构建数据库的一个重要创新之处在于综合利用考古地层学与GIS图层学理论作为指导。传统考古学的主要研究方法是以地层学和类型学为基础的。地层学是一种通过判定遗址中诸堆积形成的先后过程或次序来研究遗存之间相对年代早晚关系的方法。GIS图层学就是按某种属性将数据分成若干层，图层是由同类要素的逻辑集合，包括各要素的地理位置、形状及以属性存储的描述性信息。将考古地层的划分与GIS图层学结合，有助于辅助进行地层的划分与数据提取，直观地展示地层划分与考古信息。

在建立考古数据库的基础上，利用考古GIS技术，结合考古类型学与计量考古学进行西安考古地理信息系统建设，为考古数据分析提供大数据手段。考古类型学方法是将遗迹和遗物按用途、制法和形制归类，根据形态的差异程度，排列出各自的发展序列，确定出土物的相对年代关系和器物谱系。考古GIS则是利用统计学原理建立数学模型，提供一个文物数据分析平台，为器物的归类与排列提供建模支撑，实现大数据赋能考古研究。

三、研究内容

本书研究内容主要包括西安地区考古数据库的建设、西安考古地理信息系统建设以及基于西安地区考古数据库的应用研究。具体内容如下：

(一) 西安地区考古数据库设计

在搜集、分析整理西安地区考古调查、勘探、发掘、文物普查、文物保护单位资料的基础上，厘清西安地区考古数据库建设思路，制定数据库标准体系。基于以上数据标准体系，进行数据编码设计、基础地理数据设计、考古调查数据设计、考古勘探数据设计、考古发掘数据设计及文物保护单位数据设计等。

(二) 西安地区考古数据库实现

利用空间数据库技术、大数据库技术实现西安地区考古数据库，通过对各类数据源进行资料搜集、整理、标准化和入库操作，建设基础地理数据库、考古专题数据库、重点项目数据库和文献数据库等。

(三) 西安考古地理信息系统设计

在进行考古需求分析的基础上，确立系统的设计理念，并进行总体架构设计。利用 GIS 技术和大数据技术进行系统功能模块的设计，包括：数据录入处理系统、考古数据中心、一张图时空框架系统、模型分析系统、运维管理系统、历史图库系统、文献检索系统和共享交换系统。

(四) 西安考古地理信息系统功能实现

基于西安地区考古数据库的构建，分别从基础设施层、数据层、组件和服务层、应用层和用户层五个层次进行系统架构设计。利用大数据、WebGIS、微服务架构技术，构建西安文物考古一张图平台，实现一张图文物管理、数据分析和综合应用。

(五) 基于西安考古数据库的案例研究

基于西安地区考古数据库建设成果，进行相关个案研究，如西安新石器时代聚落遗址文化重心迁移与环境考古研究、西安地区唐墓随葬品分析研究和唐长安城居民宅邸与葬地之间的关系研究等。

第五节 创 新 之 处

将城市历史地理、考古学最新研究成果与大数据库、地理信息技术进行结合，利用空间信息采集技术对西安地区考古业务涉及的多元异构数据进行采集，在考古数据库标准体系的基础上，构建西安地区考古数据库，并开发建设西安考古地理信息系统，最后基于数据库进行相关专题研究。创新之处如下：

第一，构建了一套多尺度、多元异构考古数据集成体系，为文物数据资源的管理提供新方法。采用空间信息技术对考古全流程数据进行记录和数字化，并实现数据存储、管理与动态更新，为考古行业提供了考古数据集成管理实践经验，为文物数据资源的管理提供新方法。综合利用大数据库和微服务架构技术，以西安地区为研究范围，实现了宏观文物资源分布、中观考古发掘项目和微观遗迹单位级别的多尺度、多元异构数据的集成管理。

第二，基于考古全流程生命周期构建了考古"数据闭环"机制，提升了系统应用的生命力。一个信息系统最担心没有维护导致系统使用障碍，数据得不到更新，系统得不到维护保障，会逐渐流失用户，最终数据库会变成一个"死库"，系统也会沦落为"数字烂尾工程"。通过系统的构建，实现了西安市文物保护考古研究院考古全流程业务完善，通过数据标准的制定，对业务又提出了更高要求，实现了技术对业务的反哺，优化了业务流程，最后打通了数据"采集—管理—利用—维护—更新"的"数据闭环"链条，提升了系统应用的生命力。

第三，为城市考古与大遗址考古构建"城市考古新范式"，丰富了城市考古方法论。西安城市考古地理信息系统将碎片化的各类城市考古遗迹落到一张总图上，提供多种分析预测功能，为研究者提供全局观察视野，使得后续城市考古和大遗址发掘工作者能做到脑中装着地图去寻找遗迹，实现带图寻"宝"，变被动配合基本建设考古为主动性预见性考古，为城市考古提供了新的实践方法，也提出了普适性实践经验。

第二章

理论基础与支撑技术

第一节 理 论 基 础

一、田野考古学

田野考古学是考古学的基础和重要组成部分,它是一种通过对古代人类遗留下来的物质文化遗产的实地调查和发掘,以获取和研究文化遗产的研究方法[1]。它包括考古学理论、考古学技术、考古学史和考古学应用等多个方面,是考古学的基础和核心[2]。田野考古学通过运用一系列科学方法和理论,对遗址、遗物、人类活动痕迹等进行详细的记录、分析和解释,以重建过去人类的生活方式、社会发展历程以及文化演变过程。

田野考古学的理论根基可以追溯到19世纪中叶,当时欧洲和美国的考古研究者开始对遗址进行系统的调查和发掘。初期的田野考古学主要关注对古埃及、古希腊和古罗马等古代文明的发掘。随着时间的推移和技术的不断进步,田野考古学的研究范围逐渐扩大,开始涉及史前时期、古代文明和后工业化时代等各时期和地区的遗址。其研究过程一般包括调查、发掘、整理和发表报告等阶段。调查是田野考古学的第一步,主要通过地面勘查、考古踏查等方式,摸清遗址的位置、分布、规模等信息。发掘是在调查的基础上,对遗址进行系统的发掘,以获取更多的文化遗物、遗迹和遗骸等信息。整理是对发掘所得的遗物、遗迹和遗骸进行清洗、分类、编纂和保护以建立完整的档案资料库。发表报告是将整个研究过程和结果进行系统的整理和撰写,以呈现给学术界和社会公众。

田野考古学的研究不仅关注对遗址的发掘和物质文化遗产的保护,还涉及人类学、社会学、历史学等其他学科领域的交叉应用。比如,在田野考古学的研究中,常常会运用地层学、类型学、年代学、环境考古学等学科理论和方

---

[1] 郭旭东. "殷墟漂没说"与中国考古学的科学化进程[J]. 考古与文物,2003(3):63-68.
[2] 马利清. 考古学概论[M]. 北京:中国人民大学出版社,2010.

法，以更准确地解读遗物、遗迹和遗骸等文化遗产所传递的信息。田野考古通过揭露、观察、记录、发现与研究古代遗留下来的实物资料为考古学提供科学的发掘过程、现场资料的完整准确记录、海量考古数据的科学分析与直观形象表达。通过田野考古积累的资料，为建立考古数据库提供数据资料来源和基础。

本研究利用田野考古学理论和方法，为西安地区考古数据库提供数据资料记录，为后续资料整理与入库提供科学规范与理论支撑，为文物资源信息共享与数字化决策提供数据资料支撑。通过田野考古学理论的指导，提升西安地区考古数据库构建的科学性与准确性，为数据资料的分析研究提供坚实的理论基础。

二、环境考古学

环境考古学主要探讨古人类及其文化与自然环境之间的关系[1]。它通过运用地质学、生物学、生态学、人类学和考古学等多学科的理论和方法，揭示人类文化与自然环境的相互关系，进而探讨人类文明的起源、发展和影响[2]。环境考古学的研究主要集中在古人类的生活方式、经济发展、社会结构和宗教信仰等方面。这些方面的研究需要通过对遗址进行系统的调查和发掘，以及对所得遗物、遗迹和遗骸进行分析和研究。例如，通过对遗址周围环境的研究，可以了解古人类的生存方式、经济发展和资源利用方式；通过对遗址内部遗物、遗迹和遗骸的研究，可以了解古人类的社会结构、宗教信仰和文化发展等方面的信息。

环境考古学的研究方法主要有野外调查、发掘和分析实验等。野外调查主要包括对遗址及其周围环境的观察、测量和记录等工作，以获取更多的关于古人类及其文化与自然环境相互关系的信息。发掘则是在野外调查的基础上，对遗址进行系统的挖掘，以获取更多的文化遗物、遗迹和遗骸等信息。分析实验则是对所得遗物、遗迹和遗骸进行各种分析，比如物理分析、化学分析、生物学分析等，以更深入地了解古人类及其文化的特征和发展历程。

通过对环境考古的研究，可以深入了解人类历史的发展过程。比如，通过

---

① 王辉. 环境考古研究的自然资源途径 [D]. 北京：中国社会科学院，2007.
② 李法军. 鲤鱼墩：一个华南新石器时代遗址的生物考古学研究 [M]. 广州：中山大学出版社，2013.

对史前时期的遗址进行调查和发掘,可以了解早期人类对自然环境的适应和利用方式;通过对古代文明的遗址进行研究,可以了解各个文明的自然环境基础、经济发展和资源利用方式;通过对后工业化时代的遗址进行研究,可以了解人类社会对自然环境的影响及其应对措施。同时,环境考古学的研究还可以为保护和传承文化遗产提供重要的科学依据和方法。通过环境考古学的研究,可以确定哪些遗址具有重要价值,需要采取保护措施;同时,通过挖掘和整理文化遗产的相关资料,可以为后续的研究、展览和公众教育提供重要的资源。

本研究利用环境考古学理论,为西安地区考古数据库的数据分析与应用研究提供理论支撑。通过环境考古学理论与大数据、地理信息科学等技术的运用,为西安考古遗址的预测与分析、西安遗址文化重心的演变与环境关系分析等提供有力支撑。

三、考古地理信息科学

考古地理信息科学是一门融合考古学与地理信息科学的学科[1]。它利用地理信息科学(GIS)和相关技术系统,对考古遗址和文化遗产进行空间分析和数据管理,以揭示和理解人类地理空间分布和模式[2]。考古地理信息科学首先关注的是将考古遗址和相关的地层、遗物等数据集成到地理信息系统中,这些数据可以通过遥感技术、地层学、土壤学等方法获取。利用 GIS 的特性,如空间查询、地图制作、空间分析等,可以对这些数据进行深入挖掘,以识别出过去人类活动的特征和模式。此外,考古地理信息科学还关注在时间维度上对数据进行管理和分析,通过将不同的遗址或地层数据按时间顺序排列,可以研究人类历史的发展过程,理解社会、经济、环境等因素随时间的演变。

考古地理信息科学不仅提供了对考古遗址的深入理解,而且也推动了考古学的定量研究和数据管理。它有助于将复杂的考古数据转化为清晰易懂的地图和图表,使研究人员能够更好地解释和理解人类历史的各个方面。同时,它也促进了考古学与其他学科的交叉融合,如环境科学、地理学、经济学等,进一步推动了人类对历史和文化的理解。

---

[1] 李安波,毕硕本,裴安平等. 田野考古地理信息系统研究与建设 [J]. 地理与地理信息科学,2004 (1):39 - 42.

[2] 张生根,王心源,田兵等. 基于 GIS 的巢湖流域考古信息系统研究与建设 [J]. 测绘与空间地理信息,2007 (4):28 - 32.

本研究利用考古地理信息科学理论，为西安地区考古数据库与考古地理信息系统的构建提供理论支撑。同时，利用考古地理信息科学理论对西安考古数据进行空间数据的处理和分析，有助于进一步探索考古对象分布的时空特征，为考古学研究提供新的思路和证据。

四、计量考古学

计量考古学是一门运用数学、统计学、物理、化学等计量方法来研究考古学问题的学科[1]。它通过使用定量的研究方法和数据分析技术，对考古材料进行更为精确和可靠的研究，从而深化和丰富人们对考古学研究的认识。

计量考古学的研究范围广泛，涉及考古学中的许多方面，如遗址的分布、文化演化、人类行为、社会结构等。其中一些主要的研究领域包括：

遗物分析：通过对遗址中出土的遗物进行类型学和数量关系的研究，可以对人类行为和社会组织进行推断。例如，通过研究墓葬中随葬品的数量、种类、器物组合关系等，可以了解古代社会的等级制度和家庭关系。

遗址分析：通过对遗址的位置、分布、规模和结构等特征进行量化和比较，可以揭示古代人类社会的变迁和发展。例如，通过对遗址的面积、文化层厚度、形状和方向等特征进行测量和统计，可以了解古代社会的聚落形态和社会组织。

空间统计分析：通过运用地理信息系统和计量统计分析方法对遗址和遗物的空间分布特征进行统计分析，从而揭示古代人类社会的居住模式、迁移路径和空间关系。

时间序列分析：通过运用统计分析和数学模型，可以对遗址和遗物的年代序列进行分析，从而了解文化演进的规律和发展趋势。例如，通过年代测定和曲线拟合等技术，可以研究古代文明的兴衰和人类社会的演化。

计量考古学的研究方法包括类分析、因子分析、主成分分析、多维尺度分析等定量研究法，和数理统计、时间序列分析、数学建模等数据分析技术。这些方法和技术的运用，可以使考古学研究更加精确可靠，从而为考古学研究提供新的视角和方法。

本研究利用计量考古学理论，为基于西安地区考古数据库的应用研究提供

---

[1] 陈铁梅. 定量考古学［M］. 北京：北京大学出版社，2005.

理论基础。同时，计量考古学理论的应用，有助于提高西安考古数据分析的科学性和精确性，使研究结果更加客观可靠。其次，计量考古学的应用有助于深化对西安考古数据分布规律的认识，为进一步研究中华文明演进与自然生态环境关系提供理论支撑。

第二节 分 析 方 法

一、区域分析方法

区域分析方法主要是通过对一个特定区域内的各种要素进行分析，来了解该区域的特征、问题和潜力[①]。区域分析方法的目标是揭示区域内部的规律和机理，以便更好地理解和解决该区域所面临的问题。

区域分析方法的研究对象是一个特定地理区域内的人、事物、现象和过程。这些对象可以包括土地利用、人口分布、产业集群、文化景观、社会经济状况，等等。区域分析方法的核心是将这些对象之间的关系和作用进行综合分析，以揭示区域内部的特征和问题。

区域分析方法的主要特点包括综合性、空间性和时间性。综合性是指需要考虑区域内各种要素之间的相互作用和联系，不能孤立地看待任何一个要素。空间性是指区域分析方法需要考虑区域内各要素的空间分布和相互关系，不能忽视空间因素的影响。时间性是指区域分析方法需要考虑区域内各要素的时间变化和发展趋势，不能忽视时间因素的影响。

使用区域分析方法主要包括以下几个步骤：

（1）确定研究范围和目标：首先要明确研究范围和目标，即确定所要研究的区域以及研究的目的和问题。

（2）收集数据和信息：根据研究范围和目标，收集相关的数据和信息，包括地图、统计数据、调查报告等。

（3）描述和分析：对收集到的数据和信息进行描述和分析，包括空间分布、时间变化、相互关系等。

（4）模型构建：根据描述和分析的结果，构建相应的模型，包括定性和定

---

① 柳亚丽. 例谈区域地理的综合分析方法［J］. 教育革新，2010（2）：64.

量模型，以揭示区域内各要素之间的规律和机理。

（5）预测和建议：根据构建的模型，对区域内未来的发展进行预测，并提出相应的建议和措施。

区域分析方法对考古研究的作用主要有：

（1）理解文化格局和人类迁移：通过对特定区域内的考古遗址进行分析，可以更好地理解特定时期的文化格局和人类迁移模式。遗址的分布、密度、文化特征以及遗址周边环境等因素，都可以提供关于人类迁移、定居以及文化传播等方面的信息。

（2）识别文化交互和贸易网络：区域分析方法可以帮助识别特定时期的交互和贸易网络。通过研究遗址中发现的物品和痕迹，可以了解不同地区之间的文化交流、商品交换和贸易关系。

（3）推断社会结构和组织：通过区域分析方法，可以根据遗址的分布、规模、构造以及出土遗物等推断当时的社会结构和组织形式。例如，规模较大、布局复杂的遗址可能代表了等级制的社会结构，而多个小规模的遗址则可能代表了平等的社会结构。

（4）重建生活方式和环境：通过对特定区域内的遗址进行分析，可以大致推测出特定时期人们的生活方式、环境条件和生存策略。例如，通过研究遗址中发现的动植物遗骸、工具、武器等，可以了解当时人们的生存技能、食物来源和生活环境。

（5）预测未来可能的研究方向：区域分析方法还可以帮助研究者预测未来可能的研究方向。通过对遗址和出土文物的深入分析，可以发现新的问题和研究方向，从而推动考古学研究的深入发展。

本研究利用区域分析方法，为考古地理信息系统数据分析功能的开发提供指导。同时，利用考古数据本身具有时空属性的特性，并结合区域分析方法来探讨西安地区史前遗迹与自然环境的分布关系。

二、环境考古研究方法

环境考古研究方法主要通过地质、地貌、气候、水文、生物等多学科知识，探讨古代人类社会与自然环境之间的关系，目的在于揭示人类及其文化形成的环境效应，以及人地关系相互影响及作用机制。

使用环境考古研究方法主要包括以下步骤：

（1）数据采集：通过遥感技术、地球物理勘测、考古调查和发掘等手段，获取遗址及周边环境的空间、地形、地貌、地质等数据。

（2）数据处理与分析：利用计算机技术、GIS等手段对采集的数据进行加工、处理、分析和解释，生成具有时空特征的信息，以揭示遗址和环境之间的相互关系。

（3）可视化表达：将研究成果以图形、图像、动画、三维等形式呈现，以更加直观的方式展示遗址和环境的相互关系和变化趋势，促进学术交流和科普宣传。

本研究在考古调查和发掘的基础上，利用计算机技术、GIS等手段对采集的环境考古数据进行加工、处理、分析和解释，生成具有时空特征的信息，以揭示遗址和古环境之间的相互关系。通过研究西安地区不可移动文物（例如古遗址、古建筑、古墓葬等）和环境之间的相互关系和变化趋势，可进一步揭示地域间的差异与联系。

三、空间分析方法

空间分析方法是地理学、经济学和社会科学中用于研究空间现象、空间过程和空间结构等规律和特点的一种研究方法。空间分析方法主要包括：

空间几何分析：空间几何分析是空间分析的基础，涉及空间中点、线、面等基本元素的几何特征和关系。空间几何分析用来探索空间数据的形态、大小、方向、距离和位置等，也用于预测空间数据的空间关系和变化趋势。

空间统计分析：空间统计分析利用统计学原理，揭示空间数据的分布特征和变化规律。其分析方法包括全局统计、局部统计、趋势分析和空间关联分析等。

空间模式分析：空间模式分析是利用计算机技术，对空间数据进行可视化表达和定性描述，以揭示空间数据的模式特征和结构规律。空间模式分析方法包括空间自相关分析、空间聚类分析、空间区位分析和空间关联分析等。

空间模拟分析：空间模拟分析是利用计算机技术，对空间数据的演变过程进行模拟和预测，以揭示空间数据的动态变化和发展趋势。空间模拟分析方法包括过程模拟、分布模拟、影响模拟和优化模拟等。

考古数据具有区域分异和尺度效应等特点，适合利用空间分析方法进行分析。本研究利用空间分析方法，可以揭示隋唐长安城周边不同出土器物组合特征的墓葬空间分布与地形、地貌、城址等环境的关系，有助于更好地理解和探寻居葬空间关系。

第三节　支　撑　技　术

一、空间信息采集技术

考古数据库建设中涉及多种不同来源的数据，包括考古调查阶段、考古勘探阶段、考古发掘阶段与后期室内文物整理阶段所产生的各类数据，针对不同的数据源采用不同的信息获取方法[①]。从空间信息采集的角度来看，技术包括GNSS/RTK测绘技术、三维激光扫描技术、无人机倾斜摄影技术、多视角三维建模技术、数字化扫描技术与地图矢量化技术等。

本研究利用GNSS/RTK技术实测考古勘探和发掘工地，以获得遗址一手测量三维数据；利用三维激光扫描技术快速获取考古对象表面的三维坐标点云数据，帮助进行考古遗址的三维信息提取和三维重建；利用无人机倾斜摄影技术，通过机载相机方式对地面按照固定路线进行多角度航摄，以覆盖范围广、成本低、易操作等优点获得高分辨率的正射影像数据和遗址三维实景倾斜模型；利用多视角三维建模技术结合Agisoft Metashape、大疆智图等专业软件生成遗址、遗迹单位高纹理特征三维模型，并基于模型成果进行考古数字绘图；利用数字化扫描技术与地图矢量化技术对西安历史地图数据进行处理，建立历史地图数据库。

近年来，三维数字化采集技术在考古工地得到了较大规模的推广应用。它是一种利用计算机技术和光学原理，也称为三维激光扫描或光学测量的技术，是将现实世界的物理对象转化为数字模型的技术[②]。其基本原理是利用激光束对物体进行扫描，通过测量激光束从发射到返回所经过的时间，计算出激光束所扫过的距离，并结合扫描角度等信息，得到物体表面的三维坐标。这种方法的精度通常可以达到毫米级别，对于一些需要高精度测量的应用场景，如文物古建测量、考古发掘重要遗迹测量、重要出土文物等具有重要的应用价值。

---

① 王华忠. 考古发掘数据处理分析关键技术研究与实现［D］. 杭州：浙江大学. 2013.
② 武学峰. 三维激光扫描测量系统的研究与开发［D］. 长春：吉林大学. 2012.

三维数字化采集技术在西安地区考古数据库建设中有广泛应用，其高精度、高效率和高可靠性的特点为考古学研究和应用提供了新的方法和手段，其应用主要体现在以下几个方面：

文物信息获取：通过三维数字化采集技术，可以对文物进行高精度的数据采集，获取文物的形态、颜色、结构等各方面信息。这些信息可以用于文物的数字建模和虚拟修复，为文物保护和考古研究提供重要的数据支持。

考古遗址监测：三维数字化采集技术可以用于考古遗址的监测和保护。通过定期对遗址进行数据采集和分析，可以及时发现和解决遗址存在的潜在危险因素，为遗址保护和修缮提供有力的技术支持。

考古过程模拟：利用三维数字化采集技术可以将考古过程进行模拟，为考古研究者提供更加真实和客观的研究手段。这种技术可以再现文物的发掘、清理、保护等各个环节，有助于更好地理解和研究文物的发现、保存和传承过程。

虚拟展示与传播：通过三维数字化采集技术，可以将文物和遗址进行三维虚拟展示和传播。这种方法可以避免文物在展示过程中可能出现的损坏和丢失风险，同时为公众提供更加直观、生动的交互体验，还可以基于Web3D、VR、AR技术用于远程展示和传播，为公众考古推广提供新的途径。

二、大数据库技术

考古数据具有时空特征，同时，其数据来源多样，加上近几年考古现场因新型测绘技术手段的加持产生了大量多元异构数据结构，使得数据容量很快达到上百TB级别。传统的数据库技术已经不能满足大量数据存储、管理和分析的需要，亟须一种大数据库技术进行数据的存储与管理，还需要大数据技术提供强大的分布式存储、并行查询分析和数据挖掘能力。

本研究利用大数据库技术构建西安地区考古数据库，并为管理者和研究者提供一个集中的数据管理和共享平台，利用平台的大数据功能，实现地理空间文物数据的查询、调用、分析和共享利用。同时，本研究利用"数据湖"技术体系管理多元异构数据，针对遗迹单位图形数据利用空间数据库技术进行管理，属性信息利用关系表进行存储，非结构化数据需要利用面向文档或对象数据库技术进行存储管理，并建立各数据之间的连接，实现跨库整合和集成。

三、地理信息系统

地理信息系统（Geographic Information Systems，GIS）是一种集计算机、地理学、统计学和数据库技术于一体的综合性技术[①]。它能够实现对地理空间数据的获取、存储、管理、分析、可视化和模拟，为地理科学、环境科学、社会科学等领域提供强大的工具和手段。对于考古领域而言，地理信息系统有以下几大功能：

首先，GIS可以实现考古地理空间数据的获取和存储。通过遥感、全球定位系统等手段，GIS可以获取大量关于考古遗址的空间位置、地形、地貌、植被、水文等地理信息，并将这些信息以数字地图的形式存储在计算机中。这些数字地图可以随时更新和修改，从而实现对考古地理空间数据的动态管理。

其次，GIS可以实现考古地理空间数据的管理和查询。GIS提供了强大的数据管理和查询功能，可以实现对地理空间数据的编辑、整理、合并、分割等操作，并支持各种复杂查询和筛选。此外，GIS还可以实现空间数据的关联和组合，从而为分析和模拟提供便利。

再次，GIS可以实现考古地理空间数据的分析和模拟。通过GIS的缓冲区分析、叠置分析、网络分析、地形分析等工具，可以实现对考古地理空间数据的定量分析和模拟。

最后，GIS可以实现考古地理空间数据的可视化和模拟。通过GIS的可视化和模拟技术，可以将考古地理空间数据转化为图形或图像，从而直观地展示地理空间现象和过程。

本研究利用地理信息系统构建西安地区考古数据库，实现数据的采集、存储、管理、查询和分析等功能，并以"一张图"的形式呈现，以实现考古空间分析，数据库赋能文物资源管理和考古科研。

[①] 周相成，李云珂，杨家鑫. 地理信息技术在当今考古研究中应用[J]. 科技资讯，2015（13）：17.

第三章

西安地区考古数据库建设

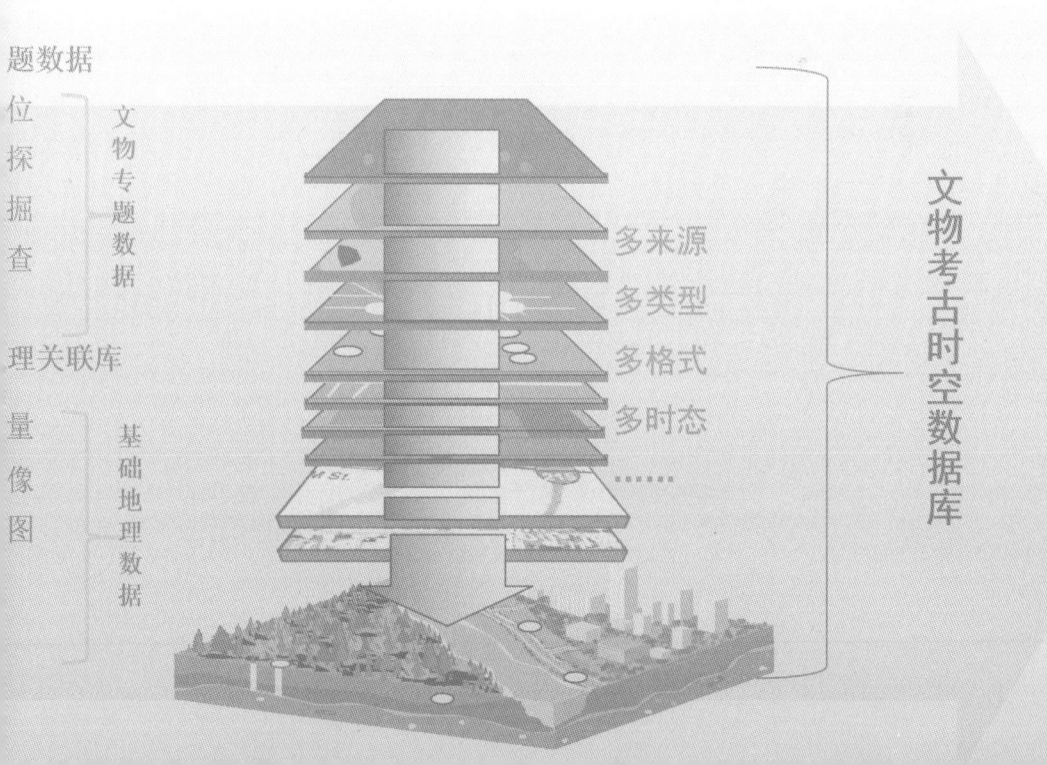

第一节　数据来源与采集方法

西安悠久的历史留下了丰富的文化遗产资源。同时，西安地区的考古工作也累积了丰厚的成果和资料，但这些资源尚未进行有效的综合统筹管理。因此，迫切需要构建一个区域级文化遗产资源数据库以提升西安考古数据的保存、分析、研究与利用效率。

一、数据来源

西安地区考古数据库的资料主要源于西安市第三次全国文物普查、考古调查、考古勘探、考古发掘、文物保护单位、各区县文物资料以及来自测绘部门的基础地形图、遥感影像、数字高程模型等数据。其中考古调查、勘探、发掘数据主要依托西安市文物保护考古研究院对西安市近70年文物考古资料进行数字化开发所得。西安地区已发掘古墓葬上万余座，发掘区域主要集中在北郊的西安经济技术开发区、东郊的幸福林带区域、西南郊的西安高新技术产业开发区和西安曲江新区、长安区的大学城以及西安国家民用航天基地等范围内。有相当一批墓葬有明确纪年，墓主身份清楚，发掘地点清晰。上述这些考古数据均具有较强的空间性和时间性，是建设西安地区考古数据库的重要来源。

总体来说，数据资源主要分为三大类型：

一是基础空间数据，包括基础地理数据、DEM数据、影像数据等。基础地理数据采用西安市范围1∶1万地形图，主要源于西安市勘察测绘院，包括行政区划、地名（居民地地名和自然地名）、水系、居民地及设施、道路中心线等空间数据；影像数据则选取有不同区域及时期的卫星影像和航拍影像，如西安全市域范围1.0米分辨率卫星影像数据以及隋唐长安城范围0.3米航拍影像等，数据源于西安市勘察测绘院。

二是历史地理空间数据，主要是将文献中的纸质地图进行矢量化，包括近代以来利用现代地理测绘技术测量编绘的地图和历史文献地图，数据主要源于西安市文物保护考古研究院所藏；西京筹备委员会1933年在西安市测绘的地形图；1956年中国社科院考古所结合考古勘探工作编制的隋唐长安城实测图；马得志先生1963年撰述的《唐长安城考古纪略》中的隋唐长安城边界；1993年李建超先生复原的1∶2.5万唐长安城平面图；1996年史念海先生编著的《西安历史地图集》中的隋唐长安城平面图；李建超先生《增订唐两京城坊考》中绘制的唐长安城图等历史文献地图，将这些地图进行配准并矢量化。此外，还包括历史卫星影像数据，主要为西安市域范围20世纪60—70年代卫星影像。

三是文物专题数据，主要包括考古调查、勘探、发掘、文物保护单位数据、西安市第三次全国文物普查数据等。其中，考古调查数据主要是西安市文物保护考古研究院进行的重点项目调研数据，包括隋唐长安城遗址调查项目、渭河古桥项目及鼎湖延寿宫项目等；考古勘探和发掘数据为西安市辖区内已进行过和正在进行的考古勘探和发掘项目的数据，包括地理位置、GPS坐标、勘探和发掘前情况、勘探和发掘成果、勘探和发掘后情况，同时提供发掘现场的线图及照片；文物保护单位数据包括文物保护单位规划文本、结构和相关图片以及其空间图形信息，该数据通过西安市文物局收集获取，省级以上文物保护单位已经全部完成文物保护规划编制，具有详细的保护规划图纸，图纸上具有明确的文物本体范围、保护范围和建设控制地带范围，这些材料为构建文物保护单位数据子库提供了基础；第三次全国文物普查数据包括西安市第三次全国文物普查成果数据，包括地理位置、GPS坐标、文物点基本情况、历史沿革、文物点现状照片等；文献数据主要是西安市历史文献资料数据，主要来源于书籍扫描、文献整理与网络搜集。

二、采集方法

文物专题数据包含的内容非常丰富。以考古数据为例，包含考古调查数据、考古勘探数据、考古发掘数据和遗迹遗物相关数据。因此，不同数据的采集方式并不相同，本研究采用多样化的采集手段以获取西安地区考古的多元异构数据。

（一）考古调查数据采集

考古调查是田野考古的前期准备与信息基础，考古调查是为理清调查范围内的遗址情况，选择发掘对象及选定地点与发掘方式，对遗址周边环境进行采集数据的调查研究。调查内容包括遗址具体位置、面积与范围、地理环境（地形、地貌、遗迹相对高度、水流、土质、植被、建筑物、道路等）、遗存保存情况、文化堆积、文物标本等。在进行田野考古调查中，考古工作者要事先查阅文献资料，利用地图、地名学成果及航拍摄影、卫星照片等遥感材料，取得遗迹、遗物的线索[1]。考古调查是田野考古的重要内容之一，是在不破坏遗址的情况下最大限度发现和获取信息的有效方法。

考古调查数据采集方法：

（1）考古调查工作开展前期，可以充分利用各类空间数据，如卫星遥感、地形图、历史卫星影像、历史地形图、已有考古测绘成果等资料，为调查工作开展提供技术支持。如有必要，还可以在开展前期对调查区域利用无人机进行航测，以便获得更高精度测绘数据。

（2）利用 GNSS/RTK 技术在考古调查数据中对基本定位信息进行测量，这是考古调查的重要测绘方法，主要用于野外位置高精度测量，特别是海拔高程数据的获取。

（3）实地调查时要特别注意地形，仔细观察地面上的现象，并充分利用沟沿、山崖、人工坑和河流等各种断面，寻找遗物和遗迹，并了解文化层的情况。在此过程中要做好图像、文字记录，在数字化时代的今天，无人机航测技术、三维激光扫描技术、地球物理勘探技术都被广泛应用在考古调查阶段。

（4）在考古调查阶段，考古工作者通过观察地形、地面现象了解地面遗存情况，也可以通过探铲等对地下情况进行勘探，必要时可进行试掘，以了解地下遗存情况，在试掘过程中，可以借助多视角三维建模技术及时对发掘的探沟、探方和遗迹现象进行建模，完成信息记录。

随着我国导航测控技术的高速发展，信息采集数字化程度也逐渐提高，利用手持高精度 GNSS/RTK 技术，调查人员可以直接在野外进行高精度厘米级定位、打点采集、信息登录，并将采集信息直接上传至云平台，大大提高田野记录工作效率，减少了室内整理工作量[2]。

（二）考古勘探数据采集

考古勘探主要是通过钻探、物探等手段来了解、确认和研究文化遗存，并

---

[1] 海金乐. 田野考古中的钻探技术 [J]. 文物世界，1992（2）：69-78.
[2] 宋伟，毛威，张益泽. GNSS/RTK 定位技术的发展历程和机遇 [J]. 世界科技研究与发展，2023（3）：294-305.

为考古发掘和文化遗产保护提供基础材料与依据。考古发掘由于面积和人力的限制，往往仅针对某一固定区域进行，并且能发掘的面积相对于整个遗址也只是相对较小的一部分，由于遗址区面积较大、遗存情况不明，考古发掘工作无从入手。因此，在发掘前对遗址进行全面的勘探调查，初步把控遗址内的各种迹象，从宏观上了解区域内可能存在的各种遗存后，再根据各种线索分析、推测遗存的基本面貌，进而制定出相应的考古发掘计划并予以实施，才能为遗址的保护规划与展示提供必要、准确、科学的基本资料。遗址的全面勘探调查工作，是开展遗址保护工作的必备前提。

考古勘探工作一般按照计划准备、勘探作业、测绘成图和资料汇总等工作流程进行。针对考古勘探工作产生的各种数据记录表，可以建立数据库用以统一存储钻探信息。如包含探孔的位置信息（勘探分区、绝对坐标、高程等），各地层的属性信息（深度、土质、土色、致密度、包含物、堆积性质和年代），勘探人员以及影像资料等。考古勘探工作的主要任务是了解地上遗迹基础部分的分布范围，地下遗迹的埋藏状况、保存状况和平面布局形式，为遗址保护和进一步的考古发掘提供依据。

随着现代技术水平的提高，考古勘探过程变得更加高效、准确。除了传统的勘探工具之外，RTK 技术、无人机航测技术等现代采集技术可以更好地为考古勘探获取定位数据、图像数据等，弥补了传统勘探的不足，提供更全面的数字化资料。同时无人机航测技术、三维激光扫描技术、多视角三维建模技术相互配合、互为补充，可以精确地对勘探现场的三维模型进行提取与保留，获取更加精确的空间数据与周边环境地形数据。

（三）考古发掘数据采集

考古发掘是田野考古工作的重要步骤，也是对遗迹进行探索的核心过程。随着科技信息的发展与考古数字化技术程度的提高，考古发掘时的信息记录、提取手段已经变得多样化与智能化。近年来，考古测绘的方法与手段突破了传统技术、成本、时空限制，为考古工作者提供了更为翔实、丰富的考古高精度空间数据。

在田野考古发掘过程中，为了构建一套较为完整的考古发掘信息提取与数字化记录系统，考古工作者在发掘现场使用的技术包括 GNSS/RTK 技术、三维激光扫描技术、无人机航测技术、多视角三维建模技术等。具体包括：

（1）控制测量：在考古现场范围内，按测量任务所要求的精度，测定一系列控制点的平面位置和高程，建立起测量控制网，作为后期测绘的基础，这主要用于遗址布设控制点以及用于探方放样。

（2）地形测绘：利用基础测量工具对遗址的基本地形信息进行测绘，对考古现场及周边地区的环境绘制大比例尺地形图，为探方布设、空间分析提供支持数据。

（3）利用 GNSS/RTK 技术对遗址、遗迹单位进行高精度立体测绘记录。

（4）无人机航测技术、三维激光扫描技术、多视角三维建模技术相互配合、互为补充可以精确记录单个遗迹单位与遗址整体的三维点云与模型，对发掘现场的三维信息进行提取与保留，可以获取更加精确的空间数据，基于三维测绘成果，可以生成遗址正射影像图、遗址平面图、遗迹平剖面图等。

（5）考古发掘现场的信息采集还可以通过传统的数码相机摄影与文字记录的形式进行，包括田野考古发掘日志、样本采集、发掘现场照片、视频等内容，通过多样的记录方式，可以将信息上传至全息数字考古记录工作平台，利用系统全面管理考古发掘记录资料。

图 3.1 考古发掘现场全息数字化采集

当前，针对我院的发掘现场，已基本利用全息数字考古记录平台进行数字化记录和管理。记录和留存的信息包括项目信息、工作日记、遗迹登记、考古绘图、遗迹照相、考古工地全景、遗迹单位的三维模型以及出土文物三维模型等。系统集成强大的多元异构数据综合管理能力，能够基于全市统一坐标系，将考古工地正射航拍影像、地形图作为项目背景底图，全面集成工地测绘数据，能够把遗迹的 RTK 测绘成果、三维模型、遗迹绘图和相片资料集成统一管理。田野考古全息数字考古工作平台的应用实现了对考古信息的即时记录与随时利用，突破了传统记录方式信息利用的时空限制，为考古数据库的建立提供了采集技术保障。

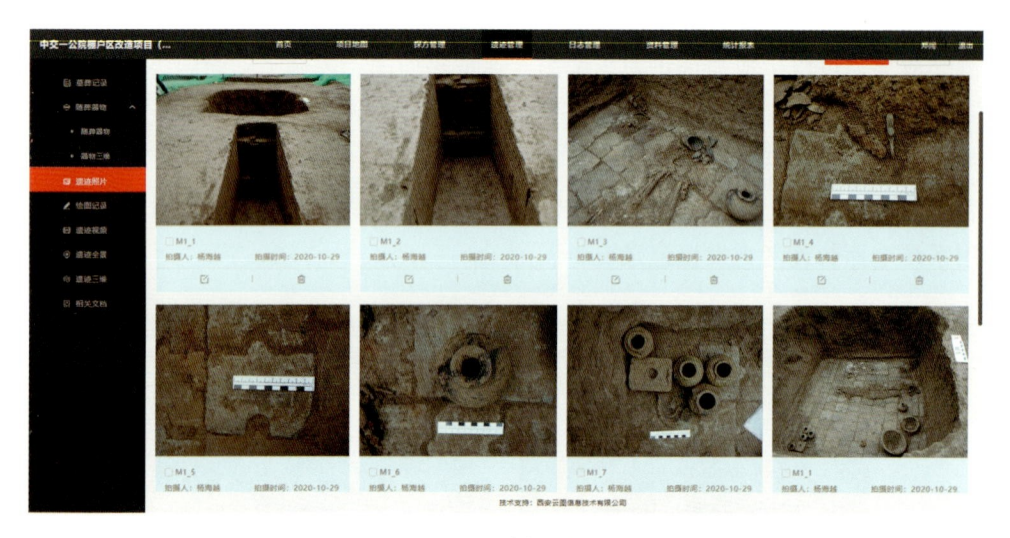

图 3.2　记录发掘现场照片

图 3.3　管理发掘现场正射影像

(四) 遗迹遗物相关数据采集

考古材料的整理与文物修复数据的采集是考古工作中很重要的一环。这是在田野发掘结束后，将所有的出土文物运回室内按照一定的技术标准进行整理的工作，包括对发掘信息与出土遗物的整理工作、出土遗物的三维建模、整理修复工作等。具体工作有对出土器物的清洗、拼对、修复、分类统计、绘图、制作文物卡片、登记入库等。

这个阶段主要是采集有关出土文物的完整资料，是考古工作的重要组成部分。

具体采集技术包括：

（1）数字扫描技术：对考古调查、发掘日志、工作日记、图纸、出土遗物清单、表格数据的数字化扫描与成果保存，并利用历史档案资料数字化采集系统进行全面录入和管理。

（2）通过数码摄影技术采集出土遗物的纹理数据、高光谱采集光谱数据，为后期文物修复提供原始记录，达到对文物的最小干预。

（3）通过近景摄影测量、三维激光扫描技术与多视角三维建模技术对出土遗物进行三维扫描与模型保存，为日后的修复工作提供三维模型，为器物绘图提供模型参考，方便进行数字绘图，残缺的模型还可以进行三维虚拟数字修复。

图 3.4 出土遗物三维扫描

第二节 建设思路、原则与流程

考古数据具有较强的空间性、特征性和时间性，但是信息是以报告、文献、简报、档案、图像等形式分散存储，无法进行检索、可视化、分析和智能应用。随着城市建设规模的不断扩大，考古成果管理的信息量也会大大增加，传统的考古成果管理方式已不能满足新时代发展的需要，因此，有必要对考古数据成果进行科学、合理、有效地组织和进行动态地采集、更新、存储、管理和利用。采用以 GIS 和大数据库技术为核心的新技术、新方法对城市考古数据资源进行科学管理和应用，是促进考古业务管理能力升级和辅助科研发展的必然选择。

西安地区考古数据库的建设，首先，要全面收集西安市范围内已经发布的各类考古文献资料，以及地形图、历史地图等综合数据，并针对不同类型数据和考古业务数据，结合数据类型和属性特征的差异，进而制定数据库标准；其次，对上述数据进行有针对性地收集、整理、采集和标准化处理。因各种类型数据的要求不同，所以在标准制定上也存在差异，按照子数据库划分，制定相应的数据表，将以往考古工作获得的文字资料和图像资料分门别类录入到数据表中，并关联空间信息和图像信息；再次，将各个子数据库进行整合，基于统一的分类编码体系，进行跨库关联；最后，按照不同类别的考古数据进行数据处理、质检和统一入库。

数据库本身可分为空间数据和属性数据，只有两者互相配合才能进行后续的查询、统计和空间分析。空间数据库作为一种应用地理空间数据处理与信息分析领域的数据库，它所管理的对象主要是地理空间数据。空间数据分为两类：一类主要是和空间位置、空间关系有关的数据，称为空间数据；一类是地理元素中非空间的属性信息，称为属性数据。西安地区考古数据库建立的目的是利用数据库技术实现考古空间数据和属性数据的有效存储、管理、检索和应用，以便为用户提供更优质的服务。

一、数据库建设思路

基于整个西安市考古工作建立数据库，空间区域应该是全市域范围，因考古工作都是按照项目形式开展，不同项目类型对数据存储和要求不同，除了大部分配合基本建设的考古工作，还有一些主动考古调查及发掘项目，涉及的考古工作琐碎而繁杂，资料种类多样，在这种需求下，要求数据库建设时能容纳多种不同空间、属性、结构的多元异构数据。

空间数据分为两部分，一部分是基础地理数据：包括基础地理数据、DEM数据、影像数据等，基础地理数据采用西安市范围1∶1万地形图，包括行政区划、地名（居民地地名和自然地名）、水系、居民地及设施、道路中心线等信息；影像数据则选取有不同区域及时期的卫星影像和航空摄影影像，如全市域范围的1.5米卫星影像数据以及隋唐长安城范围0.3米航空摄影影像，数据基准与规划坐标保持一致。同时，搜集锁眼卫星影像数据，获得覆盖全市域20世纪60—70年代历史卫星影像，通过对历史卫星影像数据的拼接、校准、裁剪、匀色、坐标转换、格式转换等一系列操作获得覆盖全市域的拼接影像等。另一部分空间数据则是历史地图，包括西安市历史地图集、西京筹备委员会1933年在西安市测绘的地形图以及部分小比例尺1∶5万和1∶2.5万比例尺地形图数据，这些数据通过利用现代测绘技术进行定位、校准、拼接、裁剪和矢量化提取大量历史地形数据。再者，搜集部分文献中的纸质地图，大部分以研究成果为主，进行扫描、配准、矢量化等工作获得相关专题研究数据。

按照文物考古数据来源与应用目的不同，考古专题分为四个子数据库：西安市第三次全国文物普查、考古勘探、考古发掘、文物保护单位数据库。

西安市第三次全国文物普查子数据库，依托西安市第三次全国文物普查工作，获得了大量的普查图片、遗迹登记表等，主要记录了西安市第三次全国文物普查的信息，分为古遗址、古墓葬、古建筑、石窟寺及石刻、近现代代表性建筑及史迹、其他等六类，根据六类分别制作表单，并进行属性信息的提取。

考古勘探子数据库，主要记录西安市文物保护考古研究院承担的西安市范围内的考古勘探信息。包括勘探项目位置信息表、地层堆积信息表、遗迹单位信息表、探孔信息表。这些信息表互相关联，涵盖所有的勘探项目信息。建设方法为：一方面追溯历史数据，即以考古院登记过的勘探项目为基础，结合考古勘探报告及已经出版的《西安市考古勘探编年》进行信息的采集；另一方面则是实时跟进正在进行的勘探项目，在现场对上述各类信息进行采集。

考古发掘子数据库，主要记录西安市文物保护考古研究院承担的考古发掘项目和相关单位在西安市范围内进行的考古发掘项目，后者以已经发表的资料为主，包括各类遗迹单位的信息。以古墓葬为例，包括墓葬信息登记表、墓葬形制登记表、墓葬装饰登记表、葬具葬式登记表、墓葬器物登记表等。建设方法为：一是追溯历史数据，对已发表的西安地区古墓葬按照表单内容逐一进行采集，该部分资料大多来自考古文博类的期刊杂志与各类考古报告；另一方面则是实时跟进正在进行的考古发掘项目，发掘前、发掘中及发掘结束进行多次测绘、航拍工作，对现场的各类信息进行采集，该部分资料基本来自西安市文物保护考古研究院。

文物保护单位子数据库，主要记录西安市范围内国家级、省级、市（县）级文物保护单位的信息，主要分为古遗址、古墓葬、古建筑、近现代代表性建筑及史迹四类，并分别制作表单，包括文保单位基本信息表和保护规划信息表。

由于考古数据具有数据量大、数据结构复杂、纸质资料存储、空间和属性数据紧密联系等特点，数据库建设的重点难点主要集中于数据整合阶段。首先需要将纸质资料进行人工提取，根据需求建立数据库表，将文字资料转变为格式规范的电子数据，录入数据，空间定位等一系列操作，完成考古数据库建设。而数据库标准的制定则是重中之重，鉴于涉及的数据较为繁杂与纷乱，统一的标准可以归一化数据采集的手段和内容，并能实现跨库检索分析以及数据共享协同。

数据库的建设不是一劳永逸的事情，标准、技术和系统建设好后，后续是更新、维护、使用和扩展的问题。所以，西安地区考古数据库建设采用边采集、边更新、边处理、边入库的动态更新策略。为配合考古发掘现场工作快速高效开展数字化记录工作，对考古发掘现场派驻专业技术团队人员，跟随式持续动态地记录、采集、整理、入库以及后续分析处理，实现对项目基本信息、考古发掘遗址、遗迹单位、出土遗物等内容进行持续测量、拍照、航拍、三维建模等数字化记录工作。

二、数据库建设原则

西安地区考古数据库建设依据相应的标准和规范，建立统一要素编码体系，以数据标准规范统领数据库设计。在数据库设计中，采用面向对象的数据建模方法、采用统一建模语言 UML 的建模方法，进行详细设计。

（一）数据库设计依据

充分参考已有国家和行业标准体系，具体包括地理信息行业标准规范、文物行业标准规范、考古行业标准规范和信息系统软件行业标准规范等。

（二）数据库设计技术

按照统一时空框架、统一的信息分类编码体系、统一的信息资源目录体系、统一的面向对象数据组织的基本原则进行数据库的设计，并采用以下技术方法：

（1）以统一的规范标准约束数据库设计，并根据需要对信息编码进行必要的规划设计与扩充，对各类数据建立统一的信息分类编码体系。

（2）采用大型关系数据库 PostgreSQL 对各类结构化数据进行存储和管理，采用 Geodatabase 对空间类数据进行存储与管理，采用分布式存储的方法对各类数据进行存储与管理。

（3）采用支持水平扩展的 MongoDB 数据库对非结构化数据进行管理，采用主从数据库架构进行非结构化数据存储。

（4）结构化表统一使用 PostgreSQL 表格进行管理。

（5）空间数据使用 Geodatabase 建模方法进行建模。

（6）空间类数据采用数据库 SDE 引擎的方式进行管理。

（7）使用统一的数据目录，结合元数据库，构造数据库的信息资源目录体系。

（8）数据库设计采用 UML 作为数据建模语言。

（三）建设原则

考古数据库的设计应遵循科学化、合理化、经济化的总体要求，建设原则如下：

1. 符合国家或者行业既有标准

西安地区考古数据库建设依托大量空间数据，既要严格遵循国家基础地理信息标准，也要遵循文博行业标准以及信息系统软件建设标准。基于数据库的考古 GIS 系统建设采用的软件平台、数据接口、开发技术符合行业标准和信息安全要求。

2. 高效性与灵活性

数据库运行、响应速度快，各类数据组织合理，信息查询、更新、出图顺畅，而且不因系统运行时间长、数据量不断增加而影响系统速度。实现分布式数据库之间数据交换、多尺度空间数据的高度集成，降低数据维护成本和提高数据管理效率。满足用户业务功能的应用需求，适应各业务角色的工作特点，易于使用、管理及维护，系统要充分考虑应用和维护的方便性、灵活性，提供简洁、方便的操作方式和可视化操作界面，使其成为可以依托的有力工具。

3. 数据库可扩展性

为保证标准体系的有效性，标准体系需要开展持续的维护工作。标准在大多数情况下只是某一时期技术水准、管理水平和经验的反映。虽然具有一定的先进性，但随着各方面情况的发展，技术或管理水平的提升都要求制定或修订相关标准。考虑考古数据库建设对标准提出的更新、扩展的要求，为将来技术发展提供框架和发展余地，随着信息技术发展和相关国家标准、行业标准的不断完善而进行充实和修订。另外，系统必须提供跨平台运行的能力，具有灵活方便的数据接口，提供基于组件的可定制能力，确保可扩展性。

4. 确保数据库设计先进性

数据库系统在设计思想、系统架构、采用技术上均应采用国内外已经成熟和先进的技术、方法、软件、硬件设备等，如针对考古数据实体特点，采用面向对象和实体的 Geodatabase 建模方法，并采用 UML 建模工具，自动建立数据库的概念模型和实体模型，确保数据库系统有一定的先进性、前瞻性、扩充性，符合技术发展方向，延长系统的生命周期，保证建成的西安地区考古数据库具有良好的稳定性、可扩展性和安全性。

5. 数据标准和开放性

系统的建设要严格按照国家、地方和行业有关的标准和规范，如空间数据的分层编码、数据的质量、元数据标准等统一的数据标准，规范各子系统间的接口标准，实现系统软件统一规划、设计，分步、分模块实施开发，最终全面高度集成。

6. 数据安全性原则

为保证数据库的数据安全和数据共享，数据库系统应能防止数据损害、病毒入侵，防止非法访问，防止恶意更改，防止数据的意外损失，并采取完备的数据保护和备份机制，防止授权用户的越权使用，数据库可以进行冷热备份机制，以及设置各种权限级别的控制，并具备审核功能，自动记录用户访问的情况和操作过程，以备日后查询。用户可以按照授权访问系统所提供的分级和分层次的信息服务，防止各种自然或人为的因素对系统造成的破坏，使系统能有效地为用户提供服务。

7. 实用性和易操作性

作为一个系统的核心数据库，实用性和易操作性是直接影响系统运行效果和真正体现系统价值的最重要因素。一个优秀的系统能够真正运转起来发挥应有作用的重要因素是系统能够贴近用户的需求，能够满足实际应用的要求。数据库在深入调查研究用户的需求基础和操作习惯上设计研发，使得软件功能设计合理、全面、实用，可以最大化地满足用户的需要。具体体现在：严格遵循业务流程设计系统开发模式；充分尊重用户使用习惯，增加人性化提示；系统界面设计亲和力强，各种快捷操作一应俱全。

三、数据库建设流程

西安地区考古数据库内容建设主要分几个步骤：标准制定、资源规划、资料收集、数据治理和建库导入。标准制定是根据建设目标和需求，通过调研大量行业已有标准和相关数据库建设成果，从全局设计、统筹制定相关数据标准；资源规划是针对考古工作性质和业务需求，对区域所有的文物考古数据进行整理分析，根据分析设立类别，根据制定的数据库标准进行统筹规划；资料收集则是实现对西安地区已有文献资料、报告资料、地图资料、影像资料的搜集和整理，进行分类编目，并制定具体的文档存储命名规则，分类保存；数据治理就是根据建库要求和数据库标准，对原始搜集的数据进行各类标准化处理和质量检查；建库导入则是在前两者的基础之上进行数据导入，导入后的核查，并建立空间图形数据库和属性数据库之间的关联。

具体数据库建设流程如下图：

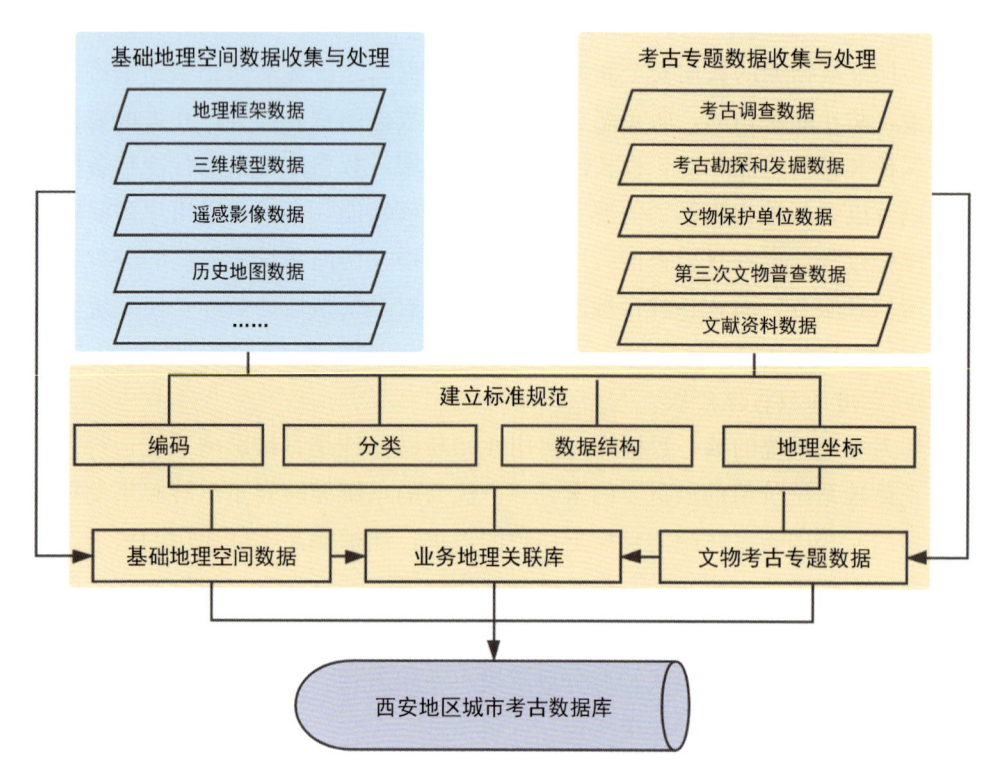

图 3.5　西安地区考古数据库建设流程

第三节　数据库设计

数据标准的制定是数据长期获取、处理、保藏、传输、加工以及可持续访问和共享利用的基础[①]。国家文物局发布了一系列文物元数据标准和指导性文件，启动了"田野考古发掘数字化记录与管理系统规范"项目。要求制定切实可行的行业标准，规范当前不同的数字化产品，另一方面也要根据考古发掘项目的具体情况进行区别对待并实施分级管理。本研究结合考古业务与数据资源管理的特点，从考古数据组织、田野考古业务及资料信息管理等方面制定了标准规范。考古数据标准体系的制定是考古数据库建设的前提条件，根据制定的

---

① 王卷乐，石蕾，徐波等. 我国科学数据标准体系研究［J］. 中国科技资源导刊，2020（5）：49-55+77.

统一标准，实现考古数据的标准化、规范化，促进文物考古数据资源的有效利用。

当前，大多数考古研究单位面对纷繁复杂并迅速积累的考古资料，主要利用纸质、电子化和人工管理方法，费时费力、效率不高。只有将GIS技术与大数据库技术结合起来，才能实现对考古信息进行高效的科学管理，使考古资料的史料价值得到充分有效发挥。本研究搭建的西安地区考古数据库主要利用GIS的数据建模方法对其涉及的基础地理数据、考古专题数据进行图层、结构和字段等核心设计，以便制定数据标准。结合西安市考古工作实际与相应标准规范，设计相应数据图层、表格、字段、数据字典等结构和存储方式，以实现数据的共享与扩展。

一、数据编码与规则

（一）分类编码规则

根据基础数据和文物专题数据类型，建立不同的类别代码。利用GIS分类编码原则对文物数据进行编码。如对文物专题可以根据6位行政区划码+2位分类码+2位子类码+4位序列码进行编码。

其中，2位分类码如下表。

表 3.1　分类码标准表

序号	类别	代码	描述
1	基础数据	01	
2	历史数据	02	
3	考古调查	03	
4	考古勘探	04	
5	考古发掘	05	
6	综合研究	06	
7	文献资料	07	
8	保护单位	08	
9	其他	09	

（二）要素编码规则

针对第三次文物普查数据、考古勘探数据、考古发掘数据三类实体要素采用三级代码进行编码，以保证每一个要素的代码的唯一性、可追加性。

表 3.2 代码规则表

数据类别	图层名称		代码	描述
文物普查数据	古建筑		一级代码	
	古遗址		一级代码	
	古墓葬		一级代码	
	近现代		一级代码	
	石窟寺		一级代码	
	其他		一级代码	
勘探数据	勘探点		一级代码	
	勘探边界		一级代码	
	探孔		一级代码	
	盗洞		一级代码	
	遗迹单位		一级代码+二级代码	
发掘数据	发掘项目点		一级代码	
	发掘项目边界		一级代码	
	功能区		一级代码	
	探方		一级代码	
	盗洞		一级代码	
	遗迹单位	墓葬	一级代码	
		其他遗迹	一级代码+二级代码	
	出土器物		一级代码+二级代码+三级代码	

1. 一级代码

一级代码采用分类代码+行政区划代码+顺序号进行编码,包括第三次文物普查点(古建筑、古遗址、古墓葬、近现代、石窟寺、其他)、勘探、发掘三类代码。

表3.3 要素代码表

要素类别		要素代码
第三次文物普查数据	古建筑	GJ+行政区划代码+顺序号
	古遗址	GY+行政区划代码+顺序号
	古墓葬	GM+行政区划代码+顺序号
	近现代	JX+行政区划代码+顺序号
	石窟寺	SK+行政区划代码+顺序号
	其他	QT+行政区划代码+顺序号
勘探数据		K+勘探年份+行政区划代码+顺序号
发掘数据		Y+发掘年份+行政区划代码+顺序号

注:顺序号从1开始依次编写。

表3.4 行政区划代码表

行政区划名称	行政区划代码	行政区划名称	行政区划代码
新城区	610102	长安区	610116
碑林区	610103	临潼区	610115
莲湖区	610104	鄠邑区	610118
未央区	610112	高陵区	610117
灞桥区	610111	蓝田县	610122
雁塔区	610113	周至县	610124
阎良区	610114		

2. 二级代码

二级代码采用分类代码+顺序号进行编码，包括勘探和发掘的遗迹单位。（见表3.5）

表3.5 遗迹单位代码表

要 素 类 别	要 素 代 码
墓葬	F+发掘年份+行政区划代码+顺序号
灰坑	HK+顺序号
房址	FZ+顺序号
塔址	TA+顺序号
门址	MZ+顺序号
车辙	CZ+顺序号
沟	G+顺序号
井	J+顺序号
路	L+顺序号
墙	Q+顺序号
灶	Z+顺序号
窑址	YZ+顺序号
孔柱	KZ+顺序号
桥梁	QL+顺序号
夯土	HT+顺序号
漕渠	CQ+顺序号
湖池	HC+顺序号
城垣	CY+顺序号
地层	DC+顺序号
活土坑	HTK+顺序号

续表

要素类别	要素代码
祭祀坑	JSK+顺序号
其他	QT+顺序号

注：顺序号从1开始编写。因墓葬在录入过程中较为特殊，故表中要素代码为一级代码。

3. 三级代码

三级代码采用顺序号进行编码，主要为出土器物。（见表3.6）

表3.6 出土器物标准表

要素类别	要素代码
出土器物A	顺序号
出土器物B	顺序号

注：顺序号从1开始编写。

（三）图层编码规则

对于数据库中每一类空间数据要素采用按照类别分图层进行组织管理。
其中，图层名称后缀P代表点，后缀L代表线，后缀M代表面。

1. 第三次文物普查数据

第三次文物普查数据包括古建筑、古墓遗址、古墓葬、近现代史迹及代表性建筑、石窟寺、其他六类实体要素，分六个图层进行整理录入。

表3.7 三普数据图层代码表

图层代码	图层别名	几何类型
SP_GJZ_P	古建筑	Point
SP_GYZ_P	古遗址	Point
SP_GMZ_P	古墓葬	Point
SP_JXD_P	近现代	Point

续表

图 层 代 码	图层别名	几何类型
SP_SKS_P	石窟寺	Point
SP_QT_P	其他	Point

2. 考古勘探数据

考古勘探数据包括勘探点、勘探边界、探孔、盗洞、遗迹单位五类实体要素,其中遗迹单位包括灰坑、房址、塔址、门址、车辙、墓、沟、井、路(点、线、面)、墙(点、线、面)、灶、窑址、孔柱、桥梁、夯土(点、线、面)、漕渠、湖池、城垣、地层、祭祀坑、其他图层(表3.8)。

表3.8 勘探数据图层代码表

图 层 代 码	图层别名	几何类型
KGKT_KTD_P	勘探点	Point
KGKT_KTBJ_M	勘探边界	Polygon
KGKT_TK_P	探孔	Point
KGKT_YJDW_HK_M	灰坑	Point
KGKT_YJDW_FZ_M	房址	Line
KGKT_YJDW_TZ_M	塔址	Polygon
KGKT_YJDW_MZ_M	门址	Point
KGKT_YJDW_CZ_L	车辙	Line
KGFJ_YJDW_M_M	墓	Polygon
KGKT_YJDW_G_M	沟	Line
KGKT_YJDW_J_P	井	Point
KGFJ_YJDW_L_P	路	Point
KGFJ_YJDW_L_L		Line
KGFJ_YJDW_L_M		Polygon

续表

图层代码	图层别名	几何类型
KGFJ_YJDW_Q_P	墙	Point
KGFJ_YJDW_Q_L	墙	Line
KGFJ_YJDW_Q_M	墙	Polygon
KGKT_YJDW_Z_M	灶	Polygon
KGKT_YJDW_YZ_M	窑址	Polygon
KGKT_YJDW_KZ_M	孔柱	Polygon
KGKT_YJDW_QL_M	桥梁	Polygon
KGFJ_YJDW_HT_P	夯土	Point
KGFJ_YJDW_HT_L	夯土	Line
KGFJ_YJDW_HT_M	夯土	Polygon
KGKT_YJDW_CQ_M	漕渠	Polygon
KGKT_YJDW_HC_M	湖池	Polygon
KGKT_YJDW_CY_M	城垣	Polygon
KGKT_YJDW_DC_M	地层	Polygon
KGKT_YJDW_JSK_M	祭祀坑	Polygon
KGKT_YJDW_QT_M	其他	Polygon

3. 考古发掘数据

考古发掘数据包括发掘项目点、发掘项目边界、功能区、探方、盗洞、遗迹单位、出土器物八类实体要素，其中遗迹单位包括墓（点、面）、灰坑、房址、塔址、门址、车辙、沟、井、路（点、线、面）、墙（点、线、面）、灶、窑址、孔柱、桥梁、夯土（点、线、面）、漕渠、湖池、城垣、地层、祭祀坑、其他图层。

表 3.9　发掘数据图层代码表

图 层 代 码	图 层 别 名	几 何 类 型
KGFJ_XMD_P	发掘项目点	Point
KGFJ_XMBJ_L	发掘项目边界	Line
KGFJ_GNQ_M	功能区	Polygon
KGFJ_TF_M	探方	Polygon
KGFJ_FJMZD_P	发掘墓葬点	Point
KGFJ_FJMZ_M	发掘墓葬边界	Polygon
KGFJ_YJDW_HK_P	灰坑	Polygon
KGFJ YJDW_FZ_L	房址	Line
KGFJ YJDW_TZ_M	塔址	Polygon
KGFJ YJDW_MZ_P	门址	Point
KGKT YJDW_CZ_L	车辙	Line
KGFJ YJDW_G_L	沟	Line
KGFJ YJDW_J_P	井	Point
KGFJ YJDW_L_P	路	Point
KGFJ YJDW_L_L	路	Line
KGFJ YJDW_L_M	路	Polygon
KGFJ YJDW_Q_P	墙	Point
KGFJ YJDW_Q_L	墙	Line
KGFJ YJDW_Q_M	墙	Polygon
KGFJ YJDW_Z_P	灶	Point
KGFJ YJDW_YZ_P	窑址	Point

续表

图层代码	图层别名	几何类型
KGFJ YJDW＿KZ＿P	孔柱	Point
KGFJ YJDW＿QL＿P	桥梁	Point
KGFJ YJDW＿HT＿D	夯土	Point
KGFJ YJDW＿HT＿X		Line
KGFJ YJDW＿HT＿M		Polygon
KGFJ YJDW＿CQ＿M	漕渠	Polygon
KGFJ YJDW＿HC＿M	湖池	Polygon
KGFJ YJDW＿CY＿L	城垣	Line
KGFJ YJDW＿DC＿L	地层	Line
KGFJ YJDW＿JSK＿M	祭祀坑	Polygon
KGFJ YJDW＿QT＿P	其他	Point
KGFJ＿CTQW＿P	出土器物	Point

4．文物保护单位数据

文保单位、本体线、保护范围、缓冲区建设高度控制、文物可能埋藏区、缓冲区范围、环境协调区、规划范围、管辖范围、监控范围、遗产区边界、单体文物点，分十二个图层进行整理录入。

表 3.10　文物保护单位数据表

图层代码	图层别名	几何类型
WB＿WBDW＿P	重点文保单位	Point
WB＿BTX＿M	本体线	Polygon
WB＿BHFW＿M	保护范围	Polygon

续表

图层代码	图层别名	几何类型
WB_JKDD_M	缓冲区建设高度控制	Polygon
WB_MCQ_M	文物可能埋藏区	Polygon
WB_HCQ_L	缓冲区范围	Line
WB_XTQ_M	环境协调区	Polygon
WB_GHFW_M	规划范围	Polygon
WB_GXFW_M	管辖范围	Polygon
WB_JKFW_M	监控范围	Polygon
WB_YCBJ_M	遗产区边界	Polygon
WB_WWD_P	单体文物点	Point

（四）数据代码

1. 出土器物类型

表3.11 出土器物类型表

属性名（一级类）	编码	属性名（二级类）	编码	备注
陶俑	10	镇墓俑	10	
陶俑	10	人物俑	11	
陶俑	10	动物俑	12	
陶俑	10	其他	13	
三彩俑	11	镇墓俑	10	
三彩俑	11	人物俑	11	
三彩俑	11	动物俑	12	
三彩俑	11	其他	13	

续表

属性名（一级类）	编　码	属性名（二级类）	编　码	备　注
陶器	12	罐	10	
陶器		壶	11	
陶器		砚	12	
陶器		碗	13	
陶器		墓志	14	
陶器		砖	15	
陶器		其他	16	
三彩器	13	罐	10	
三彩器		壶	11	
三彩器		砚	12	
三彩器		碗	13	
三彩器		其他	14	
瓷器	14	罐	10	
瓷器		壶	11	
瓷器		砚	12	
瓷器		碗	13	
瓷器		其他	14	
铜器	15	带具	10	
铜器		铜钱	11	
铜器		铜镜	12	
铜器		铜饰	13	
铜器		其他	14	

续表

属性名（一级类）	编码	属性名（二级类）	编码	备注
铁器	16	生产工具	10	
铁器		其他	11	
金银器	17	金器	10	
金银器		银器	11	
金银器		其他	12	
玉器	18	玉蝉	10	
玉器		玉猪	11	
玉器		玉竹节	12	
玉器		其他	13	
石器	19	墓志	10	
石器		镇墓石	11	
石器		经幢	12	
石器		其他	13	
杂器	20	玻璃	10	
杂器		骨器	11	
杂器		贝类	12	
杂器		木质	13	
杂器		铅器	14	
杂器		其他	15	

2. 第三次全国文物普查数据

对第三次全国文物普查数据中每一类要素的复查或新发现、所属区县属性以及古遗址、古墓葬、古建筑、石窟寺及石刻、近现代史迹及代表性建筑的类别属性规定了属性域。

表 3.12 复查或新发现

属 性 名	编 码	备 注
复查	01	
新发现	02	

表 3.13 类别（古遗址）

属 性 名	编 码	备 注
洞穴址	01	
聚落址	02	
城址	03	
窑址	04	
窖藏址	05	
矿冶遗址	06	
古战场	07	
驿站古道遗址	08	
军事设施遗址	09	
桥梁码头遗址	10	
祭祀遗址	11	
水下遗址	12	
水利设施遗址	13	
寺庙遗址	14	
宫殿衙署遗址	15	
其他古遗址	16	

表 3.14　类别（古墓葬）

属 性 名	编 码	备 注
帝王陵寝	01	
名人或贵族墓	02	
普通墓葬	03	
其他古墓葬	04	

表 3.15　类别（古建筑）

属 性 名	编 码	备 注
城垣城楼	01	
宫殿府邸	02	
宅邸民居	03	
坛庙祠堂	04	
衙署官邸	05	
学堂书院	06	
驿站会馆	07	
店铺作坊	08	
牌坊影壁	09	
亭台楼阙	10	
寺观塔幢	11	
苑囿园林	12	
桥涵码头	13	
堤坝渠堰	14	
池塘井泉	15	
其他古建筑	16	

表 3.16　类别（石窟寺及石刻）

属性名	编码	备注
石窟寺	01	
摩崖石刻	02	
碑刻	03	
石雕	04	
岩画	05	
其他石刻	06	

表 3.17　类别（近现代重要史迹及代表性建筑）

属性名	编码	备注
重要历史事件和重要机构旧址	01	
重要历史事件纪念地或纪年设施	02	
名人故、旧居	03	
传统民居	04	
宗教建筑	05	
名人墓	06	
烈士墓及纪念设施	07	
工业建筑及附属物	08	
金融商贸建筑	09	
中华老字号	10	
水利设施及附属物	11	
文化教育建筑及附属物	12	
医疗卫生建筑	13	
军事建筑及设施	14	
交通道路设施	15	

续表

属 性 名	编 码	备 注
典型风格建筑或构筑物	16	
其他近现代重要史迹及代表性建筑	17	

3. 考古勘探数据

勘探数据中勘探点要素的项目性质属性规定了属性域。

表 3.18 项目性质

属 性 名	编 码	备 注
商业（房地产开发）	01	
商业（住宅）	02	
商业（企业）	03	
公共基础设施（道路）	04	
公共基础设施（学校）	05	
公共基础设施（供热站）	06	
公共基础设施（公园）	07	
公共基础设施（部队营房）	08	
公共基础设施（教堂）	09	
公共基础设施（医院）	10	
公共基础设施（垃圾站）	11	
公共基础设施（学校）	12	
公共基础建设（输电线路）	13	
公共基础建设（消防站）	14	
公共基础设施（科研机构）	15	
公共基础设施（电视台）	16	
公共基础设施（广场）	17	

续表

属 性 名	编 码	备 注
公共基础设施（污水站）	18	
公共基础设施（办公楼）	19	
公共基础设施（变电站）	20	
公共基础设施（派出所）	21	
公共基础设施（消防站）	22	
公共基础设施（库房、监控中心）	23	
工业（企业）	24	
主动勘探	25	
主动调查	26	

4. 考古发掘数据

对发掘墓葬数据中墓葬点要素的墓葬结构、墓葬装饰以及随葬器物要素的总类别、分类别规定了属性域。

表3.19 墓葬结构

属 性 名	编 码	备 注
墓道	01	
过洞	02	
天井	03	
甬道	04	
墓室	05	
封门	06	
壁龛	07	
耳室	08	
侧室	09	
其他	10	

表 3.20 墓葬装饰

属性名	编码	备注
墓道	01	
过洞	02	
天井	03	
甬道	04	
墓室	05	
封门	07	
棺椁	08	
耳室	09	
侧室	10	
棺床	11	
壁龛	12	
其他	13	

表 3.21 器物总类别

属性名	编码	备注
陶器	01	
陶俑	02	
瓷器	03	
三彩器	04	
三彩俑	05	
铜器	06	
铁器	07	

续表

属 性 名	编 码	备 注
金银器	08	
釉陶俑	09	
玉器	10	
石器	11	
杂器	12	
釉陶器	13	

表 3.22 器物分类别（以铜器为例）

属 性 名	编 码	备 注
食器	01	
酒器	02	
水器	03	
乐器	04	
兵器	05	
车马器	06	
工具	07	
量器	08	
生活用具	09	
货币	10	
其他	11	

二、数据库空间参考设计

西安地区考古数据库涉及大量空间数据，为在统一的基础地理底图上管理各类考古专题数据，并为实现与西安市规划局城市规划数据的统一，数据库空间参考采用西安 80 地方坐标系。

三、基础地理实体数据设计

矢量数据通常是通用性最强，共享需求最大，为所有地理信息相关行业作为统一的空间定位和进行空间分析的基础地理单元。基础地理实体是对基础地理信息数据进行内容提取与分层细化，主要由自然地理信息中的地貌、水系、植物及社会地理信息中的要素构成，其数据库逻辑设计主要为几大类实体数据，包括水系、居民地及设施实体、交通实体、居民地、境界与政区实体、地貌等要素。

（一）水系实体

西安地区河流实体由河流骨架线构成，并形成连通的水系网络。水系实体包含水系点、线和多边形以及水里附属设施点、线和多边形。

表 3.23　水系（点）

编　号	属性项	描　述	备注
1	图元标识码	唯一标识	
2	国标分类码		
3	名称		
4	类型	净/污/矿/温/间/毒/苦/咸/机/喷/毒间/咸喷	
5	角度		

表 3.24　水系（线）

编　号	属性项	描　述	备注
1	图元标识码	唯一标识	
2	地理实体标识码	河流实体标识码	

续表

编号	属性项	描述	备注
3	国标分类码		
4	名称		
5	时令月份		

表 3.25 水系（多边形）

编号	属性项	描述	备注
1	图元标识码	唯一标识	Yes
2	地理实体标识码	河流实体标识码	No
3	国标分类码		Yes
4	国标分类码		
5	名称		
6	水质	咸/苦/淡	
7	库容量（万立方米）		
8	时令月份		
9	类型	净/污/地热	

表 3.26 水利附属设施（点）

编号	属性项	描述	备注
1	图元标识码	唯一标识	
2	国标分类码		
3	名称		
4	类型	岩石/珊瑚	

表 3.27　水利附属设施（线）

编　号	属性项	描　述	备　注
1	图元标识码	唯一标识	
2	国标分类码		
3	名称		

表 3.28　水利附属设施（多边形）

编　号	属性项	描　述	备　注
1	图元标识码	唯一标识	
2	国标分类码		
3	名称		
4	类型	干/岩石/珊瑚	

（二）居民地及设施实体

居民地及设施实体包含点、线、多边形及地名。

表 3.29　居民地及设施（点）

编　号	属性项	描　述	备　注
1	图元标识码	唯一标识	
2	国标分类码		
3	名称		
4	类型	油/气/铁/煤/铜/砖/陶/炭	
5	角度		

表 3.30 居民地及设施（线）

编 号	属 性 项	描 述	备 注
1	图元标识码	唯一标识	
2	国标分类码		
3	名称		

表 3.31 居民地及设施（多边形）

编 号	属 性 项	描 述	备 注
1	图元标识码	唯一标识	
2	国标分类码		
3	名称		
4	类型	油/气/沙/石/土	

表 3.32 居民地地名

编 号	属 性 项	描 述	备 注
1	图元标识码	唯一标识	
2	名称		
3	汉语拼音		
4	地名分类码	1∶5万地名分类码	
5	地址名称	标准地址描述	
6	地址代码		
7	地理实体标识码		

（三）交通实体

交通实体包含交通构造物及附属设施（点）、交通构造物及附属设施

（线）、道路及铁路。

表 3.33　交通构造物及附属设施（点）

编　号	属性项	描　　述	备　注
1	图元标识码	唯一标识	
2	国标分类码		
3	名称		
4	类型	铁索/溜索/绳/缆/藤	
5	载重		
6	层数		
7	角度		
8	公里数		
9	通行月份		
10	车站编号		

表 3.34　交通构造物及附属设施（线）

编　号	属性项	描　　述	备　注
1	图元标识码	唯一标识	
2	国标分类码		
3	名称		
4	类型	铁索/溜索/绳/缆/藤	
5	载重		
6	层数		

表 3.35 道路

编号	属性项	描述	备注
1	图元标识码	唯一标识	
2	地理实体标识码	道路实体标识码	
3	国标分类码		
4	名称		
5	公路技术等级	高速/一级/二级	
6	铺设材料	沥青/水泥	
7	车道数		
8	单双行线	单/双	
9	路宽		
10	通行月份		

表 3.36 铁路

编号	属性项	描述	备注
1	图元标识码	唯一标识	
2	地理实体标识码	铁路实体标识码	
3	国标分类码		
4	名称		
5	类型	电/高架/电高架	

(四) 境界与政区实体

境界与政区实体包括行政境界及其所围区域。

行政区域实体按不同级别行政单元划分,包括国家、省、地区、县、乡镇等;行政境界是行政区域的边界,每个行政境界实体由相邻行政区域单元定义。地理框架数据境界与政区实体的最小粒度至三级行政区(市辖区、县级市、县、旗、特区、林区）及相应界线；省、市级公共地理框架数据境界与政区实体的最小粒度至四级行政区（区公所、镇、乡、苏木、街道）及相应界线。包含境界线、界桩碑、省级政区、地级政区、县级政区、其他区域（点、线和面）。

表 3.37 境界线

编号	属性项	描述	备注
1	图元标识码	唯一标识	
2	地理实体标识码		
3	国标分类码		
4	名称		

表 3.38 界桩碑

编号	属性项	描述	备注
1	图元标识码	唯一标识	
2	国标分类码		
3	界碑号		
4	名称		

表 3.39 省级政区

编号	属性项	描述	备注
1	图元标识码	唯一标识	
2	地理实体标识码	政区实体标识	
3	国标分类码		
4	名称		

表 3.40　地级政区

编号	属性项	描述	备注
1	图元标识码	唯一标识	
2	地理实体标识码	政区实体标识	
3	国标分类码		
4	名称		

表 3.41　县级政区

编号	属性项	描述	备注
1	图元标识码	唯一标识	
2	地理实体标识码	政区实体标识	
3	国标分类码		
4	名称		

表 3.42　其他区域（点）

编号	属性项	描述	备注
1	图元标识码	唯一标识	
2	国标分类码		
3	名称		

表 3.43　其他区域（线）

编号	属性项	描述	备注
1	图元标识码	唯一标识	
2	国标分类码		

表 3.44　其他区域（多边形）

编　号	属性项	描　述	备　注
1	图元标识码	唯一标识	
2	国标分类码		
3	名称		

（五）地貌实体

地貌实体包含地貌（点）、地貌（线）和地貌与土质（多边形）。

表 3.45　地貌（点）

编　号	属性项	描　述	备　注
1	图元标识码	唯一标识	
2	国标分类码		
3	名称		
4	高程值		
5	角度		

表 3.46　地貌（线）

编　号	属性项	描　述	备　注
1	图元标识码	唯一标识	
2	国标分类码		
3	高程值		

表 3.47　地貌与土质（多边形）

编　号	属性项	描　述	备　注
1	图元标识码	唯一标识	

续表

编号	属性项	描述	备注
2	国标分类码		
3	名称		

（六）管线实体

管线实体包含管线点和线。

表 3.48　管线（点）

编号	属性项	描述	备注
1	图元标识码	唯一标识	
2	国标分类码		
3	名称		

表 3.49　管线（线）

编号	属性项	描述	备注
1	图元标识码	唯一标识	
2	国标分类码		
3	名称		
4	类型	油/气/水	
5	电压值		

（七）植被实体

植被实体包含点、线和多边形。

表 3.50　植被（点）

编　号	属　性　项	描　述	备　注
1	图元标识码	唯一标识	
2	国标分类码		

表 3.51　植被（线）

编　号	属　性　项	描　述	备　注
1	图元标识码	唯一标识	
2	国标分类码		

表 3.52　植被（多边形）

编　号	属　性　项	描　述	备　注
1	图元标识码	唯一标识	
2	国标分类码		
3	类型	橡胶/蔗/茶/药/桑/苹/麻/幼/灌/竹/疏/草/半荒草/荒草	

四、基础地理影像数据设计

遥感影像数据采用影像数据集进行统一管理。系统主要有西安市全市域范围 1.5 米分辨率卫星影像数据、隋唐长安城 0.3 米分辨率高分航拍影像数据、鼎湖延寿宫 1.5 米分辨率卫星影像数据以及重点区域无人机航拍成果数据。

影像数据采用栅格目录进行管理，无人机影像数据库结构也采用栅格目录结构进行统一管理，结构如下：

表 3.53　栅格数据标准表

编　号	属性项	描　　述	备　注
1	标识码	唯一标识	
2	项目代码		
3	项目名称		
4	栅格		GDB 数据类型
5	空间范围		GDB 数据类型
6	描述		

五、基础地理高程数据设计

高程数据是进行考古学地形景观分析的基础，建立数字高程模型（DEM），辅助判读城市遗址形态，支撑保护区划的界划；通过整合、挖掘考古资料空间数据，进一步确立考古及管理方向。大量的考古学研究和利用都是基于 DEM 进行的分析运算，在建设西安地理信息系统平台中现已录入有三种 DEM 数据：（1）现代地形图数据生成的 DEM，时间为 2012 年，空间分辨率为 5 米；（2）基于 1933 年中华民国西京筹备委员会时期制作的地形图，空间分辨率重采样为 2 米，可以基于中华民国时期 DEM 进行大量的地形分析运算；（3）20 世纪 50 年代地形图数据库成果形成 DEM。DEM 数据采用栅格目录进行管理，结构如下：

表 3.54　DEM 数据标准表

编　号	属性项	描　　述	备　注
1	标识码	唯一标识	
2	项目代码		
3	项目名称		
4	栅格		GDB 数据类型

续表

编　号	属　性　项	描　　述	备　注
5	空间范围		GDB数据类型
6	描述		

六、文物调查数据设计

本数据结构主要针对第三次全国文物普查数据情况进行设计。要素类的数据结构规定了基础地理要素类的属性数据项、数据项的数据类型、数据项的单位和约束条件、值域以及填写说明。包含古建筑、古遗址、古墓葬、近现代代表性建筑及史迹、石窟寺、其他数据。

（一）古建筑（点图层）

表 3.55　古建筑（点图层）

序号	数据项名称	数据类型	描　述	备　注
1	代码	字符串		
2	名称	字符串		
3	复查或新发现	字符串		
4	所属区县	字符串		
5	地址及位置	字符串		
6	GPS坐标	字符串		
7	经度	双精度浮点型		
8	纬度	双精度浮点型		
9	高程	双精度浮点型		
10	X	双精度浮点型		
11	Y	双精度浮点型		

续表

序号	数据项名称	数据类型	描 述	备 注
12	类别	字符串		
13	年代	字符串		
14	面积	双精度浮点型		
15	使用单位	字符串		
16	平面结构	字符串		
17	历史沿革	字符串		
18	现状描述	字符串		
19	参考文献	字符串		
20	录入人	字符串		
21	录入时间	日期型		YYYY-MM-DD
22	备注	文本		

（二）古遗址（点图层）

表3.56　古遗址（点图层）

序号	数据项名称	数据类型	描 述	备 注
1	代码	字符串		
2	名称	字符串		
3	复查或新发现	字符串		
4	所属区县	字符串		
5	地址及位置	字符串		
6	GPS坐标	字符串		

续表

序号	数据项名称	数据类型	描述	备注
7	经度	双精度浮点型		
8	纬度	双精度浮点型		
9	高程	双精度浮点型		
10	X	双精度浮点型		
11	Y	双精度浮点型		
12	遗址类别	字符串		
13	遗址年代	字符串		
14	遗址面积	双精度浮点型		
15	遗址概况	字符串		
16	遗址单位	字符串		
17	出土器物	字符串		
18	生物考古遗存	字符串		
19	参考文献	字符串		
20	录入人	字符串		
21	录入时间	日期型		YYYY-MM-DD
22	备注	文本		

（三）古墓葬（点图层）

表 3.57　古墓葬（点图层）

序号	数据项名称	数据类型	描述	备注
1	代码	字符串		
2	名称	字符串		

续表

序号	数据项名称	数据类型	描 述	备 注
3	复查或新发现	字符串		
4	所属区县	字符串		
5	地址及位置	字符串		
6	GPS坐标	字符串		
7	经度	双精度浮点型		
8	纬度	双精度浮点型		
9	高程	双精度浮点型		
10	X	双精度浮点型		
11	Y	双精度浮点型		
12	单位数量	字符串		
13	年代	字符串		
14	面积	双精度浮点型		
15	墓葬形制	字符串		
16	墓葬装饰	字符串		
17	墓主信息	字符串		
18	随葬器物	字符串		
19	生物考古遗存	字符串		
20	参考文献	字符串		
21	录入人	字符串		
22	录入时间	日期型		YYYY-MM-DD
23	备注	文本		

（四）近现代代表性建筑及史迹（点图层）

表 3.58　近现代（点图层）

序号	数据项名称	数据类型	描　述	备　注
1	代码	字符串		
2	名称	字符串		
3	复查或新发现	字符串		
4	所属区县	字符串		
5	地址及位置	字符串		
6	GPS 坐标	字符串		
7	经度	双精度浮点型		
8	纬度	双精度浮点型		
9	高程	双精度浮点型		
10	X	双精度浮点型		
11	Y	双精度浮点型		
12	类别	字符串		
13	年代	字符串		
14	面积	双精度浮点型		
15	使用情况	字符串		
16	平面结构	字符串		
17	历史沿革	字符串		
18	现状描述	字符串		
19	重要史迹及人物	字符串		
20	参考文献	字符串		
21	录入人	字符串		

续表

序号	数据项名称	数据类型	描述	备注
22	录入时间	日期型		YYYY-MM-DD
23	备注	文本		

（五）石窟寺及石刻（点图层）

表3.59　石窟寺及石刻（点图层）

序号	数据项名称	数据类型	描述	备注
1	代码	字符串		
2	名称	字符串		
3	复查或新发现	字符串		
4	所属区县	字符串		
5	地址及位置	字符串		
6	GPS坐标	字符串		
7	经度	双精度浮点型		
8	纬度	双精度浮点型		
9	高程	双精度浮点型		
10	X	双精度浮点型		
11	Y	双精度浮点型		
12	类别	字符串		
13	年代	字符串		
14	面积	双精度浮点型		
15	数量	整型		
16	单位文物	字符串		

续表

序号	数据项名称	数据类型	描述	备注
17	简介	字符串		
18	属性	字符串		
19	现状描述	字符串		
20	参考文献	字符串		
21	录入人	字符串		
22	录入时间	日期型		YYYY-MM-DD
23	备注	文本		

（六）其他（点图层）

表 3.60　其他（点图层）

序号	数据项名称	数据类型	描述	备注
1	代码	字符串		
2	名称	字符串		
3	复查或新发现	字符串		
4	所属区县	字符串		
5	地址及位置	字符串		
6	GPS坐标	字符串		
7	经度	双精度浮点型		
8	纬度	双精度浮点型		
9	高程	双精度浮点型		
10	X	双精度浮点型		
11	Y	双精度浮点型		

续表

序号	数据项名称	数据类型	描述	备注
12	年代	字符串		
13	面积	双精度浮点型		
14	简介	字符串		
15	现状描述	字符串		
16	参考文献	字符串		
17	录入人	字符串		
18	录入时间	日期型		YYYY-MM-DD
19	备注	文本		

七、考古勘探数据设计

考古勘探数据主要包括勘探点、勘探线和勘探面图层。勘探点和勘探面属性结构相同。

勘探遗迹分为灰坑、墓葬、夯土、沟、河道等图层。勘探数据包括勘探点、勘探边界、探孔、盗洞、墓、井、沟、门址、窑址、漕渠、桥梁（点、线）、灰坑、路（点、线、面）、墙（点、线、面）、夯土（点、线、面），共20多个图层。

勘探数据包括历史数据和新测量的两类数据。

表 3.61　考古勘探（点）

序号	数据项名称	数据类型	描述	备注
1	标识码	GUID	唯一标识	
2	代码	字符串		
3	工作时间	字符串		

续表

序号	数据项名称	数据类型	描　述	备　注
4	项目名称	字符串		
5	项目性质	字符串		
6	地理位置	字符串		
7	地层堆积	字符串		
8	遗迹类型	字符串		
9	遗迹数量	字符串		
10	年代	字符串		
11	面积	双精度浮点型		
12	勘探单位	字符串		
13	勘探工作人员	字符串		
14	发掘遗迹单位	字符串		
15	考古发掘人员	字符串		
16	出土文物	字符串		
17	遗迹单位年代	字符串		
18	经度	双精度浮点型		
19	纬度	双精度浮点型		
20	横坐标	双精度浮点型		
21	纵坐标	双精度浮点型		
22	高程	双精度浮点型		
23	描述	文本		

表 3.62　勘探边界（线）

序号	数据项名称	数据类型	描述	备注
1	标识码	GUID	唯一标识	
2	代码	字符串		
3	项目名称	字符串		
4	描述	文本		

表 3.63　勘探探孔（点）

序号	数据项名称	数据类型	描述	备注
1	标识码	GUID	唯一标识	
2	代码	字符串		
3	项目名称	字符串		
4	探孔编号	字符串		
5	层位	整型		
6	GPS坐标	字符串		
7	横坐标	双精度浮点型		
8	纵坐标	双精度浮点型		
9	深度	双精度浮点型		米
10	厚度	双精度浮点型		米
11	高程	双精度浮点型		
12	土层性质	字符串		
13	土色	字符串		
14	土质	字符串		
15	描述	文本		

表 3.64 勘探遗迹

序号	数据项名称	数据类型	描 述	备 注
1	标识码	GUID	唯一标识	
2	代码	字符串		
3	遗迹编号	字符串		
4	勘探单元	字符串		
5	层位	整型		
6	GPS坐标N	双精度浮点型		
7	GPS坐标E	双精度浮点型		
7	横坐标	双精度浮点型		
8	纵坐标	双精度浮点型		
9	开口层位	字符串		
10	开口深度	双精度浮点型		米
11	底部深度	双精度浮点型		米
12	开口平面形状	字符串		
13	东西方向尺寸	双精度浮点型		米
14	南北方向尺寸	双精度浮点型		米
15	方向	字符串		
16	遗迹剖面形状	字符串		
17	底部平面形状	字符串		
18	堆积或填土及包含物	文本		
19	年代初判	字符串		
20	照片编号	字符串		
21	备注	文本		

表 3.65 勘探出土遗物

序号	数据项名称	数据类型	描述	备注
1	标识码	GUID	唯一标识	
2	代码	字符串		
3	遗物编号	字符串		
4	勘探单元	字符串		
5	所在探孔编号行	整型		
6	所在探孔编号列	整型		
7	出土层位	字符串		
8	出土深度	双精度浮点型		米
9	质地	文本		
10	遗物性状	文本		
11	年代初判	字符串		
12	照片编号	字符串		
13	勘探者	字符串		
14	记录者	字符串		
15	审核者	字符串		
16	备注	文本		

八、考古发掘数据设计

考古发掘数据包括发掘项目点图层、发掘项目边界图层、功能区图层、探方图层、盗洞图层、遗迹单位图层、出土器物图层以及发掘记录表。

发掘遗迹单位包括墓（点、面）、灰坑、房址、塔址、门址、车辙、沟、井、路（点、线、面）、墙（点、线、面）、城墙、灶、窑址、孔柱、桥梁、夯土（点、线、面）、漕渠、湖池、城垣、地层、其他 28 个图层，共 34 个图层。

表 3.66 遗址点信息表

序号	数据项名称	数据类型	描述	备注
1	标识码	GUID	唯一标识	
2	代码	字符串		
3	遗址名称	字符串		
4	所在项目名称	字符串		
5	文化内涵	字符串		
6	文化层深度	字符串		
7	时代	字符串		
8	所属区县	字符串		
9	地址及位置	字符串		
10	GPS坐标	字符串		
11	文化层厚度	字符串		
12	遗迹类型	字符串		
13	保存状况	字符串		
14	核查情况	字符串		
15	备注	文本		

表 3.67 遗址边界（线）表

序号	属性项	数据类型	描述	备注
1	标识码	GUID	唯一标识	
2	代码	字符串		
3	遗址名称	字符串		
4	描述	文本		

表 3.68 发掘项目信息表

序号	数据项名称	数据类型	描述	备注
1	标识码	GUID	唯一标识	
2	遗址代码	字符串		
3	遗址名称	字符串		
4	发掘单位	字符串		
5	坐标	字符串		
6	所属区县	字符串		
7	地理位置	字符串		
8	重点项目	字符串		
9	时代	字符串		
10	时代信息	字符串		
11	保存状况	字符串		
12	核查情况	字符串		
13	发掘开始时间	日期型		YYYY-MM-DD
14	发掘结束时间	日期型		YYYY-MM-DD
15	发掘时间	字符串		
16	资料来源	字符串		
17	发掘人员	字符串		
18	项目名称	字符串		
19	当前位置	字符串		
20	发掘面积	双精度浮点型		平方米
21	发掘情况	字符串		
22	文化内涵	字符串		

续表

序号	数据项名称	数据类型	描述	备注
23	地层深度	双精度浮点型		米
24	地层厚度	双精度浮点型		米
25	夯土	字符串		
26	包含物	字符串		
27	出土物品	字符串		
28	相关研究	字符串		
29	定位依据	字符串		
30	备注	文本		

表 3.69 探方（面）表

序号	数据项名称	数据类型	描述	备注
1	标识码	GUID	唯一标识	
2	遗址代码	字符串		
3	遗址名称	字符串		
4	探方编号	字符串		
5	深度	双精度浮点型		米
6	描述	文本		

表 3.70 象限分区（面）表

序号	数据项名称	数据类型	描述	备注
1	标识码	GUID	唯一标识	
2	遗址代码	字符串		
3	遗址名称	字符串		

续表

序号	数据项名称	数据类型	描述	备注
4	象限编号	字符串		
5	功能区	文本		
6	描述	文本		

表 3.71 遗迹单位表

序号	数据项名称	数据类型	描述	备注
1	标识码	GUID	唯一标识	
2	遗址代码	字符串		
3	遗址名称	字符串		
4	遗迹单位代码	字符串		
5	遗迹单位名称	双精度浮点型		
6	遗迹类型	整型		1：灰坑，2：陶窑，3：井等
7	概述	文本		
8	规模大小	文本		
9	结构设施	文本		
10	堆积结构	文本		
11	形状描述	文本		
12	夯土	字符串		
13	包含物	字符串		
14	出土物品	字符串		
15	发掘时间	日期型		YYYY-MM-DD
16	描述	文本		

表 3.72　遗物信息表

序号	数据项名称	数据类型	描述	备注
1	标识码	GUID	唯一标识	
2	遗址代码	字符串		
3	器物名称	字符串		
4	器物一级类别	字符串		
5	器物二级类别	字符串		
6	数量	整型		
7	器号	字符串		
8	时代	字符串		
9	出土位置	字符串		
10	颜色	字符串		
11	制法	字符串		
12	形制	字符串		
13	纹饰	字符串		
14	尺寸	双精度浮点型		厘米
15	保管地点	字符串		
16	备注	文本		

由于墓葬的相关信息与其他遗迹单位还有些差别，因此墓葬信息主要采用点和面进行表达，点和面表示发掘墓葬单体信息，属性结构相同。点的位置表示墓葬中心点。墓葬内部又可以根据采集线划划分为墓道、墓室、天井等不同类型要素，可以利用线划面进行表示。

（一）墓葬基本信息

表 3.73　墓葬基本信息表

序号	数据项名称	数据类型	描述	备注
1	标识码	GUID	唯一标识	

续表

序号	数据项名称	数据类型	描述	备注
2	代码	字符串		
3	墓葬名称	字符串		
4	墓葬所在工地名称	字符串		
5	墓葬原始编号	字符串		
6	发掘开始时间	日期型		YYYY-MM-DD
7	发掘结束时间	日期型		YYYY-MM-DD
8	所属区县	字符串		
9	地址及位置	字符串		
10	GPS坐标	字符串		
11	墓葬方向	字符串		
12	墓葬角度	数值型		
13	墓葬年代	字符串		
14	公元纪年	整型		
15	墓葬形制	字符串		
16	葬式	字符串		
17	葬具	字符串		
18	墓葬装饰	字符串		
19	墓主信息	字符串		
20	随葬器物	字符串		
21	生卒年	整型		
22	墓葬面积	双精度浮点型		平方米
23	发掘人员	字符串		
24	保管地点	字符串		
25	资料来源	字符串		

续表

序号	数据项名称	数据类型	描述	备注
26	相关研究	字符串		
27	发掘单位	字符串		
28	发掘人员	字符串		
29	参考文献	字符串		
30	录入人	字符串		
31	录入时间	日期型		YYYY-MM-DD
32	备注	文本		

（二）墓葬基本形制

表 3.74　墓葬形制信息表

序号	数据项名称	数据类型	描述	备注
1	标识码	GUID	唯一标识	
2	墓葬代码	字符串		
3	墓葬形制	字符串		
4	南北1	双精度浮点型		米
5	南北2	双精度浮点型		米
6	东西1	双精度浮点型		米
7	东西2	双精度浮点型		米
8	壁高	双精度浮点型		米
9	顶高	双精度浮点型		米
10	深1	双精度浮点型		米
11	深2	双精度浮点型		米
12	壁龛位置	字符串		
13	备注	文本		

（三）墓葬装饰信息

表 3.75　墓葬装饰信息表

序号	数据项名称	数据类型	描述	备注
1	标识码	GUID	唯一标识	
2	墓葬代码	字符串		
3	墓葬装饰	字符串		
4	描述	字符串		
5	备注	文本		

（四）葬具信息表

表 3.76　葬具信息表

序号	数据项名称	数据类型	描述	备注
1	标识码	GUID	唯一标识	
2	墓葬代码	字符串		
3	葬具	字符串		
4	材质	字符串		
5	描述	字符串		
6	长1	双精度浮点型		米
7	长2	双精度浮点型		米
8	长平均	双精度浮点型		米
9	宽1	双精度浮点型		米
10	宽2	双精度浮点型		米
11	宽平均	双精度浮点型		米

续表

序号	数据项名称	数据类型	描述	备注
12	高1	双精度浮点型		米
13	高2	双精度浮点型		米
14	高平均	双精度浮点型		米
15	厚	双精度浮点型		米
16	备注	文本		

(五) 墓葬器物信息

墓葬器物信息主要指墓葬出土的遗物信息。

表 3.77 墓葬器物信息表

序号	数据项名称	数据类型	描述	备注
1	标识码	GUID	唯一标识	
2	墓葬代码	字符串		
3	器物名称	字符串		
4	器物一级类别	字符串		
5	器物二级类别	字符串		
6	数量	整型		
7	器号	字符串		
8	时代	字符串		
9	出土位置	字符串		
10	颜色	字符串		
11	制法	字符串		
12	形制	字符串		

续表

序号	数据项名称	数据类型	描述	备注
13	纹饰	字符串		
14	尺寸	双精度浮点型		厘米
15	保管地点	字符串		
16	备注	文本		

九、文物保护单位数据设计

表 3.78　文物保护单位表

序号	数据项名称	数据类型	描述	备注
1	文保单位名称	字符串		
2	保护级别	字符串		
3	文物本体四至坐标	字符串		
4	所属区县	字符串		
5	地址及位置	字符串		
6	保护范围	文本		
7	建控地带	文本		
8	年代	字符串		
9	类别	字符串		
10	遗址概况	文本		
11	遗迹单位	文本		
12	出土器物	文本		
13	生物考古遗存	文本		

续表

序号	数据项名称	数据类型	描述	备注
14	分布范围	文本		
15	单位数量	整型		
16	墓葬形制	文本		
17	墓葬装饰	文本		
18	墓主信息	文本		
19	随葬器物	文本		
20	面积	双精度浮点型		平方米
21	遗址面积	双精度浮点型		平方米
22	建筑面积	双精度浮点型		平方米
23	占地面积	双精度浮点型		平方米
24	建筑结构	文本		
25	历史沿革	文本		
26	现状描述	文本		
27	建筑体量	文本		
28	使用情况	文本		
29	平面结构	文本		
30	重要史迹及人物	文本		
31	数量	整型		
32	单体文物	文本		
33	简介	文本		
34	属性	文本		
35	X	双精度浮点型		

续表

序号	数据项名称	数据类型	描述	备注
36	Y	双精度浮点型		
37	Z	双精度浮点型		
38	经度	双精度浮点型		
39	纬度	双精度浮点型		
40	高程	双精度浮点型		
41	所有权	字符串		
42	使用单位	字符串		
43	录入人	字符串		
44	录入时间	字符串		
45	参考文献	字符串		
46	遗存类型	字符串		
47	备注	文本		

表 3.79 本体线表

序号	数据项名称	数据类型	描述	备注
1	文保单位名称	字符串		
2	保护级别	字符串		
3	名称	字符串		
4	代码	字符串		

表 3.80 保护范围表

序号	数据项名称	数据类型	描述	备注
1	文保单位名称	字符串		

续表

序号	数据项名称	数据类型	描述	备注
2	保护级别	字符串		
3	详细信息	文本		
4	保护等级	字符串		
5	管理规划	文本		

表 3.81 缓冲区建设高度控制

序号	数据项名称	数据类型	描述	备注
1	文保单位名称	字符串		
2	保护级别	字符串		
3	缓冲区类型	字符串		

表 3.82 文物可能埋藏区

序号	数据项名称	数据类型	描述	备注
1	文保单位名称	字符串		
2	保护级别	字符串		
3	详细信息	文本		
4	保护等级	字符串		
5	管理规划	文本		

表 3.83 缓冲区范围

序号	数据项名称	数据类型	描述	备注
1	文保单位名称	字符串		
2	保护级别	字符串		
3	描述	文本		

表 3.84　环境协调区

序号	数据项名称	数据类型	描述	备注
1	文保单位名称	字符串		
2	保护级别	字符串		
3	协调区名称	字符串		

表 3.85　规划范围

序号	数据项名称	数据类型	描述	备注
1	文保单位名称	字符串		
2	保护级别	字符串		

表 3.86　管辖范围

序号	数据项名称	数据类型	描述	备注
1	文保单位名称	字符串		
2	保护级别	字符串		
3	名称	字符串		
4	代码	字符串		

表 3.87　监控范围

序号	数据项名称	数据类型	描述	备注
1	文保单位名称	字符串		
2	保护级别	字符串		
3	监控点	字符串		
4	监控范围	文本		

表 3.88　遗产区边界

序号	数据项名称	数据类型	描述	备注
1	文保单位名称	字符串		
2	保护级别	字符串		
3	名称	字符串		
4	代码	字符串		

表 3.89　单体文物点

序号	数据项名称	数据类型	描述	备注
1	文保单位名称	字符串		
2	保护级别	字符串		
3	名称	字符串		

第四节　数据库实现

一、基础地理数据库

基础地理数据以空间数据为主体，以地球表面空间位置为参照，描述空间实体的位置、形状、大小及其分布特征诸多方面信息的数据，是对现实世界中的空间特征和过程的抽象表达。首先，空间数据着重表达空间信息和空间关系，能够开展基于空间位置的各类空间分析。空间数据能够辅助具体化、形象化考古对象的空间位置和彼此之间的空间关系，使得考古分析能够从全局的角度对遗址群、对遗址空间结构之间的空间关系进行分析①。其次，空间数据不仅能够表达空间位置信息，还能够表达属性信息，并使得属性信息与空间位置和空间形态紧密结合，能够以多边形、线条等图形形式描述墓葬、城门等重要遗迹的空间位置和分布信息，同时还可以存储各类遗迹的描述信息（如长度、

---

① 张剑葳，陈薇，胡明星. GIS 技术在大遗址保护规划中的应用探索——以扬州城遗址保护规划为例 [J]. 建筑学报，2010 (6)：23-27.

宽度、结构、建造时间等），并建立空间位置与属性信息的关联，使得属性信息成为具体地理空间位置上有实际意义的特征展示。城市空间基准信息的形式主要包括：数字线划矢量数据（DLG）、数字正射影像数据（DOM）、数字高程模型数据（DEM）、数字栅格数据（DRG）以及相应的属性数据。

数据库内容中的基础地理空间数据主要包括参考基准数据、空间坐标数据、基准面等基础信息，数据主要从测绘部门或商业数据公司获取的一些最基础的、为社会各行业和文物业务部门所共用的常规的公共地理信息框架，其中基准数据采用高斯—克吕格投影和西安地方80坐标系，为西安市1∶1万基础地理信息数据集，含有市县界、各级道路、水库、河流、居民点等图层数据。

基础地理数据库是对空间数据与属性数据存放的一个集合。建立数据库不仅仅是为了保存数据，更主要的是为了帮助人们管理和控制与这些数据相关联的事物。在地理空间数据管理中以多种方式录入的地理数据，用有效的数据组织形式进行数据库管理、更新、维护、快速查询检索，多种方式输出决策所需的地理空间信息。考古数据库本质上也可看成是GIS与关系型数据库的结合，从而形成信息集成的管理方式。这种管理方式融合了现有信息管理系统的通用性和地理信息管理的实用性，以地理信息为纽带连接整个城市相关信息，将整个城市考古信息内容整合于一个统一的可视化管理信息系统平台中。根据空间位置关系，对考古信息作检索、查询、统计、分析和应用。

基础地理空间实体数据包括境界与政区、交通、居民地、水系、地貌、管线、植被等。每一级地理实体数据可根据自身特点进行扩充，最终实现对基础数据库的数据完善及展示。

其具体数据处理流程如下：

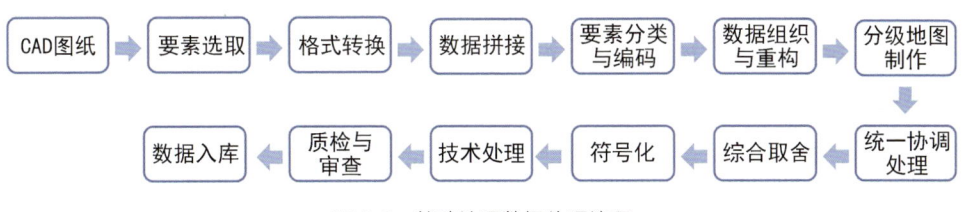

图 3.6 基础地理数据处理流程

（一）基础地形图数据

地形图指的是地表起伏形态和地理位置、形状在水平面上的投影图。具体来讲，将地面上的地物和地貌按水平投影的方法（沿铅垂线方向投影到水平面上），并按一定的比例尺缩绘到图纸上，这种图称为地形图。西安市基础地理数据中，以地形图数据为核心，建立基准。数据内容包括：

1. 2006年西安市域1∶10 000全要素地形图

数据源于西安市勘察测绘院，共包括182幅地形图，覆盖10 108平方公里。图层包括：1）政区数据：市界、行政区划县（面）、行政区划乡镇（面）、行政区划县（线）、行政区划乡镇（线）；2）水系数据：水系（面）、水系（线）、渭河中心线、水系注记；3）道路及其附属设施数据：铁路、地铁、高速公路、国道省道、一级道路（面）、二级道路（面）、街区（面）、交通（线）、一级道路中心线、二级道路中心线、三级道路中心线、交通附属设施（线）、交通附属设施（点）、交通名（点）、一级道路面注记、二级道路面注记、三级道路面注记、交通附属设施注记；4）居民地及其附属设施数据：一级居民地及设施（面）、二级居民地及设施（面）、独立房屋（面）、一级地名点、二级地名点、居民地及设施注记、植被（面）、植被与土质注记。

2. 西安市50年代地形图数据

数据源于西安市勘察测绘院，合计51幅，由1∶2 000大比例尺地形图通过制图缩编技术生成。该数据地物、地貌要素详尽，精度高，等高线间距2米，地形图要素共计12类，分为点要素、线要素、注记要素。线要素包括：地貌线、水系线、植被与土质线、交通线、交通附属设施线、居民地及设施线、管线及附属设施线。点要素包括：地貌点、定位基础点、水系点、植被与土质点、交通附属设施点、居民地及设施点、管线及附属设施点。注记要素包括：定位基础注记、境界与政区注记、水系注记、交通附属设施注记、居民地及设施注记、未定义注记。

此外，还包括重点区域1∶5 000比例尺地形图数据，包括空港新城、泾河新城、秦汉新城范围内，含居民地、等高线、植被、水系及地名地址数据等。

利用这些基础地形图数据，建立了基础地形数据库。

（二）地理实体数据

数据源于1∶10 000比例尺城市地形图数据，是用分层存储的按对象完整存储的矢量化数据，不是采用地形图分幅方式存储，地理要素以实体的方式存储，比如一条河流不会按照分幅截取很多段。虽然系统处理的主要对象是城市基础地理信息，但是城市基础测绘成果是以背景数据为依托的，因此如果缺少了背景数据，整个考古专题数据将缺乏统一的定位"底板"，系统将无法正常工作。这里的背景矢量数据是指包括基础测绘成果信息的所有数据。为了让操作者对系统数据有较清楚的认识,帮助其快速准确地查出所要的信息,根据地形要素分类体系把地理实体数据分为八类,即定位基础、水系、居民地及设施、政区与界线、交通、管线、地貌、植被等。

其中,每一类实体又划分为多个要素类,其中,定位基础包含的要素类有:测量控制点和数学基础,水系包含的要素类有:其他水系要素点、河流线、湖泊面和其他水系要素面,管线包含的要素类有:输电线点、输电线和通信线,交通包含的要素类有城际公路线、城市道路线、城市道路中心线和乡村道路线,境界包含的要素类有:国外地区、国家行政区域、省级行政区界线等,植被与土质包含的要素类:农林用地点和农林用地面,地貌包含的要素类有:高程点注记点、等高线、自然地貌线和斜坡线。

西安市辖区范围1∶10 000实体数据以西安市1∶10 000地形图为依据,经过抽取、实体化形成包括行政区划、交通、水系、居民地、兴趣点、地名等要素实体,坐标系与规划坐标保持一致,该数据构成了整个数据库的"背景底板"和"数据底座",便于后续遗址、遗迹空间定位和分析。

(三)数字栅格数据

栅格数据主要包括了不同分辨率的扫描栅格图、分析成果网格数据、DRG数据等。一般对于栅格数据要进行预处理后才能入库。与矢量数据结构相比,栅格数据结构的最大优势在于其运算速度快,尤其适用于处理大范围的连续表面。栅格结构适用于描述连续变化的地表特征,比如表达复杂地面景观特征的高程、坡度、坡向等。其次,栅格结构可以用来表达模糊边界,比如考古调查中可以按照网格采集遗物,计算出每个网格的遗物分布密度,并据此生成栅格结构的遗物分布密度图,以此来评估遗址的分布范围。再次,栅格数据结构尤其适用于数学计算和空间分析,比如基于同一栅格图层内部的邻域计算和基于不同栅格图层之间的地图运算。最后,栅格数据可以有效地与遥感影像数据进行整合,并借用遥感影像分析处理的方法进行综合研究。

西安城市考古数据库中的栅格数据主要有各类分析栅格数据、历史地图扫描栅格数据等,此外还包括基于DEM数据处理演化后的数据,包括坡度数据、坡向、地表曲率、山体阴影数据等。

(四)正射影像数据

正射影像数据为栅格数据类型,主要针对在遥感影像地图中,图面内容要

图 3.8 地理实体矢量数据底座

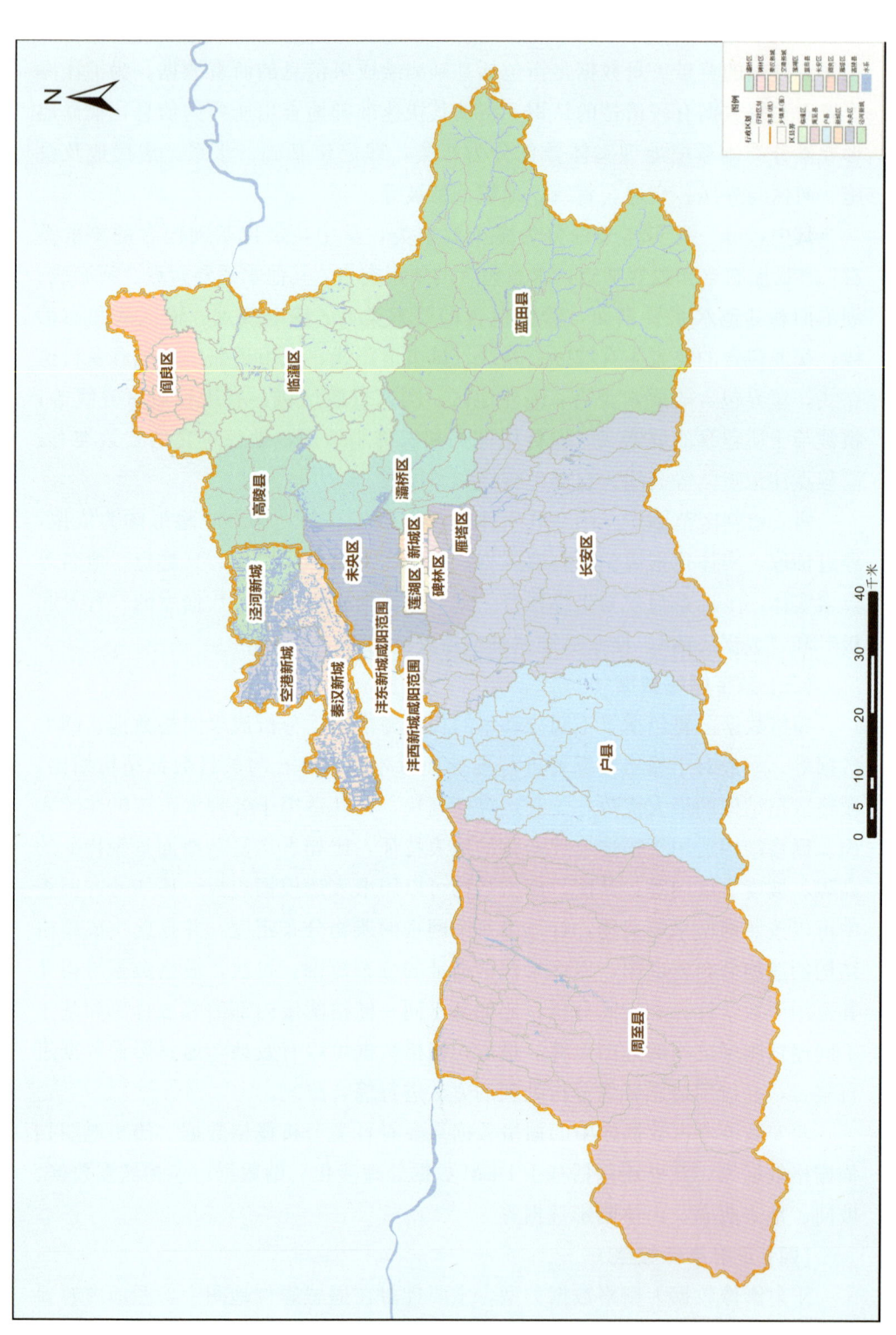

素主要由影像构成，辅助以一定地图符号来表现或说明制图对象，与普通地图相比，影像地图具有丰富的地面信息，内容层次分明，图面清晰易读，充分表现出影像与地图的双重优势。

遥感影像数据按其获取方式可以分为：航片（飞机拍摄）和卫片（卫星拍摄），按空间分辨率可划分为高分辨率影像图、中分辨率影像图、低分辨率影像图等多种方式，其数据产生主要通过对其遥感图像信息提取与数字化，地理基础地图选取与数字化；遥感影像几何纠正与图像处理以及遥感图像镶嵌与基础地图拼接、基础地图与遥感影像复合、影像地图图面配置等步骤完成数据生成。影像数据主要用于显示遗址、遗迹单位所处位置的地形地貌、周围环境，通过"地球照片"的形式对地表要素进行数字化表达。对田野考古现场无人机影像数据进行畸变校正、数字微分校正、影像镶嵌、调色、裁剪等操作进行预处理，使影像能够快速被加载，并能够与其他图层进行叠加显示。

影像数据库建设流程如下图所示：

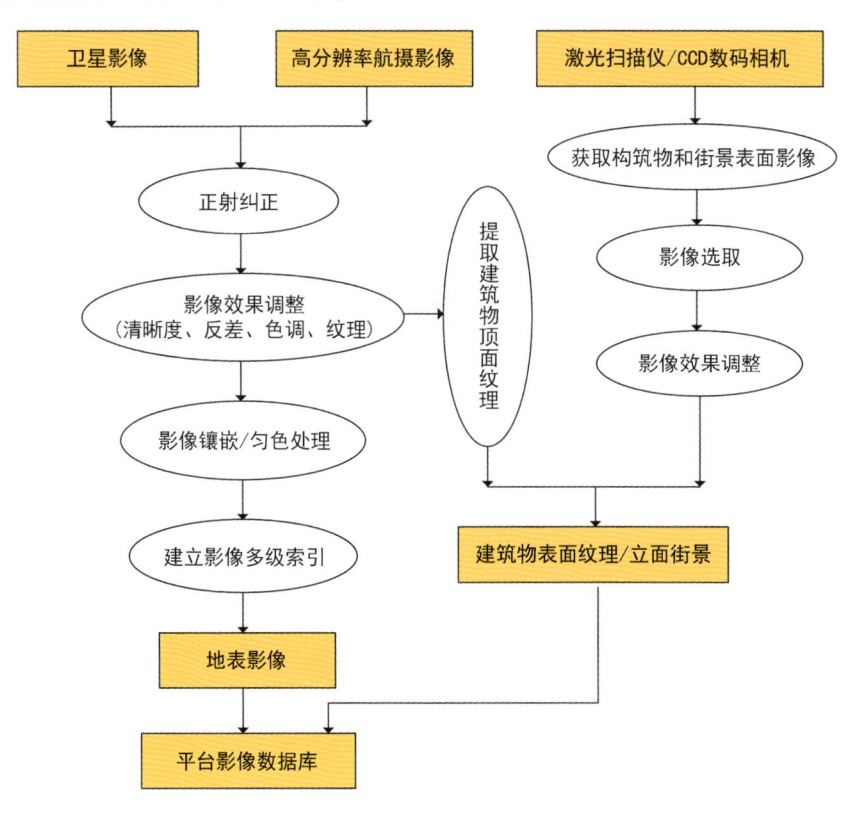

图 3.9　影像数据库建设流程

正射影像数据具体包括：西安全市域范围 1.5 米分辨率卫星影像数据，经过拼接、融合、色彩校正、裁剪处理形成一张卫图；完成覆盖隋唐长安城范围的 85 平方千米，分辨率 0.3 米，航空影像数据经过了拼接、融合、校正和裁剪处理。考古发掘工地的无人机正射影像数据建设，以考古项目为单元进行分幅存储管理。

此外，针对关中地区，为实现全覆盖影像图建设，也便于后续数据库延展空间范围，处理了一批历史卫星影像，包含：宝鸡市 1995 年分辨率 8 米影像、宝鸡市 2005 年分辨率 8 米影像、宝鸡市 2015 年分辨率 8 米影像、铜川市 1985 年分辨率 8 米影像、铜川市 1995 年分辨率 8 米影像、渭南市 1985 年分辨率 8 米影像、渭南市 1989 年分辨率 8 米影像、渭南市 1995 年分辨率 8 米影像、渭南市 2015 年分辨率 8 米影像、西安市 1989 年分辨率 8 米影像、西安市 2005 年分辨率 8 米影像、西安市 2015 年分辨率 8 米影像、咸阳市 1985 年分辨率 8 米影像、咸阳市 1995 年分辨率 8 米影像、咸阳市 2015 年分辨率 8 米影像、西安市域范围 60—70 年代分辨率 2 米卫星影像。

图 3.10　西安市卫星影像图

同时在遥感影像数据的处理上，除常规的多波段影像合成、几何校正、投影变换工作外，针对图像增强方面进行了重点处理，方法有以下几种：

图像增强处理：按照增强的信息内容可分为波谱特征增强、空间特征增强以及时间信息增强三大类。波谱特征增强主要突出灰度信息，空间特征增强主要对图像中的线、边缘、纹理结构特征进行增强处理，而时间信息增强主要是针对多时相图像而言的，其目的是提取多时相图像中波谱与空间特征随时间变化的信息。由于部分影像的象元灰度对比度偏低，影像较为模糊，噪声大，需要进行颜色均衡和去噪声处理等图像的增强处理。

锐化增强处理：通过对图像进行卷积滤波处理，使图像的亮度得到增强而不使其专题内容发生变化，从而达到增强的目的。

降噪处理：利用自适应滤波法去除图像中的噪声。此技术在沿着边缘平坦区域取出噪声的同时，可以很好的保持图像中一些小的细节。

针对20世纪60—70年代的锁眼卫星影像数据，利用AI人工智能方法进行影像增强处理，锁眼卫星影像数据的原始分辨率大约为2米，经过AI增强处理后，影像分辨率大约能够提高到0.8米，显示效果大大增强。

图3.11　锁眼卫星影像数据（原始2米分辨率）

图 3.12　锁眼卫星影像 AI 增强处理（增强后 0.8 米分辨率）

（五）数字高程模型数据

数字高程模型数据（DEM 数据）也是栅格数据类型的一种。DEM 数据的采集方法有以下几个方面：

1. 地面测量

该方法是从野外实测（如全站仪、GPS 等），直接获取 DEM 数据；

2. 对现有地图数字化

利用数字仪对已有地图上的信息（如等高线、地形线等）进行数字化的方法。

3. 摄影测量

利用附有自动记录装置的立体测图仪或立体坐标仪、解析测图仪及数字摄影测量系统，进行人工、半自动或全自动的量测来获取数据。

4. 遥感影像处理

遥感手段能够从宏观上观测地球表面的事物，所以通过遥感平台上的立体遥感卫星经过测图获得。

5. 航空摄影测量

利用无人机倾斜摄影技术手段获取研究区三维实景模型，并经过立体测图获取高程信息。

6. 机载激光雷达

利用无人机机载激光雷达技术获取地面高程点云数据，经过点云分类、滤波、校正等处理获取。

DEM 数据包括：陕西省 30 米 DEM、西安及西咸新区 12.5 米 DEM 数据（该数据通过数据禾网站获取）；西安及西咸新区 5 米 DEM、空港新城 5 米 DEM、隋唐长安城范围 5 米 DEM 数据（该数据通过政府采购方式分批次从西安市勘察测绘院采购）；西安市 1933 年 5 米分辨率 DEM 数据（该数据通过对 1933 年西京筹备委员会绘制地形图矢量数据经空间插值获得）。

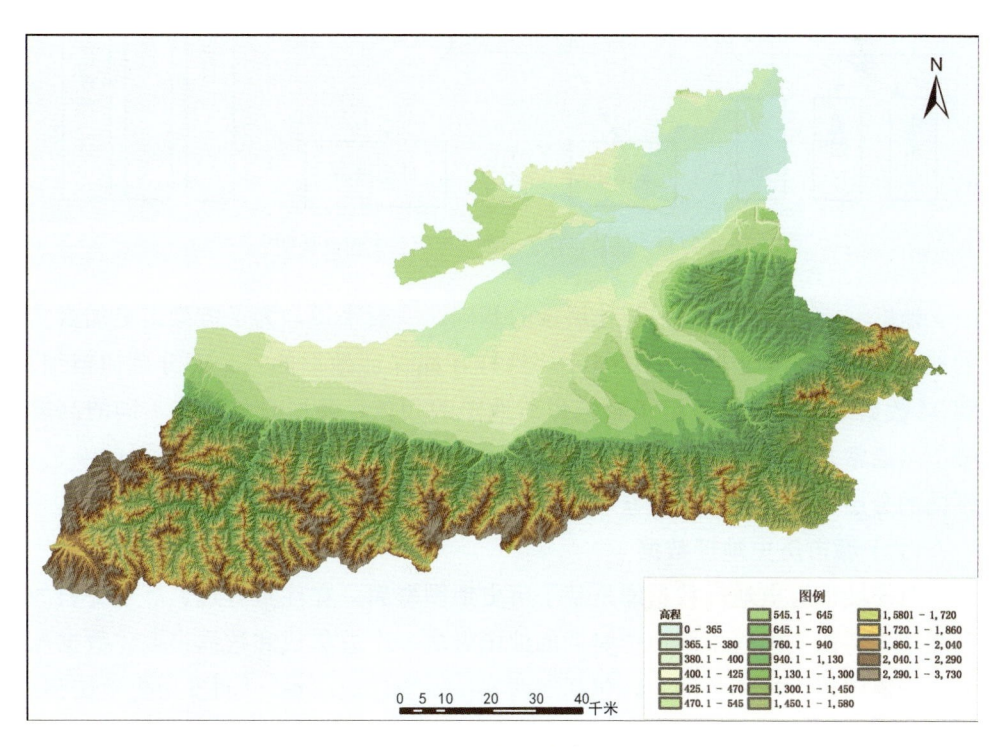

图 3.13　西安 DEM 渲染图

DEM 数据是进行影像正摄纠正、考古视域分析、水文分析必备数据源，也是制作地形渲染图的基础。

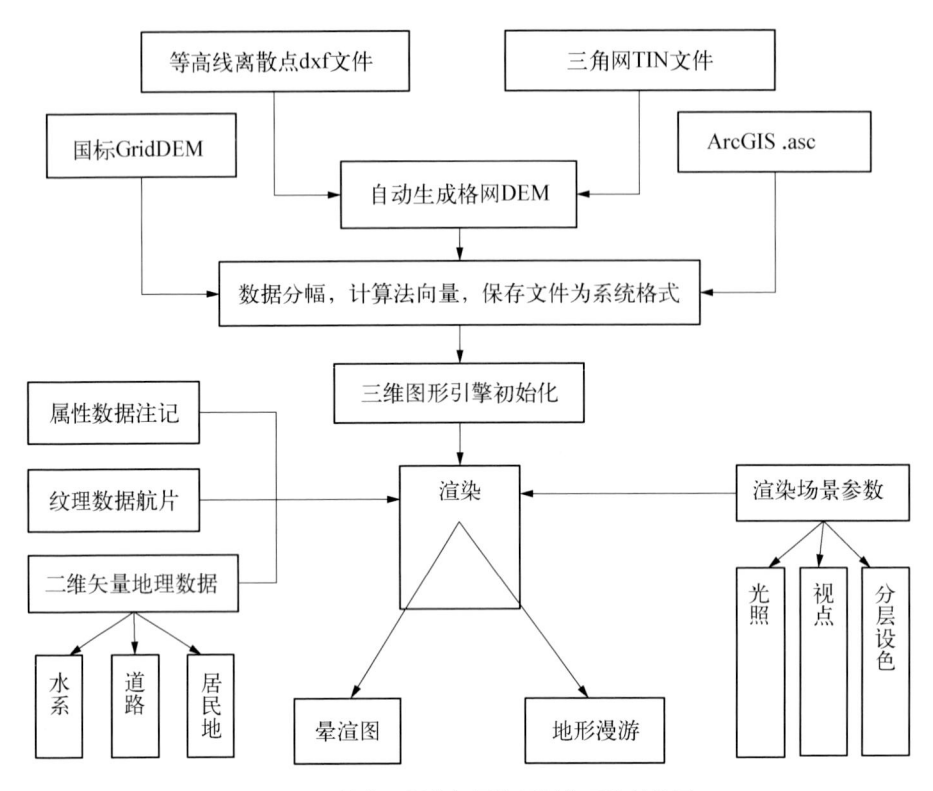

图 3.14 地貌可视化与晕渲图制作系统结构图

地形渲染是三维场景可视化展示的基础，一般来说，为了渲染出更加真实的地形，地形的单个网格要尽量小，这样才能保证地形的各个部分更加精细。DEM 数据中分层设色决定了彩色晕渲地图的颜色，分层设色是在不同的高度带上（通常是以两条等高线为带的边界）按一定的变化规律设以不同的颜色，不同的分层设色方案使读者获得不同的艺术感受和不同的信息量。

（六）城市历史地理数据

西安城市历史地理数据库是基于历史地图资料，在注重客观、尊重史料的前提下，将西安地区不同历史时期的地图做成一个总集成和数据提取。数据源于西安地图出版社相关图集，包括《西安城区变迁地图集》《西安历史地图集》《西安市地图集》《陕西省历史地图集》，主要对西安地区周秦汉唐都城变迁图、隋大兴城平面图、唐长安城平面图、1914 年西安城区图、1915 年西安城区图、1933 年西安城区图、1933 年西安城区地形图、1949 年西安城区图、1965 年西安城区图、1975 年西安城区图等地图进行扫描、裁剪、校色、配准和矢量化

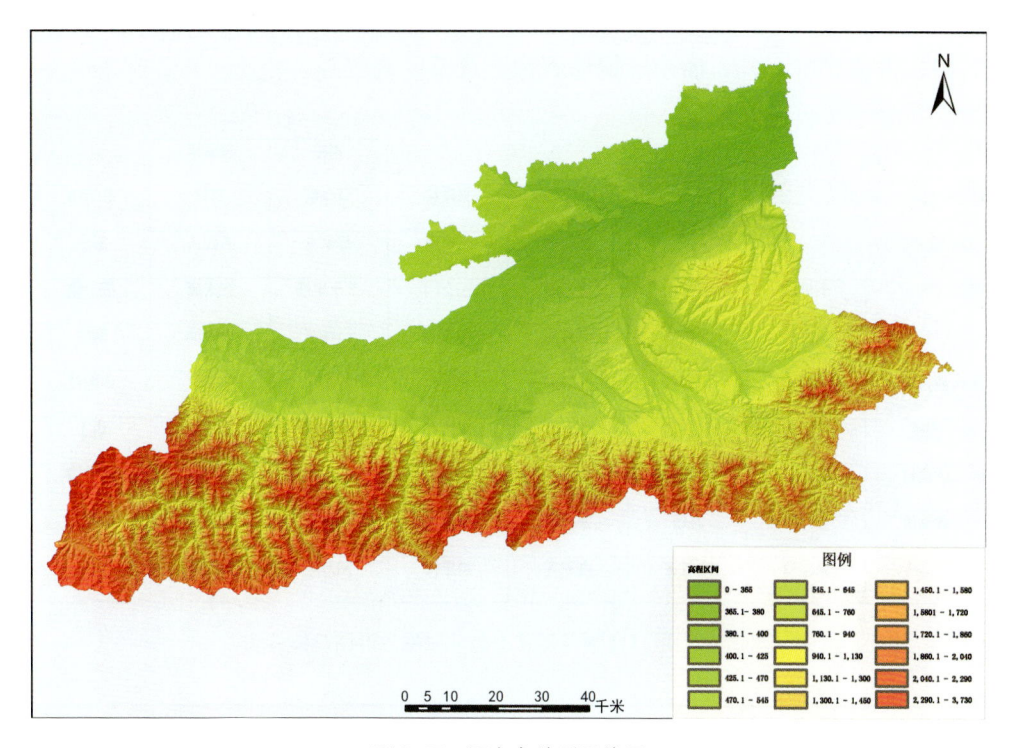

图 3.15 西安市地形晕渲图

处理。具体数据来源包括：

（1）《西安历史地图集》部分数字化所得的 17 幅地图数据：关中地区商时期遗址分布图、关中地区西周时期遗址分布图、春秋时期图（秦惠公元年、前 500 年）、战国时期图（秦始皇十六年、前 231 年）、秦时期图（秦二世三年、前 207 年）、西汉时期图（西汉平帝元始二年、2 年）、新莽时期图（新王莽天凤元年、14 年）、东汉时期图（东汉顺帝永和五年、140 年）、隋时期图（隋炀帝大业八年、612 年）、唐时期图（唐玄宗开元二十一年、733 年）、五代时期图（后梁太祖开平三年、909 年）、金时期图（金世宗大定二十九年、1189 年）、北宋时期图（宋徽宗政和元年、1111 年）、元时期图（元仁宗皇庆元年、1312 年）、明时期图（万历三十九年、1611 年）、清时期图（乾隆四十八年、1783 年）、西安主城区民国时期图（1933 年）。

（2）民国时期 1933 年历史地图数字化和数据库建设所得的 65 幅地图。数据经过地图裁剪、镶嵌、校正、矢量化获取，地图要素共计 28 类，包括：西安市区范围、湖泊、水体、细流、居民地、其他地物、等高线（三类）、土墙、城墙、道路、土垅、电线、古迹、教堂、祠堂、牌楼、土地庙、塔、钟鼓楼、石碑、古陵、窑、井、庙宇、铜像石像、坟墓、高程点。

1933年西京筹备委员会地形图目录

				梁村	贾家滩	
			兴隆村	草滩镇	骞村	新筑镇
			高庙街	三官庙	徐家湾	杏园头	雾庄
	七里铺	好汉庙	讲武殿	玉女门	北十里铺	光太庙	灞桥镇
	党家桥	三桥镇	未央宫	阁老门	马路寨	十里铺	灞桥
西高桥	小昆明池	阿房宫	北窑头	钟楼西	钟楼东	耗森寨	枣园村
灵桥	斗门镇	岳旗寨	鱼化寨	兴善寺	大雁塔	董家坡	店上
大原村	石匣口	河池寨	丈八沟	潘家庄	曲江池	三兆镇	高桥镇
梁家桥	义井寨	高庙	郭杜镇	韦曲镇	牛头寺	鲍陂镇	常家湾
平等寺	秦渡镇	东甘河	香积寺	贾里村	阳万坡	兆寨	大兆

图 3.16 1933 年西京筹备委员会时期地形图分幅目录

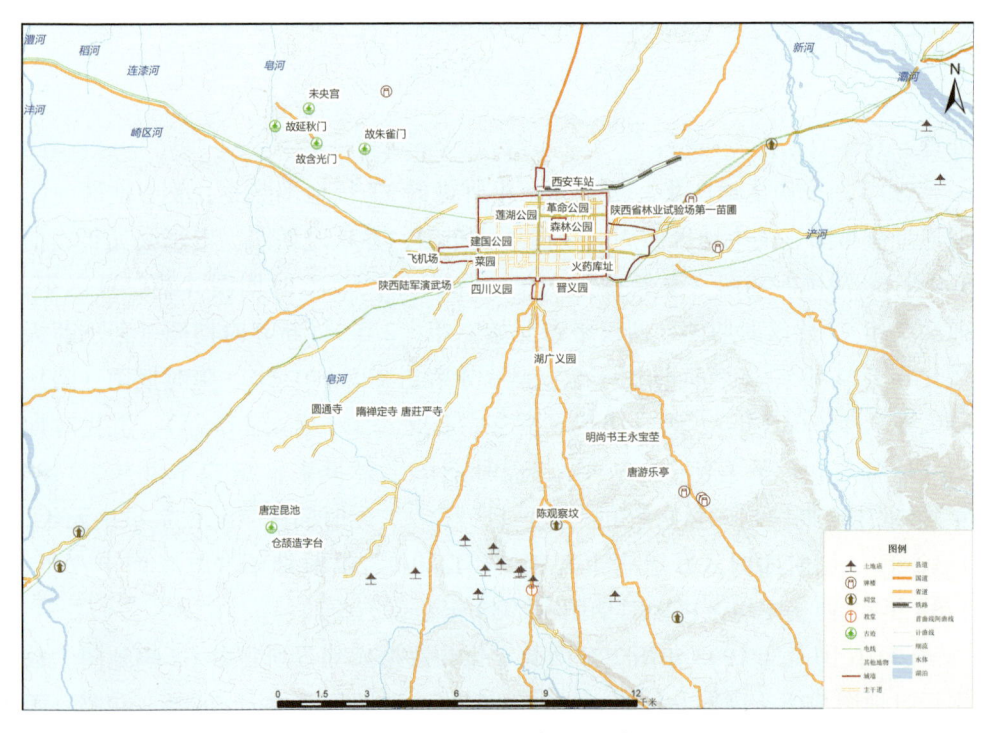

图 3.17 1933 年地图矢量化

（3）搜集、整理一批西安市中华民国时期历史地图及卫片，并实现地图的精确配准和矢量化操作所得数据，数据包括西安 1∶500 000 地形图 1 幅和西安 1∶50 000 中华民国时期地形图 20 幅。

其中，西安地区的中华民国时期地形图资料索引如下：

乾县 C-3070	礼泉县 C-3063	石桥镇 C-3058	三原县 C-3051	高陵县 C-3043	田市镇 C-3034	孝义镇 C-3025
武功县 C-3071	店张驿 C-3064	咸阳县 C-3059	草滩镇 C-3052	临潼县 C-3044	渭南镇 C-3035	华县 C-3026
周至县 C-3072	兴平县 C-3065	斗门镇 C-3060	西安 C-3053	曳湖镇 C-3045	厚子镇 C-3036	二郎山 C-3027
马召镇 C-3073	祖菴镇 C-3066	鄠县 C-3061	子午镇 C-3054	蓝田县 C-3046	蓝桥镇 C-3037	两岔河 C-3028
玉皇庙 C-3074	首阳山 C-3067	观音山 C-3062	南五台 C-3055	龙王庙 C-3047	葛牌镇 C-3038	黑龙口 C-3029

图 3.19　西安 1∶50 000 民国时期地形图索引

基于历史地图数据，构建历史地图数据库，实现地图空间数据管理，提供一套对空间数据及其属性数据存储、管理的技术保障。数据库的建立一方面帮助实现地理实体变化过程的呈现及意义，另一方面帮助研究者进行地理现象分析。它反映了西安在周、秦、汉、唐等历史时期都城的变化，在历史地图数据基础上，对考古发掘数据进行叠加，从时间和空间尺度方面进行分析，为后续研究工作提供数据基础。

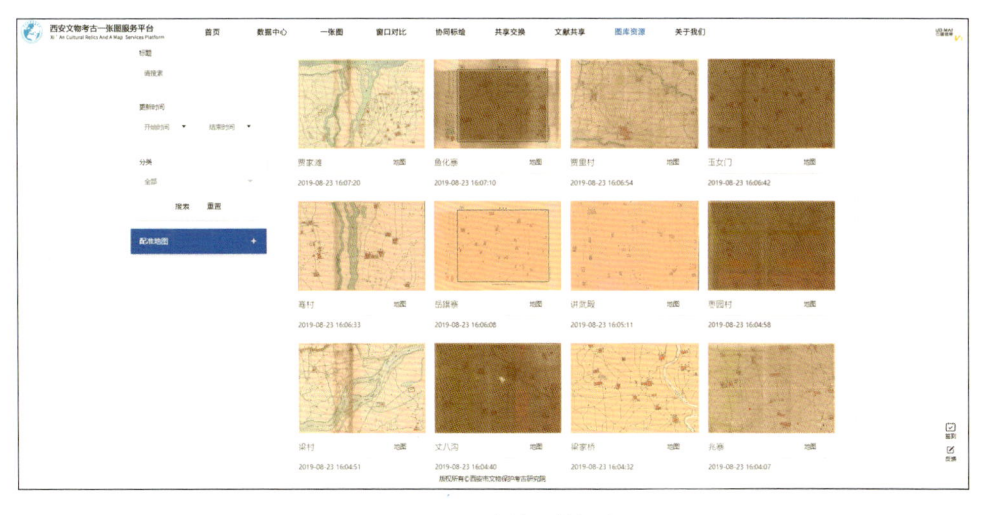

图 3.21　历史地图数据库

（七）西安专题地图数据

以西安地图出版社 20 世纪 90 年代出版的《西安地图集》为参考资料，对其中涉及西安的各类工程地质、水文地质、地貌类型、土壤类型进行矢量化，以便分析各类遗址在河流阶地、土壤类型、地貌单元中的空间分布，研究遗址和地理环境之间的关系。系统共收集 16 幅西安市地质地图，分别为：

表 3.90　16 幅西安市地质地图图名信息表

图　　名	比 例 尺
城区地面沉降与地裂缝分布	1∶65 000
地质	1∶550 000
地质构造	1∶550 000
水文地质	1∶550 000
工程地质	1∶550 000
地势	1∶550 000
地貌类型	1∶550 000
地面切割程度	1∶550 000
地面坡度	1∶550 000
水系	1∶550 000
径流深及产流分区	1∶550 000
土壤	1∶550 000
植被	1∶550 000
土地利用	1∶550 000
土地类型	1∶550 000
水土保持	1∶550 000

通过对地质图进行配准和矢量化，得到的专题数据与各类遗址数据可进行叠加分析，进而研究自然环境对遗址分布、变迁规律的影响。

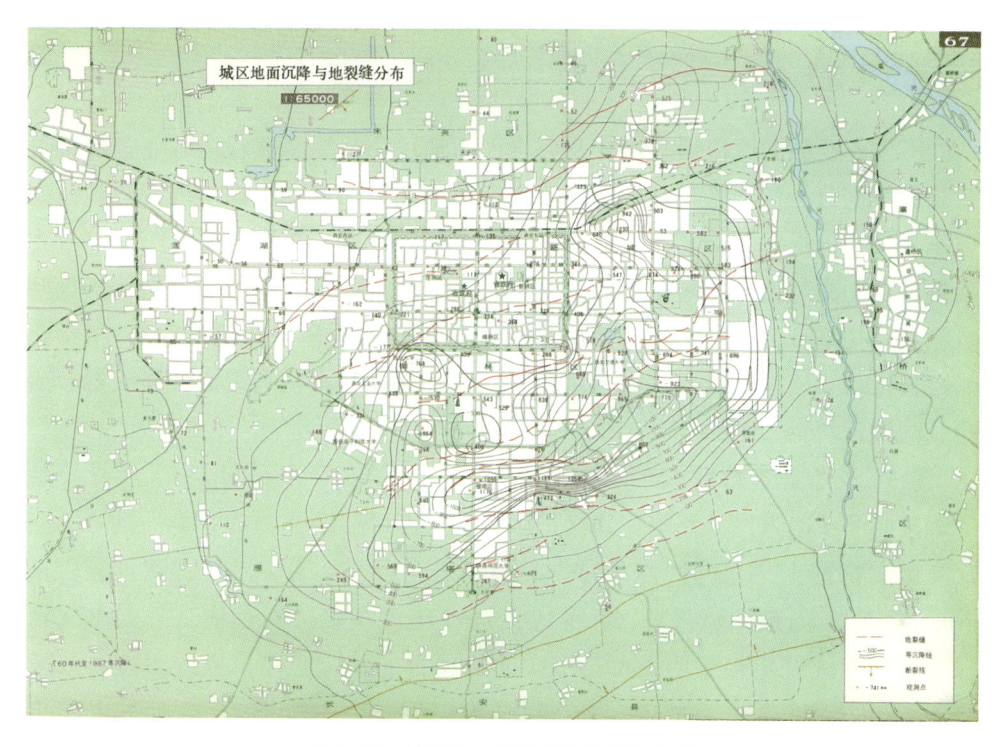

第三章 西安地区考古数据库建设 133

图 3.22 城区地面沉降与地裂缝分布图

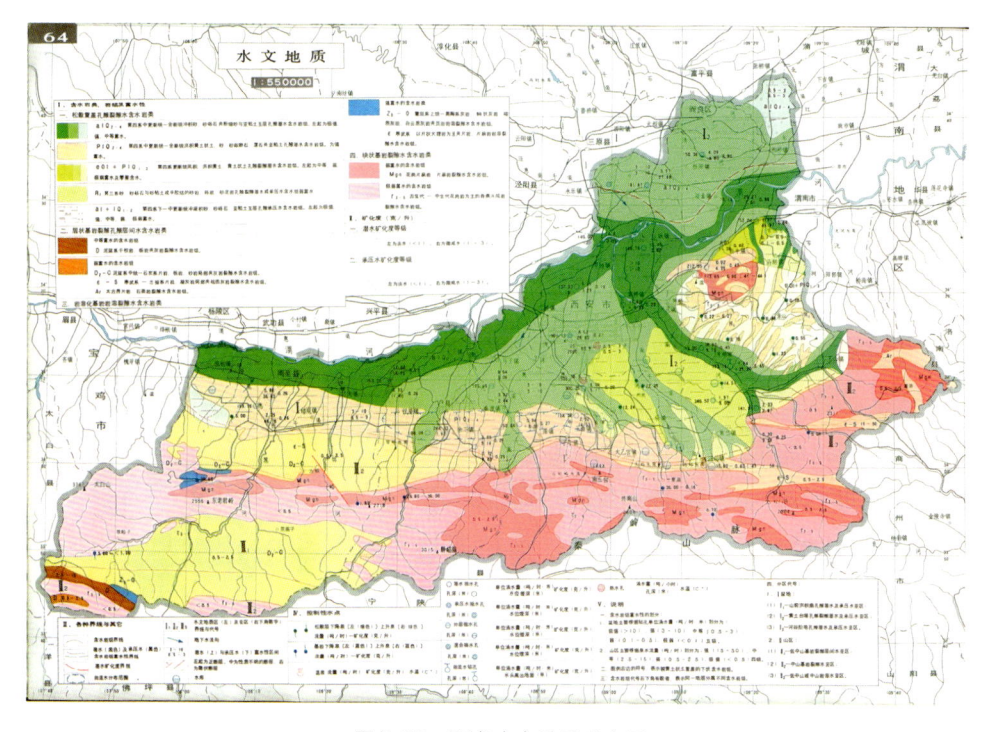

图 3.23 西安水文地质分布图

二、考古专题数据库

考古专题数据库以田野考古业务流程为轴线，沉淀全流程考古业务和记录数据。数据分为田野考古空间数据、属性数据和非结构化数据。内容包括西安市第三次全国文物普查数据（调查数据）、西安市考古勘探数据、西安市考古发掘数据、文物保护单位数据（保护规划）、考古非结构化资料数据等。这些数据从结构来分析，包括空间数据（矢量数据格式、栅格数据格式）、结构化属性数据（二维表格形式）和非结构化数据（文档、报告、多媒体、三维、测绘、图纸资料等）。

（一）文物普查数据

按照《中华人民共和国文物保护法》针对不可移动文物的分类原则，第三次全国文物普查共划分为六类，每类包括若干子类，分别为：古遗址、古墓葬、古建筑、石窟寺及石刻、近现代代表性建筑及史迹和其他。西安市文物保护考古研究院承担了西安市第三次文物普查的相关工作，通过整理，共录入 3 246 处不可移动文物点，其中古遗址 987 处、古墓葬 1 287 处、古建筑 612 处、石窟寺及石刻 54 处、近现代代表性建筑及史迹 274 处、其他 32 处；合计数据量约 20 GB，附带 5 741 张普查照片。根据类别设计相应图层，图层结构包括名称、所属区县、遗址类别、遗址年代、遗址代码、地址及位置、GPS 坐标、遗址类别、遗址概况、遗迹单位、出土器物、生物考古遗存、所有权、使用单位、备注以及关联三普照片等。通过将数据录入到系统中，可以全面掌握全市不可移动文物保护分布现状，为进一步开展文物保护工作打下基础。

具体数据录入方法为：

（1）将文物普查工作获得的各类资料按照西安市区县进行分类整理，包括古遗址、古墓葬、古建筑、石窟寺及石刻、近现代代表性建筑及史迹和其他类型。收集的原始普查文物点登记表以 word 文档形式存储，根据文物普查数据标准设计，对单体文档内容进行结构化信息提取，包括名称、类型、地址、GPS 坐标、遗址类别、遗址面积、出土遗物、文化内容、保护级别等。

（2）建立 EXCEL 表，根据数据库标准结构设计 EXCEL 列，通过编制程序，自动化读取普查文物点的文档内容，进行信息摘取，登录到 EXCEL 表中。

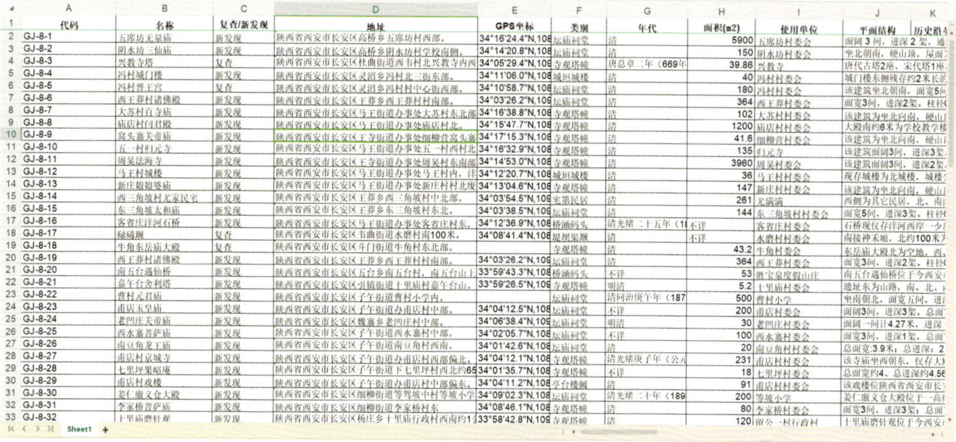

	A	B	C	D	E	F	G	H	I	J	K
1	代码	名称	复查/新发现	地址	GPS坐标	类别	年代	面积(m2)	使用单位	平面结构	历史沿革
2	GJ-8-1	五席坊无量庙	新发现	陕西省西安市长安区高桥乡五席坊村西部。	34°16'24.4"N,108	坛庙祠堂	清	5900	五席坊村委会	面阔3间，进深2架，通	
3	GJ-8-2	閉水坊三仙庙	新发现	陕西省西安市长安区高桥乡閉水坊村学校南侧。	34°14'20.8"N,108	坛庙祠堂	清	150	閉水坊村委会	坐北朝南，硬山顶，屋面	
4	GJ-8-3	兴教寺塔	复查	陕西省西安市长安区杜曲街道西韦村北兴教寺内西	34°05'29.4"N,109	寺观塔幢	唐总章二年（669年	39.86	兴教寺	唐代古塔2座、宋代塔1座	
5	GJ-8-4	冯村城门楼	新发现	陕西省西安市长安区灵沼乡冯村北三街东部。	34°11'06.0"N,108	城垣城楼	清	40	冯村村委会	城门楼东侧残存约2米长的	
6	GJ-8-5	冯村晋王宫	复查	陕西省西安市长安区灵沼乡冯村村中心街西部。	34°10'58.7"N,108	坛庙祠堂	清	180	冯村村委会	该建筑坐北朝南，面宽5间	
7	GJ-8-6	西王莽村诸佛殿	新发现	陕西省西安市长安区王莽乡西王莽村村南部。	34°03'26.2"N,109	坛庙祠堂	清	364	西王莽村委会	面宽3间，进深2架。柱径	
8	GJ-8-7	大苏村百寺庙	新发现	陕西省西安市长安区马王街道办事处大苏村东北部	34°16'38.8"N,108	寺观塔幢	清	102	大苏村村委会	该建筑为坐北向南，硬山	
9	GJ-8-8	庙店村闫君殿	新发现	陕西省西安市长安区马王街道办事处庙店村北。	34°15'47.7"N,108	寺观塔幢	清	1200	庙店村村委会	大殿南约6米为学校教学楼	
10	GJ-8-9	窝头寨关帝庙	新发现	陕西省西安市长安区王寺街道办事处细柳营窝头寨	34°17'15.3"N,108	寺观塔幢	清	41.6	细柳营村委会	该建筑为坐北向南，硬山	
11	GJ-8-10	五一村归元寺	新发现	陕西省西安市长安区马王街道办事处五一村西村北	34°16'32.9"N,108	寺观塔幢	清	135	归元寺	该建筑面阔3间，进深3架	
12	GJ-8-11	周吴法海寺	新发现	陕西省西安市长安区王寺街道办事处周吴村东南部	34°14'53.0"N,108	寺观塔幢	清	3960	周吴村委会	该建筑面阔3间，进深2架	
13	GJ-8-12	马王村城楼	新发现	陕西省西安市长安区马王街道办事处马王村内，沣	34°12'20.7"N,108	城垣城楼	清	36	马王村村委会	现存城楼为北城楼，城楼	
14	GJ-8-13	新庄娘娘婆庙	新发现	陕西省西安市长安区马王街道办事处新庄村村北废	34°13'04.6"N,108	寺观塔幢	清	147	新庄村村委会	该建筑为坐北向南，硬山	
15	GJ-8-14	西三角坡村尤家民宅	新发现	陕西省西安市长安区王莽乡西三角坡村中北部。	34°03'54.5"N,109	宅第民居	清	261	尤满满	西侧为其它民居，北、南	
16	GJ-8-15	东三角坡太和庙	新发现	陕西省西安市长安区王莽乡东三角坡村东北。	34°03'38.5"N,109	坛庙祠堂	清	144	东三角坡村村委会	面宽5间，进深3架，柱径	
17	GJ-8-16	客省庄沣河石桥	新发现	陕西省西安市长安区马王街道办事处客省庄村东。	34°12'36.9"N,108	桥涵码头	清光绪二十五年（18	不详	客省庄村委会	石桥现仅存沣河西岸一少	
18	GJ-8-17	碌碡堰	复查	陕西省西安市长安区韦曲街道水磨村南100米。	34°08'41.4"N,108	堤坝渠堰	清	不详	水磨村村委会	南接神禾塬，北约100米	
19	GJ-8-18	牛角东岳庙大殿	复查	陕西省西安市长安区斗门街道牛角村东北部。		寺观塔幢	清	43.2	牛角村委会	东岳庙大殿北为空地，西	
20	GJ-8-19	西王莽村诸佛殿	新发现	陕西省西安市长安区王莽乡西王莽村村南部。	34°03'26.2"N,109	坛庙祠堂	清	364	西王莽村委会	面宽3间，进深2架。柱径	
21	GJ-8-20	南五台遇仙桥	新发现	陕西省西安市长安区五台乡南五台村，南五台山上	33°59'43.3"N,108	桥涵码头	不详	53	胜宝泉度假山庄	南五台遇仙桥位于今西安	
22	GJ-8-21	嘉午台舍利塔	新发现	陕西省西安市长安区引镇街道十里庙村嘉午台山。	33°59'26.5"N,109	寺观塔幢	明清	5.2	十里庙村委会	遗址东为山路，南、北、	
23	GJ-8-22	曹村元君庙	新发现	陕西省西安市长安区子午街道曹村小学内。		坛庙祠堂	清同治庚午年（187	500	曹村小学	坐南朝北，面宽五间，进	
24	GJ-8-23	甫店玉皇庙	新发现	陕西省西安市长安区子午街道办甫店村中部。	34°04'12.5"N,108	坛庙祠堂	不详	200	甫店村委会	面阔3间，进深3架。总面	
25	GJ-8-24	老四庄关帝庙	新发现	陕西省西安市长安区魏寨乡老四庄村中部。	34°06'38.4"N,109	坛庙祠堂	明清	30	老四庄村委会	面阔一间计4.27米，进深	
26	GJ-8-25	西水寨菩萨庙	新发现	陕西省西安市长安区子午街道西水寨村中部。	34°02'05.7"N,108	坛庙祠堂	不详	100	西水寨村委会	面宽3间，进深1架，总面	
27	GJ-8-26	南豆角龙王庙	新发现	陕西省西安市长安区子午街道南豆角村西南。	34°01'42.6"N,108	坛庙祠堂	清	20	南豆角村村委会	总面宽:3.9米；总进深：2	
28	GJ-8-27	甫店村京城寺	新发现	陕西省西安市长安区子午街道办甫店村西部偏北。	34°04'12.1"N,108	寺观塔幢	清光绪庚子年（公元	231	甫店村村委会	该寺庙坐西朝东，仅存大	
29	GJ-8-28	七里坪果峪庵	新发现	陕西省西安市长安区子午街道下七里坪村西北约65	34°01'35.7"N,108	寺观塔幢	不详	18	七里坪村委会	总面宽约4、总进深约4.56	
30	GJ-8-29	甫店村戏楼	新发现	陕西省西安市长安区子午街道办甫店村中部偏东。	34°04'11.2"N,108	亭台楼阙	清	91	甫店村村委会	该戏楼位陕西省西安市长	
31	GJ-8-30	姜仁廒文仓大殿	新发现	陕西省西安市长安区细柳街道等驾坡中村等坡小学	34°09'02.3"N,108	坛庙祠堂	清光绪二十年（189	200	等坡小学	姜仁廒文仓大殿位于一高	
32	GJ-8-31	李家桥菩萨庙	新发现	陕西省西安市长安区细柳街道李家桥村东	34°08'46.1"N,108	寺观塔幢	清	80	李家桥村委会	面宽3间、进深3架；总面	
33	GJ-8-32	十里庙磨针观	新发现	陕西省西安市长安区杨庄乡十里庙行政村西南约1	33°58'42.8"N,109	寺观塔幢	清	120	留公一村行政村	十里庙磨针观位于今西安	

图 3.24　长安区古建筑信息登录

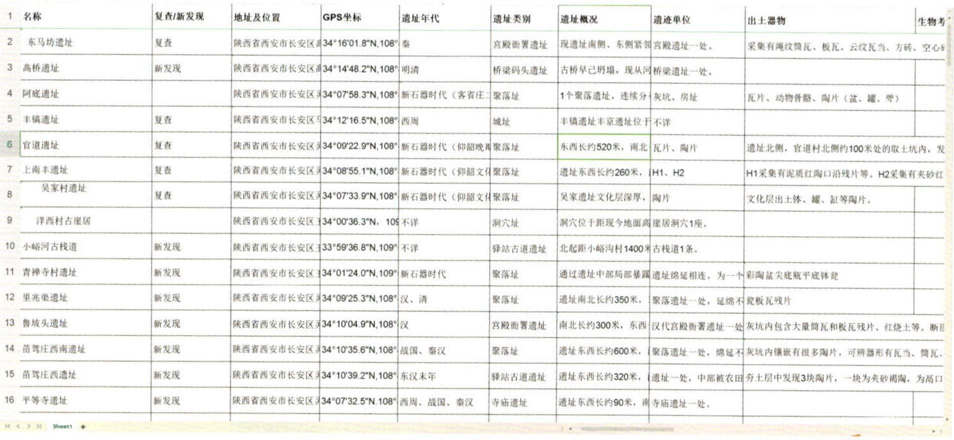

	名称	复查/新发现	地址及位置	GPS坐标	遗址年代	遗址类别	遗址概况	遗迹单位	出土器物	生物考
2	东马坊遗址	复查	陕西省西安市长安区高	34°16'01.8"N,108°	秦	宫殿衙署遗址	现遗址南侧、东侧紧邻	宫殿遗址一处。	采集有绳纹筒瓦、板瓦、云纹瓦当、方砖、空心砖	
3	高桥遗址	新发现	陕西省西安市长安区高	34°14'48.2"N,108°	明清	桥梁码头遗址	古桥早已坍塌，现从河	桥梁遗址一处。		
4	阿底遗址		陕西省西安市长安区灵	34°07'58.3"N,108°	新石器时代（客省庄二	聚落址	1个聚落遗址，连续分	灰坑、房址	瓦片、动物骨骼、陶片（盆、罐、斝）	
5	丰镐遗址	复查	陕西省西安市长安区马	34°12'16.5"N,108°	西周	城址	丰镐遗址丰京遗址位于	不详		
6	官道遗址	复查	陕西省西安市长安区灵	34°09'22.9"N,108°	新石器时代（仰韶晚期	聚落址	东西长约520米，南北	瓦片、陶片	遗址北侧，官道村北侧约100米处的取土坑内，发	
7	上南丰遗址	复查	陕西省西安市长安区灵	34°08'55.1"N,108°	新石器时代（仰韶文化	聚落址	遗址东西长约260米，	H1、H2	H1采集有泥质红陶口沿残片等。H2采集有夹砂红	
8	吴家村遗址	复查	陕西省西安市长安区灵	34°07'33.9"N,108°	新石器时代（仰韶文化	聚落址	吴家遗址文化层深厚，	陶片	文化层出土钵、罐、缸等陶片。	
9	洋西村古崖居		陕西省西安市长安区王	34°00'36.3"N，109	不详	洞穴址	洞穴位于距现今地面高	崖居洞穴1座。		
10	小峪河古栈道	新发现	陕西省西安市长安区王	33°59'36.8"N,109°	不详	驿站古道遗址	北起距小峪沟村1400米	古栈道1条。		
11	青禅寺村遗址	新发现	陕西省西安市长安区王	34°01'24.0"N,109°	新石器时代	聚落址	通过遗址中部局部暴露	遗址绵延相连，为一个	彩陶盆尖底瓶平底钵瓮	
12	里兆渠遗址	新发现	陕西省西安市长安区灵	34°09'25.3"N,108°	汉、清	聚落址	遗址南北长约350米，	聚落遗址一处，延绵不	瓮板瓦残片	
13	鲁坡头遗址	新发现	陕西省西安市长安区灵	34°10'04.9"N,108°	汉	宫殿衙署遗址	南北长约300米，东西	汉代宫殿衙署遗址一处	灰坑内包含大量筒瓦和板瓦残片、红烧土等。断崖	
14	苗驾庄西南遗址	新发现	陕西省西安市长安区灵	34°10'35.6"N,108°	战国、秦汉	聚落址	遗址东西长约600米，	聚落遗址一处，绵延不	灰坑内镶嵌有很多陶片，可辨器形有瓦当、筒瓦、	
15	苗驾庄西遗址	新发现	陕西省西安市长安区灵	34°10'39.2"N,108°	东汉末年	驿站古道遗址	遗址东西长约320米，	遗址一处，中部被农田	夯土层中发现3块陶片，一块为夹砂褐陶，为敞口	
16	平等寺遗址	新发现	陕西省西安市长安区灵	34°07'32.5"N,108°	西周、战国、秦汉	寺庙遗址	遗址东西长约90米，南	寺庙遗址一处。		

图 3.25　长安区古遗址信息登录

（3）登录完古遗址、古墓葬、古建筑等基本属性后，再根据单体的编号对古遗址、古建筑等各类涉及的照片进行统一编号。

（4）在一个区县数据录入完成之后，将会实施全方位的质量审查，涵盖了属性字段值缺失的查验、一致性及完整性的评估等诸多方面。将 EXCEL 数据转 JSON 格式，随后通过系统质量检查工具进行质检。若不存在问题，可直接导入数据库。因部分 EXCEL 单元格内容较长，若直接导入数据库，可能导致数据内容截断，故而需先将 EXCEL 转换为 JSON 数据，且预制好数据库字段长度，再由 JSON 数据导入数据库，避免字段内容截断缺失。

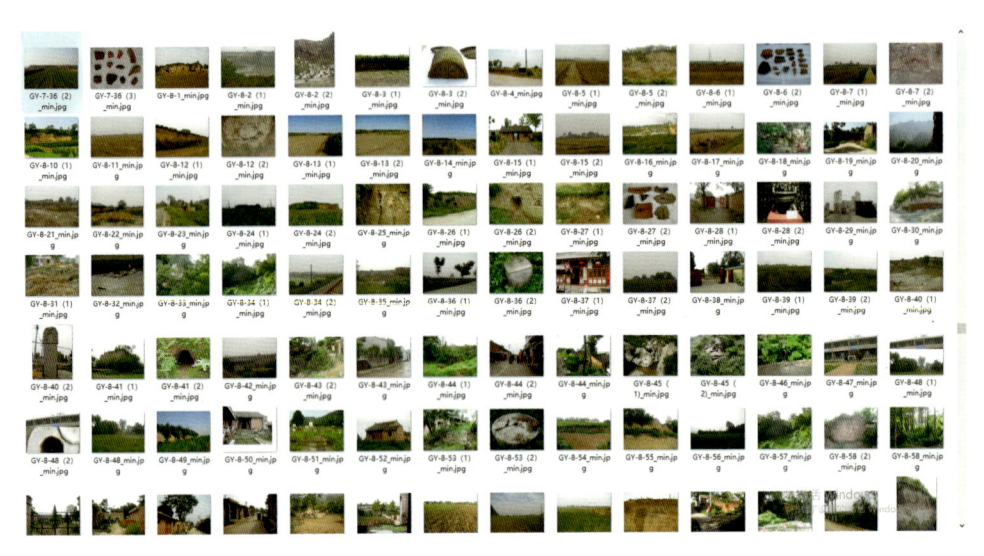

图 3.26　长安区古遗址照片自动化编号

图 3.27　编号为 YZ-8-1 的长安区东马坊遗址

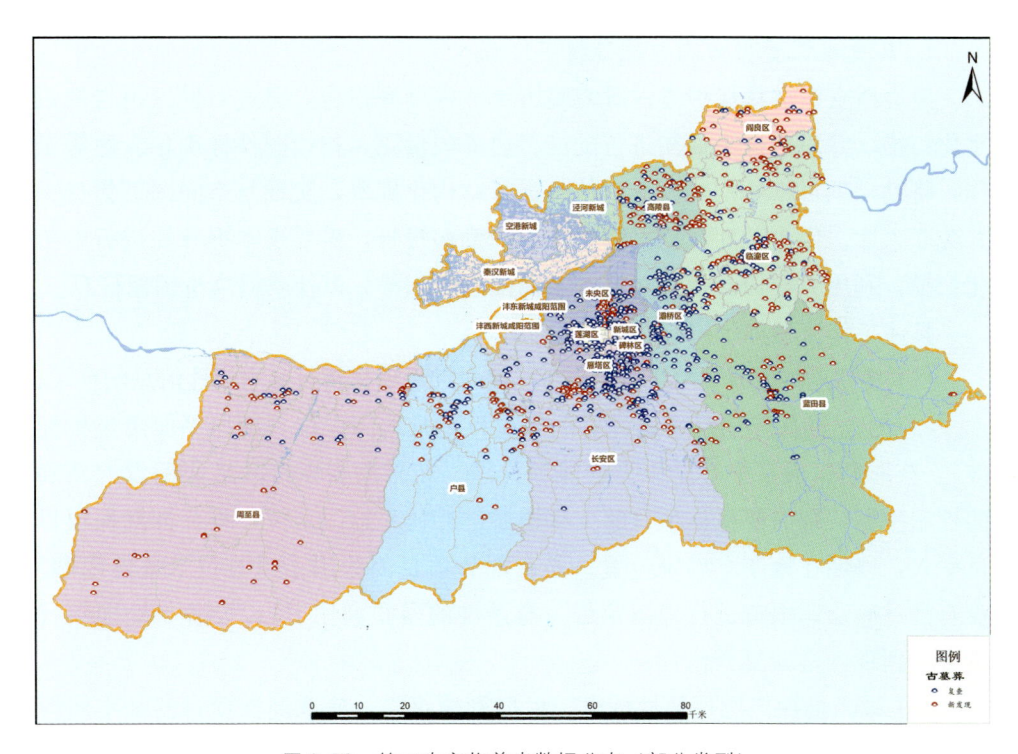

图 3.28　第三次文物普查数据分布（部分类型）

（二）考古勘探数据

该数据主要源于西安市文物保护考古研究院近 70 年历史勘探项目的回溯和当前勘探项目的实测工作。以西安市文物保护考古研究院编著的《考古勘探编年》为依据，搜集各个勘探项目资料，并逐步完成勘探资料扫描工作，通过田野考古勘探数据采集系统进行勘探平面图快速配准和矢量化采集。从 2016 年开始，勘探项目数据已经全部基于 GPS/RTK 测绘，所以能够获得精确的项目和遗迹单位坐标信息，通过坐标转换，可以将勘探项目边界和遗迹单位直接录入系统。

截至 2021 年，入库勘探项目共计 2 488 项，完成项目定位和项目边界坐标采集，能够在城市规划地图上呈现全部勘探项目分布情况。共计整理录入勘探报告 2 188 份。矢量化数据包括：勘探边界 1 152 处、探孔 53 538 处、探沟 195 条、墓葬 8 050 座、井 1 551 口、沟 142 条、车辙 53 条、窑址 140 处、桥梁 56 处、灰坑 2 855 处、道路 180 条、基址 394 处、参考线 1 223 条、注记 677 处，对历史勘探项目校正勘探平面图 1 152 幅。

1. 历史勘探资料回溯并进行数字化录入

搜集西安市文物保护考古研究院历年考古勘探报告，通过对勘探报告的数字化扫描，并对勘探平面图进行配准、边界矢量化、扫描图件标准化入库等工作，将勘探项目纸质描述性文本信息进行结构化提取，实现与空间图形信息一并关联入库。历史勘探数据大都为成册的勘探报告，需要逐本拆开并进行电子化扫描，利用大幅面扫描仪对勘探平面图进行扫描，以便获得高清图像信息。

具体工作流程如下：

（1）建立勘探登录 EXCEL 表格，以便对勘探项目进行基本属性信息的登录。

（2）建立勘探点图层，通过对勘探项目进行地图定位（勘探平面图坐标配准），获取勘探项目中心点作为勘探项目点。如果勘探项目的平面图没有精确的控制坐标，则需要根据项目的文字描述进行初步地图定位，再征询勘探项目负责人，以便在地图上确定位置；还有部分项目因为限于当时技术条件限制，没有经过测绘，很难进行地图定位，有条件的需要利用 RTK 设备与勘探项目负责人到现场重新复核位置；

（3）录入勘探点图层属性信息，根据勘探报告，摘取勘探项目的基本属性信息，存储为勘探点图层的基本属性信息；

（4）对勘探平面图进行扫描，并根据导入的属性表把勘探平面图重命名成勘探项目的代码；每个勘探项目都有一个对应的勘探点，项目代码录入在勘探点的属性表中，需要根据勘探报告的项目名称去检索勘探点的属性表中的项目名称，从而找到该勘探平面图对应的项目代码。

（5）勘探项目平面图分为有坐标的和没有坐标的。有坐标的勘探平面图利用田野考古勘探数据采集系统进行地理配准，并保存配准控制点，导出配准后平面图；没有坐标的勘探平面图需要根据该勘探项目的地理位置描述在地理底图上找到大概位置，或者征询勘探项目负责人以便对位置进行核验，并利用田野考古勘探数据采集系统的快速配准工具进行地理配准，并保存配准控制点，导出配准平面图；

（6）利用田野考古勘探数据采集系统打开配准后的勘探平面图，导出为 tiff 格式；根据配准后的勘探平面图矢量化勘探边界到"勘探边界"图层，并填写项目代码、项目名称属性；

（7）矢量化勘探边界后，需要检验对应的勘探点是否在勘探边界内，如果勘探点不在勘探边界内，需要把勘探点移动到勘探项目边界内；

（8）根据建立的勘探遗迹单位图层，将勘探平面图里面的各类遗迹单位分

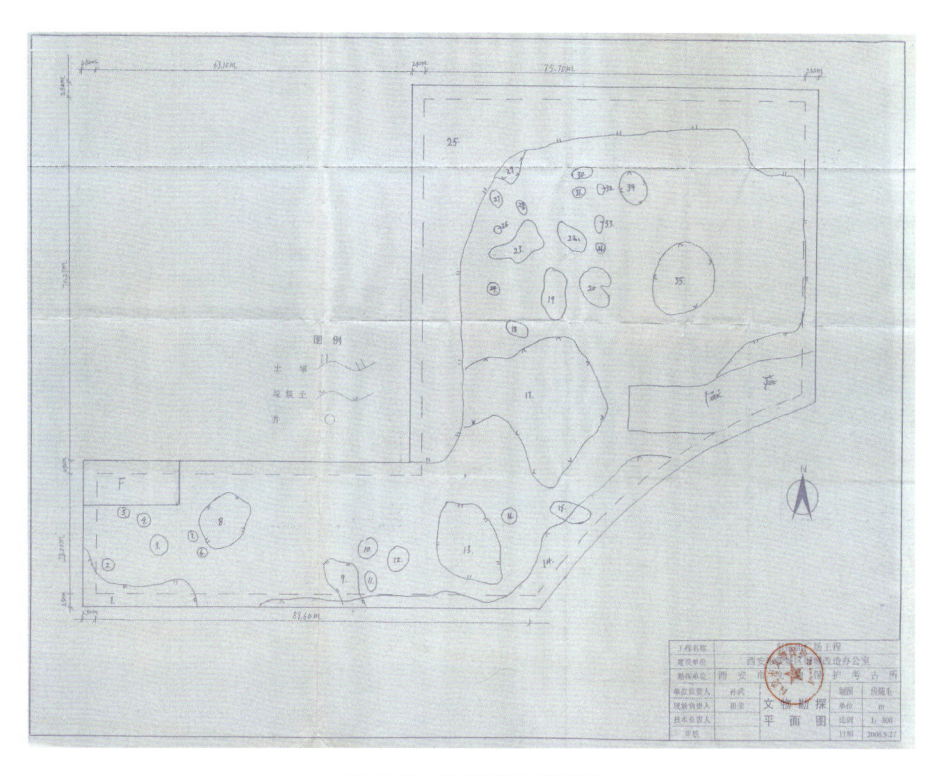

图 3.29 勘探项目平面图

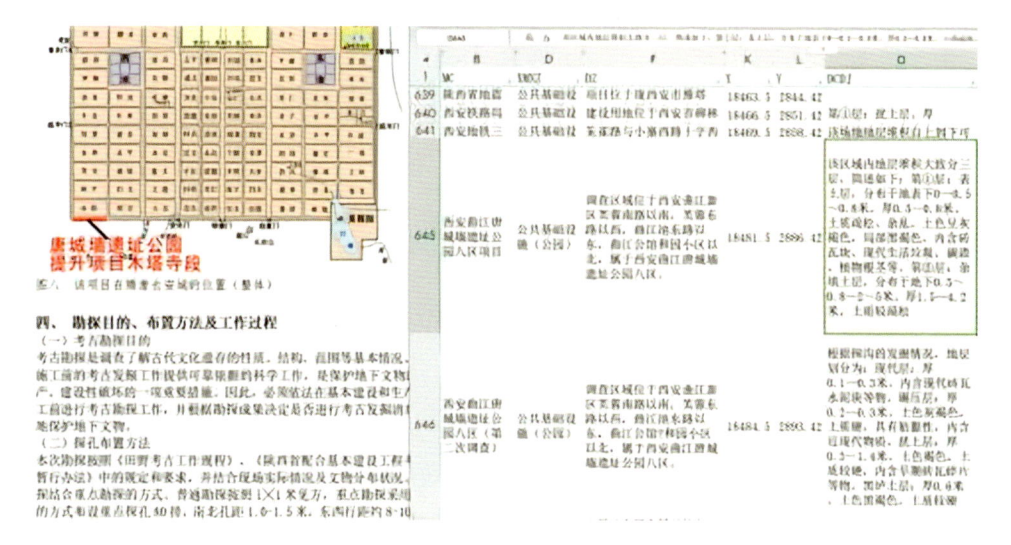

图 3.30 对勘探报告内容按照结构化进行项目信息提取

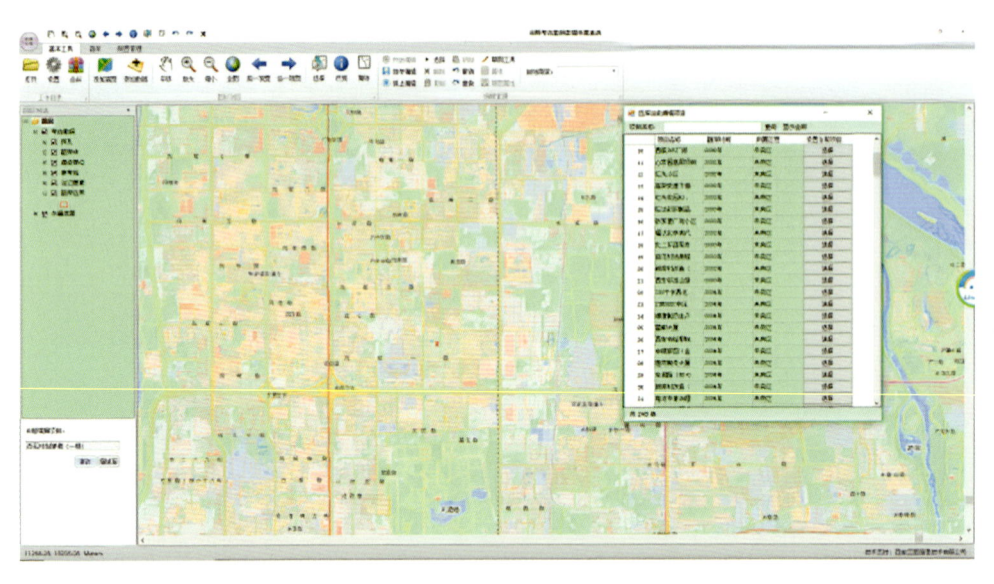

图 3.31 利用田野考古勘探采集系统对勘探项目进行录入

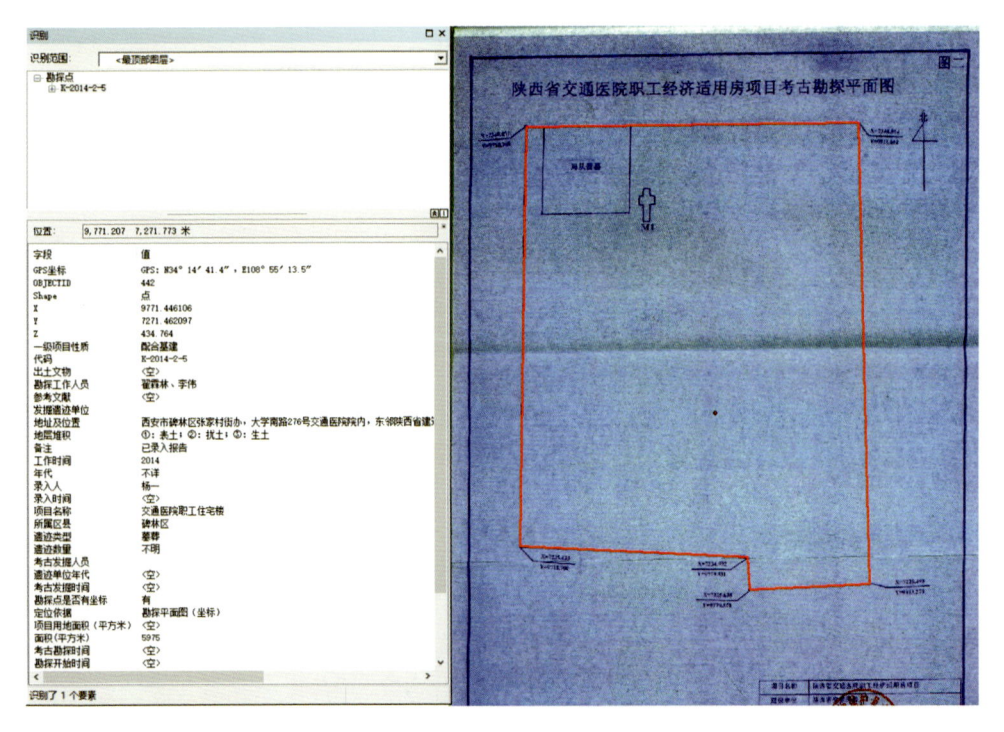

图 3.32 对勘探平面图进行配准和遗迹单位矢量化

别矢量化到对应的图层；

2. 实时勘探项目同步采集录入

当前考古勘探项目已经全部配备 RTK 设备，数据采集依托考古勘探业务流程，进行数据采集。数据采集主要包括：勘探项目信息及其边界、勘探遗迹单位、勘探探孔信息，数据采用 RTK 现场测绘，并且可以基于勘探数据进行地层三维建模，生成勘探平面图和地层剖面图。

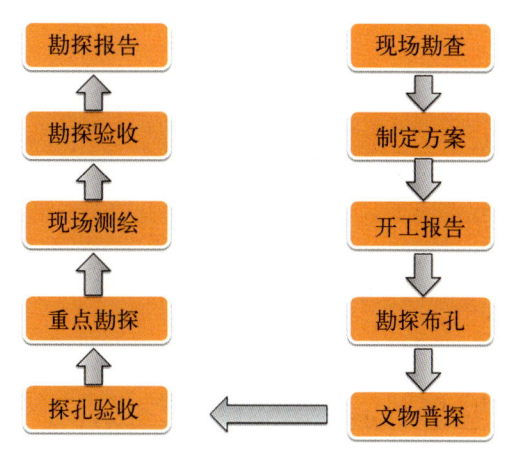

图 3.33　勘探工作作业流程

勘探项目经过 RTK 测量后，对用户提交成果测量数据进行转换、处理和入库。勘探项目经过精确测绘后，能够将获得的 RTK 测量结果——生成 CAD 图，可以直接进行数据转换、处理和入库。

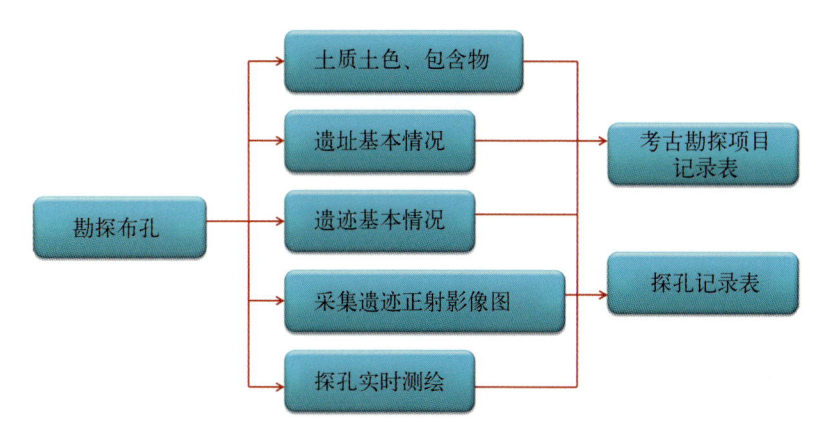

图 3.34　勘探布孔作业流程

具体步骤包括：

（1）勘探测绘前期准备

在开始测量前，应先在项目工程区域进行前期勘察、资料收集工作。实际确定工地范围、面积、已知控制点、遗迹单位数量等信息，要做到心中有数，也为之后的实际测量做好准备工作。

（2）现场勘探测绘工作

包括现场控制点布设，现场利用 RTK 测量工具对考古勘探现场进行测绘，

图 3.35 考古勘探工地

图 3.36 考古勘探现场 RTK 测绘

主要测绘内容包括勘探项目边界、勘探遗迹单位、勘探探孔分布；

（3）将现场测绘的点数据结合现场草图在室内利用 CAD 软件进行绘图，绘制项目边界、遗迹单位以及坐标标注等信息；

（4）将 RTK 测绘成果由 CAD 转为 GIS 格式，需要确保图层、属性字段、样式的不丢失，确保数据坐标准确，控制有效数据精度、样式和内容；

（5）将勘探测绘成果直接按照模板导入数据库中，并利用项目边界提取项目中心点，获得勘探项目点的空间坐标信息；

（6）结合勘探报告总结情况，提取勘探项目基本属性信息，完成勘探点属性数据采集。

勘探项目数据包括：勘探项目点、勘探项目边界、勘探遗迹单位和探孔信息。勘探遗迹分为灰坑、墓葬、夯土、墓、井、沟、门址、窑址、漕渠、桥梁（点、线）、灰坑、路（点、线、面）、墙（点、线、面）、夯土（点、线、面）等。

路沟 路土　　　　　　　　　　　　　夯土

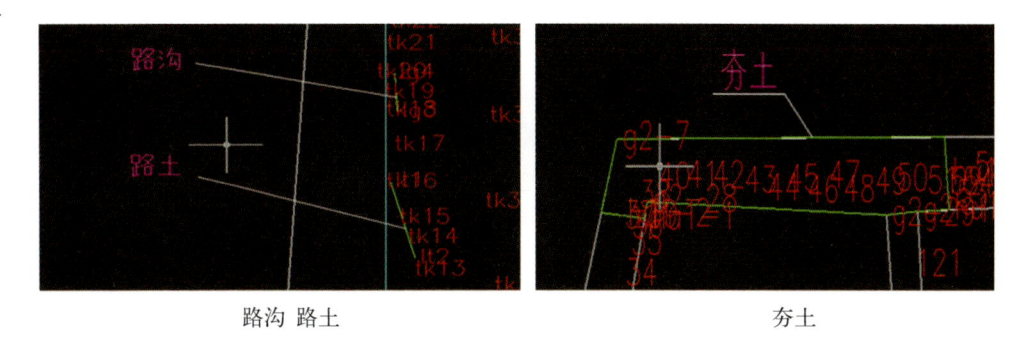

图 3.37　内业勘探项目 CAD 绘图

图 3.38　考古勘探数据导入数据库

（三）考古发掘数据

考古发掘数据来源包括两个方面，一是西安地区已经发表的各类考古报告、简报等资料，发掘单位涉及中国社会科学院考古研究所、陕西省考古研究院和西安市文物保护考古研究院等单位，这是公开资料。二是以西安市文物保护考古研究院发掘项目为主，进行历史资料回溯和现场实地采集，获得一手考古发掘资料数据，构建考古数据库。主要包括古墓葬数据（大部分为配合基建考古）、古遗址数据两大部分。

考古发掘数据库中共录入古墓葬 5 375 座，其中，已发表简报 3 462 座，未发表资料的 1 913 座。矢量化墓葬边界 3 636 座，1 739 座墓葬因墓葬平剖面图缺失无法进行矢量化。已确定位置信息墓葬 5 366 座，剩余 9 座依据现有资料暂时无法确定其具体位置信息。数据库中共录入墓葬基本信息 5 375 条，墓葬形制信息 11 102 条，墓葬装饰信息 2 265 条，葬具信息 2 132 条，出土器物信息 35 567 条，发掘墓葬边界信息 3 636 条。收录发掘简报 4 978 份，墓葬平剖面图 1 778 份，墓葬相关图片（包括器物等）29 854 张。

遗址类的项目共计 136 处，1959—2019 年历史资料回溯 45 处，其中已发表简报 31 处，2016—2019 年新发现项目 91 处。录入项目基本信息 136 项，确定遗址位置 136 处，各类遗迹单位：水沟 49 个、壕沟 20 个、排水沟 27 个、孔柱洞 334 个、渗井 2 个、水井 577 眼、窖 4 个、门址 14 处、车辙 199 条、窑址 68 处、漕渠 41 条、墙 95 处、灰坑 470 个、祭祀坑 16 个、路 131 条、亭台楼阙（房、殿、阁、楼、亭、台址）91 处、塔寺观幢 2 处、湖池 4 处、探方 791 个、出土器物 7 384 件、注记要素 902 项、参考线 1 248 条。校正遗址平面图 106 幅，整理遗址相关图片 541 幅，简报及相关研究 51 份。

1. 已发表考古发掘资料数据录入流程

已发表发掘资料的录入为主动性发掘项目和城市配合基本建设考古项目的已发表成果。主要利用已经发表的考古简报和报告，提取其中的属性信息，对发掘位置进行重新定位校准，并按照数据结构表的要求进行录入，并完成遗迹平剖面图的矢量化工作。

针对发掘墓葬数据采集内容包括对墓葬平面图进行扫描、配准和数字化采集，属性采集需要根据发掘简报内容按照设计的标准进行字段信息提取。具体流程包括：

（1）搜集西安地区已经公开发表的考古资料，包括墓葬简报和相关报告文档、图书资料等；

（2）将简报里面的文字部分和墓葬平面图、剖面图、器物图等单独提取出来分别管理，并按照要求进行命名、分类管理；

（3）利用墓葬采集系统对墓葬平面图进行配准，信息录入。对墓葬进行矢量化，可确定位置的墓葬根据发掘总平面图进行总体配准，然后对总平面图里面的墓葬进行矢量化；

（4）对墓葬进行统一编码，资料上传，包括简报原件、墓葬图片、三维成果、线图等；

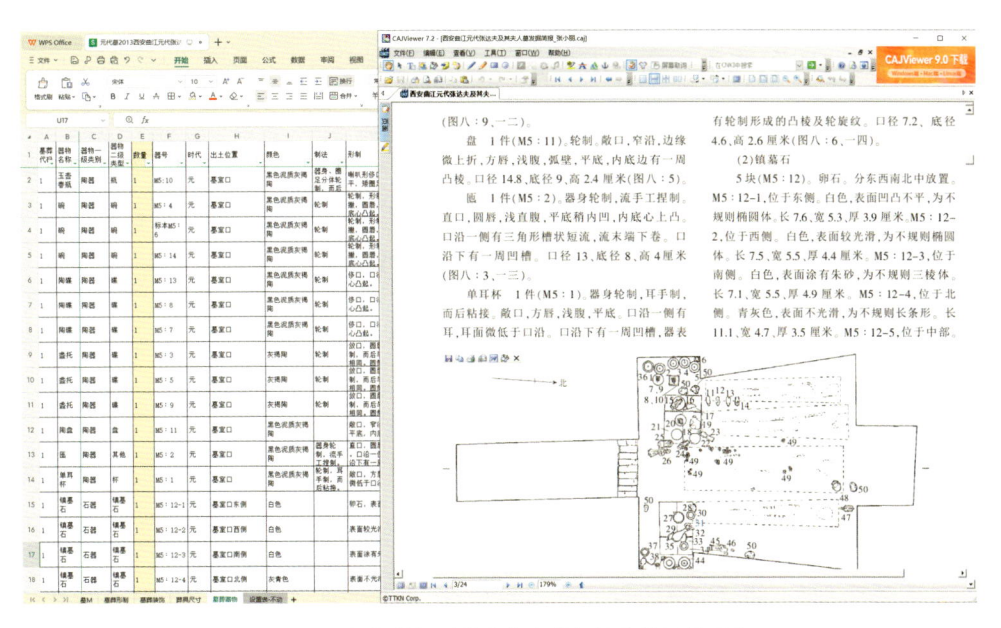

图3.39 根据简报对墓葬信息进行结构化属性采集

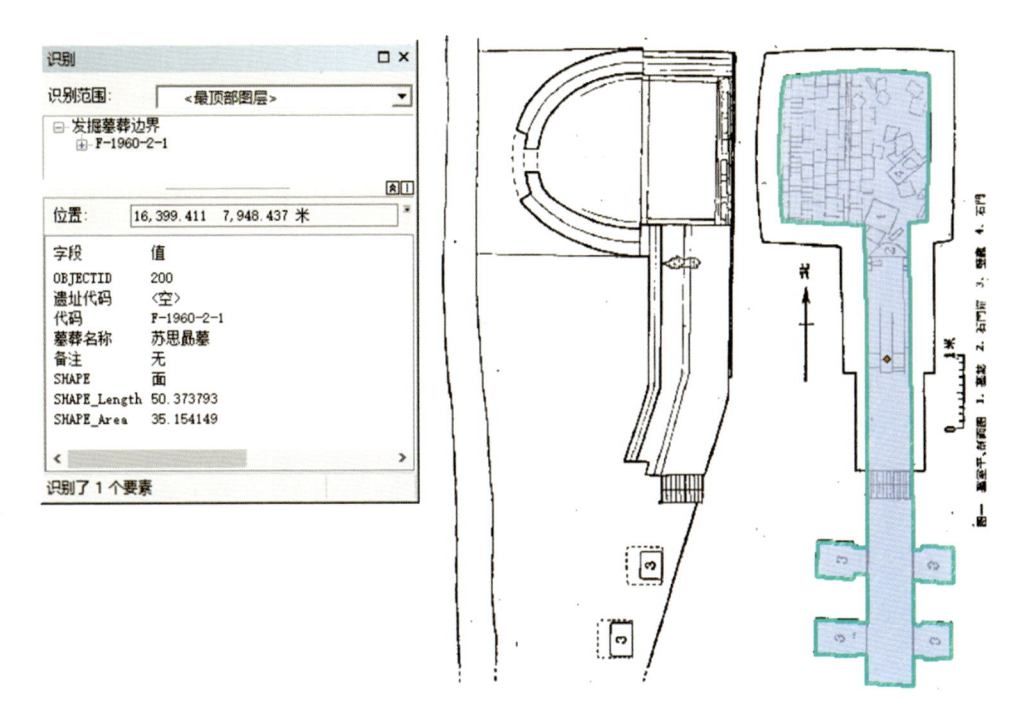

图3.40 对墓葬平面图利用快速配准功能进行校准

完成数据录入后，可以通过采购的正版 ArcGIS 软件进行全面的数据核查，包括核查各图层数据以及录入数据质量等。

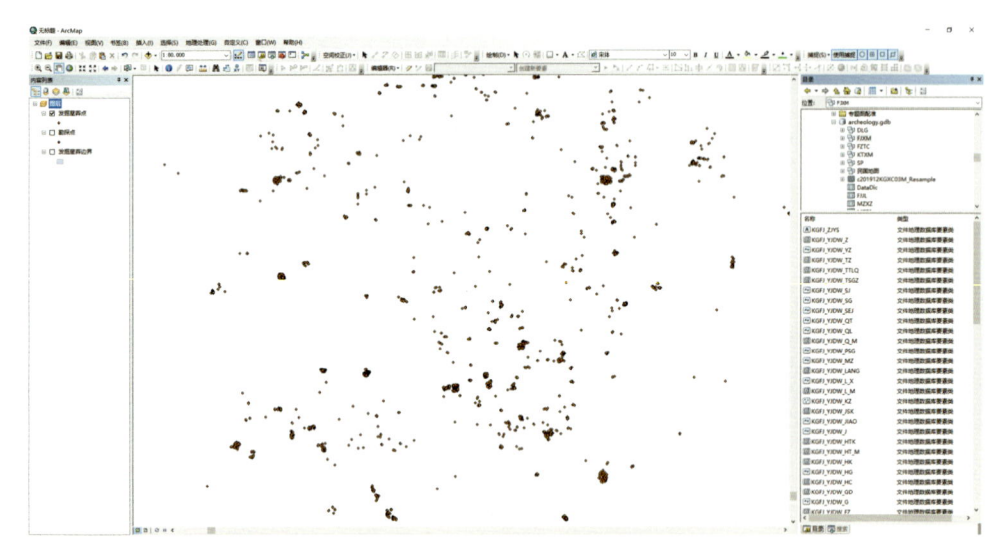

图 3.41　发掘墓葬点图层分布

针对遗址类数据录入流程为：

（1）利用已经发表的遗址考古简报和报告，提取其中的属性信息；

（2）依据数据库标准对古遗址的发掘资料进行收集和录入，并完成古遗址平面图的数字化工作。采集内容包括遗址名称、遗址所在项目名称、发掘面积、地理位置、坐标、遗址年代、文化内涵、文化层深度、文化层厚度、遗址类型、采集标本、出土遗物、保存现状、遗迹类型详细数据；

（3）建立不同层次遗址数据模型，实现遗址、象限、功能分区、探方、遗迹单位、出土遗物的层次信息采集。

遗址的空间图形信息与墓葬图形信息采集技术方法和流程一致，此不赘述。

2. 考古发掘现场实测数据录入

自 2016 年开始，西安市文物保护考古研究院统一了考古发掘测绘工作，基于统一坐标系进行全局控制。考古发掘测绘是使用测量学的方法手段，对遗迹的形状、分布、位置关系，以及遗迹的地理特征等考古研究对象进行实测，并按比例绘制成图。配合正在进行的考古发掘项目进行实时测绘，经过 RTK 测量后，将成果测量数据进行及时转换、处理和入库，动态更新西安区域考古数据

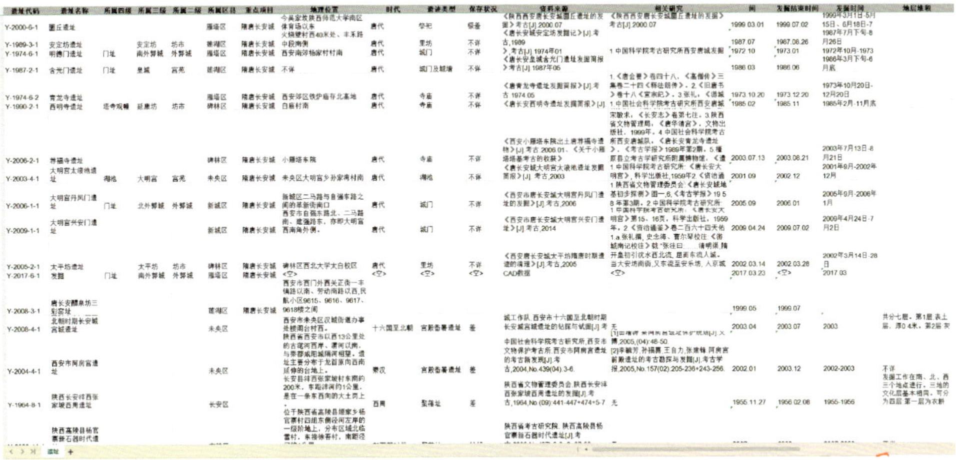

遗址代码	遗址名称	所属四级	所属三级	所属二级	所属区县	重点项目	地理位置	时代	遗迹类型	保存状况	资料来源	相关研究	间	发掘结束时间	发掘时间	地层堆积
Y-2000-6-1	圜丘遗址				雁塔区	隋唐长安城	今吴家坟陕西师范大学南区体育场以东	唐代	祭祀	较差	《陕西西安唐长安城圜丘遗址的发掘》考古[J].2000.07	《陕西西安唐长安城圜丘遗址的发掘》考古[J].2000.07	1999.03.01	1999.07.02	1999年3月1日-5月15日、6月18日-7	
Y-1989-3-1	安定坊遗址		安定坊	坊市	莲湖区	隋唐长安城	火烧壁村西40米处、丰禾路中段南侧	唐代	里坊	不详	《唐长安城安定坊发掘记》[J].考古,1989		1987.07	1987.08.26	1987年7月下旬-8月26日	
Y-1974-6-1	明德门遗址	门址	南外郭城	外郭城	雁塔区	隋唐长安城	西安南郊杨家村村南	唐代	城门	不详	》,考古[J].1974年01	1.中国科学院考古研究所西安唐城发掘	1972.10	1973.01	1972年10月-1973	
Y-1987-2-1	含光门遗址	门址	皇城	宫苑	莲湖区	隋唐长安城	不详	唐代	城门及城墙	不详	《唐长安皇城含光门遗址发掘简报》考古[J].1987年05		1986.03	1986.06	1986年3月下旬-6月底	
Y-1974-6-2	青龙寺遗址				雁塔区	隋唐长安城	西安郊区铁炉庙存北高地	唐代	寺庙	不详	《唐青龙寺遗址发掘简报》[J].考古 1974.05	1.《唐会要》卷四十八，《高僧传》三集卷二十四《释法朗传》。2.《旧唐书》卷十八《宣宗纪》。3.张礼，《游城	1973.10.20	1973.12.20	1973年10月20日-12月20日	
Y-1990-2-1	西明寺遗址	塔寺观幢	延康坊	坊市	碑林区	隋唐长安城	白庙村南	唐代	寺庙	不详	《唐长安西明寺遗址发掘简报》[J].	1.中国社会科学院考古研究所西安唐城 宋敏求，《长安志》卷第七注。3.陕西省文物管理局，《唐华清宫》，文物出版社，1999年。4.中国社会科学院考古所西安唐城队，《唐长安青龙寺遗址》，《考古学报》1989年第2期。5.橿原县立考古学研究所附属博物馆，《遗	1985.02	1985.11	1985年2月-11月底	
Y-2006-2-1	荐福寺遗址				碑林区	隋唐长安城	小雁塔东院	唐代	寺庙	不详	《西安小雁塔东院出土唐荐福寺遗物》[J].考古 2006.01、《关于小雁塔塔基考古的收获》		2003.07.13	2003.08.21	2003年7月13日-8月21日	
Y-2003-4-1	大明宫太液池遗址	湖池	大明宫	宫苑	未央区	隋唐长安城	未央区大明宫乡孙家湾村南	唐代	湖池	不详	《唐长安城大明宫太液池遗址发掘简报》[J].考古,2003	1.中国科学院考古研究所：《唐长安大明宫》，科学出版社,1959年2.《资治通	2001.09	2002.12	2001年9月-2002年12月	
Y-2006-1-1	大明宫丹凤门遗址	门址	北外郭城	外郭城	新城区	隋唐长安城	新城区二马路与自强东路之间的革新街南口	唐代	城门	不详	《西安市唐长安城大明宫丹凤门遗址的发掘》[J].考古,2006	1.陕西省文物管理委员会：《唐长安城地基初步探测》图一,6,《考古学报》19 5 8 年第3期。2.中国科学院考古研究所	2005.09	2006.01	2005年9月-2006年1月	
Y-2009-1-1	大明宫兴安门遗址				新城区	隋唐长安城	西安市自强东路北、二马路南、建强路东，亦即大明宫西南角外侧。	唐代	城门	不详	《西安市唐长安城大明宫兴安门遗址》[J].考古,2014	1.中国科学院考古研究所：《唐长安大明宫》第15、16页，科学出版社，1959年。2.《资治通鉴》卷二百六十四天佑	2009.04.24	2009.07.02	2009年4月24日-7月2日	
Y-2005-2-1	太平坊遗址		太平坊	坊市	碑林区	隋唐长安城	碑林区西北大学太白校区	唐代	里坊	不详	《西安唐长安城太平坊隋唐时期遗迹的清理》[J].考古,2005	1.a.张礼撰，史念海、曹尔琴校注：《游城南记校注》载"张注曰：……清明渠，隋开皇初引沈水西北流，屈而东流人城。当大安坊南街,又东流至安乐坊，人京城	2002.03.14	2002.03.28	2002年3月14日-28日	
Y-2017-6-1	发掘	门址	南外郭城	外郭城	雁塔区	隋唐长安城	<空>	<空>	<空>	<空>	CAD数据	<空>	2017.03.23	<空>	2017.03	
Y-2008-3-1	唐长安醴泉坊三彩窑址				莲湖区	隋唐长安城	西安市西门外西关正街一丰镐路以南、劳动南路以西,民航小区9615、9616、9617、9618楼之间						1999.05	1999.07		
Y-2008-4-1	北朝时期长安城宫城遗址				未央区		西安市未央区汉城街道办事处楼阁台村西。	十六国至北朝	宫殿衙署遗址	差	城工作队.西安市十六国至北朝时期长安城宫城遗址的钻探与试掘[J].考	无	2003.04	2003.07	2003	共分七层。第1层:表土层，厚0.4米。第2层:灰
Y-2004-4-1	西安市阿房宫遗址				未央区		陕西省西安市以西13公里处的古沣河西岸、渭河以南，与秦都咸阳城隔河相望。遗址主要分布于龙首原向西南延伸的台地上。	秦汉	宫殿衙署遗址	差	中国社会科学院考古研究所,西安市文物保护考古所.西安市阿房宫遗址的考古新发现[J].考古,2004,No.439(04):3-6.	[1][illegible][J].文博,2005,(04):48-50. [2]李毓芳,孙福喜,王自力,张建锋.阿房宫前殿遗址的考古勘探与发掘[J].考古学报,2005,No.157(02):205-236+243-256.	2002.01	2003.12	2002-2003	不详
Y-1964-8-1	陕西长安沣西张家坡西周遗址				长安区		长安县沣西张家坡村东南约200米，东距沣河约1公里，是在一条东西向的大土岗上。	西周	聚落址	差	陕西省文物管理委员会.陕西长安沣西张家坡西周遗址的发掘[J].考古,1964,No.(09):441-447+474+5-7	无	1955.11.27	1956.02.08	1955-1956	发掘工作在南、北、西三个地点进行。三地的文化层基本相同。可分为四层:第一层为农耕
[illegible]	陕西高陵县杨官寨新石器时代遗址				[illegible]		位于陕西省高陵县姬家乡杨官寨村四组东侧泾河左岸的一级阶地上，分布区域北临雷村，东接徐吾村，南距泾	[illegible]	[illegible]	[illegible]	陕西省考古研究院.陕西高陵县杨官寨新石器时代遗址[J].考	[illegible]	[illegible]	[illegible]	[illegible]	[illegible]

图 3.42　遗址属性信息采集

库。考古测绘的内容主要是大型遗迹平面图、遗址内遗迹平面图、地层剖面图、遗址及其周边地形图、区域内遗迹分布图等。数据以矢量数据结构存储，部分也是栅格格式存储。其中，矢量数据结构最大的优势就是其空间位置的准确性，通过精确的坐标定位，精度可达厘米甚至毫米级。

针对部分考古发掘工地，对一些重要的遗迹现象，通过利用三维激光扫描仪器、单反相机、无人机等设备采集遗迹的三维信息和纹理信息，通过点云和多视角三维融合建模技术，实现高保真考古发掘现场实景三维信息留存，并通过遗迹单位唯一编号实现统一入库管理。

3. *考古发掘出土器物数据录入*

出土器物按照器物一级类别可分为陶俑、釉陶俑、三彩俑、陶器、釉陶器、瓷器、铜器、铁器、金银器、玉器、石器以及杂器等。根据考古发掘档案和报告内容，对出土器物的单体属性信息进行提取，采集每个遗迹单位和探方出土器物的详细信息。

由于出土器物本身的脆弱性和独一无二性，出土文物往往需要对实体文物进行纹理拍照，三维建模，最后形成三维数字档案。需要采集器物类型、出土地点、形制、纹饰等内容，并采集器物的三维信息、图片信息和剖面图像，为文物研究、展示、发表、修复提供数据支持。

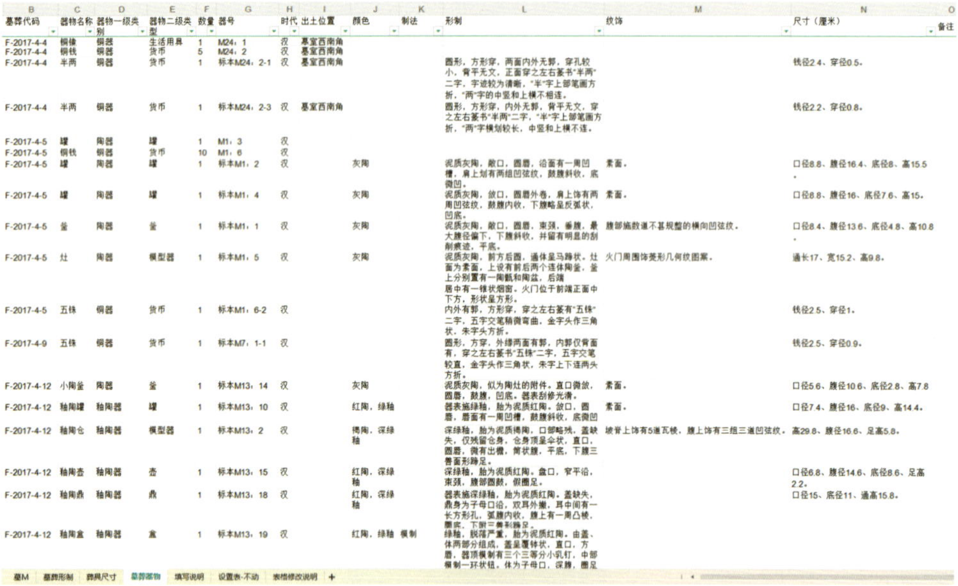

墓葬代码	器物名称	器物一级类别	器物二级类型	数量	器号	时代	出土位置	颜色	制法	形制	纹饰	尺寸（厘米）	备注
F-2017-4-4	铜镜	铜器	生活用具	1	M24：1	汉	墓室西南角						
F-2017-4-4	铜钱	铜器	货币	5	M24：2	汉	墓室西南角						
F-2017-4-4	半两	铜器	货币	1	标本M24：2-1	汉	墓室西南角			圆形，方形穿，两面内外无郭，穿孔较小，背平无文，正面穿之左右篆书"半两"二字，字迹较为清晰，"半"字上部笔画方折，"两"字的中竖和上横不相连。		钱径2.4、穿径0.5。	
F-2017-4-4	半两	铜器	货币	1	标本M24：2-3	汉	墓室西南角			圆形，方形穿，内外无郭，背平无文，穿之左右篆书"半两"二字，"半"字上部笔画方折，"两"字横划较长，中竖和上横不连。		钱径2.2、穿径0.8。	
F-2017-4-5	罐	陶器	罐	1	M1：3	汉							
F-2017-4-5	铜钱	铜器	货币	10	M1：6	汉							
F-2017-4-5	罐	陶器	罐	1	标本M1：2	汉		灰陶		泥质灰陶，敞口，圆唇，沿面有一周凹槽，肩上划有两组凹弦纹，鼓腹斜收，底微凹。	素面。	口径8.8、腹径16.4、底径8、高15.5。	
F-2017-4-5	罐	陶器	罐	1	标本M1：4	汉		灰陶		泥质灰陶，敛口，圆唇外卷，肩上饰有两周凹弦纹，鼓腹内收，下腹略呈反弧状，凹底。	素面。	口径8.8、腹径16、底径7.6、高15。	
F-2017-4-5	釜	陶器	釜	1	标本M1：1	汉		灰陶		泥质灰陶，敞口，圆唇，束颈，垂腹，最大腹径偏下，下腹斜收，并留有明显的刮削痕迹，平底。	腹部施数道不甚规整的横向凹弦纹。	口径8.4、腹径13.6、底径4.8、高10.8。	
F-2017-4-5	灶	陶器	模型器	1	标本M1：5	汉		灰陶		泥质灰陶，前方后圆，通体呈马蹄状。灶面为素面，上设有前后两个连体陶釜，釜上分别置有一陶甑和陶盆，后端居中有一锥状烟囱。火门位于前端正面中下方，形状呈方形。	火门周围饰菱形几何纹图案。	通长17、宽15.2、高9.8。	
F-2017-4-5	五铢	铜器	货币	1	标本M1：6-2	汉				内外有郭，方形穿，穿之左右篆有"五铢"二字，五字交笔稍微弯曲，金字头作三角状，朱字头方折。		钱径2.5、穿径1。	
F-2017-4-9	五铢	铜器	货币	1	标本M7：1-1	汉				圆形，方穿，外缘两面有郭，内郭仅背面有，穿之左右篆书"五铢"二字，五字交笔较直，金字头作三角状，朱字上下连两头方折。		钱径2.5、穿径0.9。	
F-2017-4-12	小陶釜	陶器	釜	1	标本M13：14	汉		灰陶		泥质灰陶，似为陶灶的附件。直口微敛，圆唇，鼓腹，凹底。器表刮修光滑。	素面。	口径5.6、腹径10.6、底径2.8、高7.8	
F-2017-4-12	釉陶罐	釉陶器	罐	1	标本M13：10	汉		红陶，绿釉		器表施绿釉，胎为泥质红陶。敛口，圆唇，唇面有一周凹槽，鼓腹斜收，底微凹	素面。	口径7.4、腹径16、底径9、高14.4。	
F-2017-4-12	釉陶仓	釉陶器	模型器	1	标本M13：2	汉		褐陶，深绿釉		深绿釉，胎为泥质褐陶，口部略残，盖缺失，仅残留仓身，仓身顶呈伞状，直口，圆唇，微有出檐，筒状腹，平底，下腹三兽面形蹄足。	坡脊上饰有5道瓦棱，腹上饰有三组三道凹弦纹。	高29.8、腹径16.6、足高5.8。	
F-2017-4-12	釉陶壶	釉陶器	壶	1	标本M13：15	汉		红陶，深绿釉		深绿釉，胎为泥质红陶。盘口，窄平沿，束颈，腹部圆鼓，假圈足。		口径6.8、腹径14.6、底径8.6、足高2.2。	
F-2017-4-12	釉陶鼎	釉陶器	鼎	1	标本M13：18	汉		红陶，深绿釉		器表施深绿釉，胎为泥质红陶。盖缺失，鼎身为子母口沿，双耳外撇，耳中间有一长方形孔，弧腹内收，腹上有一周凸棱，圜底，下附三兽形蹄足。		口径15、底径11、通高15.8。	
F-2017-4-12	釉陶盒	釉陶器	盒	1	标本M13：19	汉		红陶，绿釉	模制	绿釉，脱落严重，胎为泥质红陶。由盖、体两部分组成，盖呈覆钵状，直口，方唇，器顶模制有三个三等分小乳钉，中部模制一环状钮，体为子母口，深腹，圈足			

图 3.43　出土器物信息采集

（四）文物保护单位数据

文物保护单位是指在中国境内由各级政府列入名单、正式公布、明令保护的不可移动或不易移动的一组群体文物，一般由文物本体、附属物、历史风貌及人文自然环境等要素组成。文物保护单位数据主要源于西安市范围内国家级文物保护单位、省级文物保护单位等的四有档案及相关保护规划资料，进行坐标转换、地图配准、矢量化和属性结构化信息提取工作。文物保护单位具有详细的属性信息、地图位置以及文物本体线、文物保护范围、建设高度控制地带范围、文物埋藏区、环境协调区、规划范围、管辖范围、监控范围、遗产区边界等边界范围数据。文物保护单位属性信息包括：编码、名称、时代、位置、批次、保护级别、类型、结构、保护现状、历史沿革、所在地区、面积等属性。

数据库共计录入国家级文物保护单位 58 处，如下表所示：

表 3.91　西安市国家级文物保护单位

隋大兴唐长安城遗址	秦始皇陵	大秦寺塔	西安清真寺
阿房宫遗址	西安碑林	敬德塔	西安城隍庙
重阳宫祖庵碑林	仙游寺法王塔	蓝田吕氏家族墓地	杨官寨遗址

续表

姜寨遗址	杜陵	水陆庵	兴教寺塔
大雁塔	丰镐遗址	长安华严寺塔	西安城墙
八云塔	凤栖原西汉家族墓地	长安圣寿寺塔	小雁塔
灞桥遗址	公输堂	薄太后陵	昭慧塔
八路军西安办事处旧址	汉长安城遗址	窦皇后陵	鱼化寨遗址
大明宫遗址	阖丘遗址	康家遗址	栎阳城遗址
半坡遗址	华清宫遗址	蓝田猿人遗址	西汉帝陵文帝霸陵
大学习巷清真寺	鸠摩罗什舍利塔	老牛坡遗址	易俗社剧场
东渭桥遗址	西安事变旧址	明秦王墓	香积寺善导塔
建章宫遗址	西安钟楼、鼓楼	秦东陵	西峪遗址
二龙塔	户县化羊庙东岳献殿	革命公园	葛牌镇红25军军部旧址
东马坊遗址	中渭桥遗址		

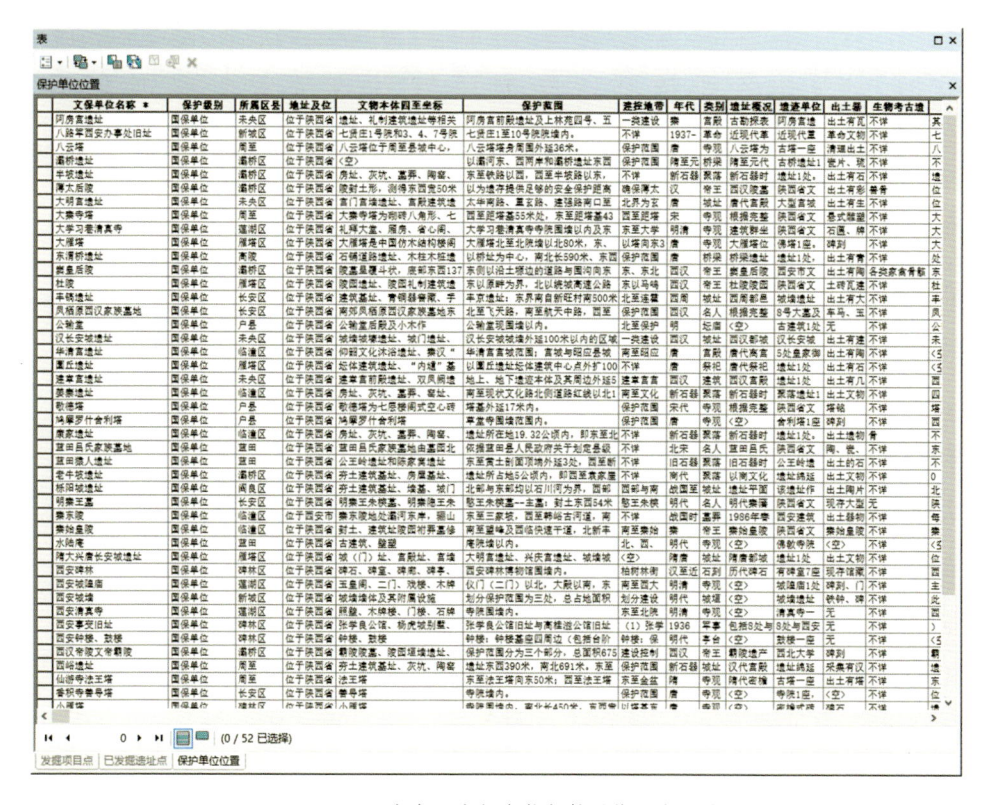

图 3.44 西安市国家级文物保护单位入库质检

矢量化图层内容包括：文物保护单位本体线 292 个，文物保护范围 85 个，各类建设控制地带范围 66 个，文物埋藏区 1 个，环境协调区 11 个，规划范围 6 个，管辖范围 5 个，监控范围 8 个，遗产区边界 3 个。

陕西省文物保护单位共计 107 处，矢量化图层内容包括：文物保护单位遗址本体线 179 个，文物保护范围 140 个，建设控制地带范围 82 个，遗产区边界 4 个。陕西省文物保护单位如下表：

表 3.92　西安市省级文物保护单位

杨砺墓	化觉巷 232 号民居	泥峪石门遗址	玄帝祠玉皇楼
八仙庵	华胥陵	牛郎织女石刻	英里（李）遗址
宝庆寺塔	户县钟楼	清（青）华山石窟	赵公明庙
北留遗址	户县文庙	陕西省纺织供销公司办公楼	赵瞻墓
北院门 144 号民居	户县王氏宗祠	汤峪栈道遗址	周穆王陵
北丈八寺村遗址	户县化羊庙	天池寺塔	西安和平电影院
扁鹊墓	郭北遗址	王九思墓	雷神庙万阁楼
蔡文姬墓	关中书院	白家遗址	李晟碑
草堂寺	楼观台	白马寺滩聚落遗址	西安万寿寺塔
陈平墓	明秦王府城墙遗址	杜公祠	太史桥
城关遗址	秦二世胡亥墓	文公岭战斗旧址	西段遗址
崔家堡遗址	秦庄襄王墓	佛坪厅故城	王季陵
陕建集团办公楼	葛牌镇革命旧址	兴庆宫遗址	高培支旧居
宋村遗址	潭沱村遗址	宗圣宫遗址	二圣宫
太液池遗址	东岳庙	真守村遗址	董仲舒墓
傥骆道遗址周至段	李颙墓	周至王氏宗祠	东岳庙
通远坊天主教堂	柳青墓	新寺遗址	鼎湖延寿宫遗址
卧龙寺石刻造像和铁钟	斡尔垛遗址	西安东新巷礼拜堂	大仁遗址

续表

黄堆村遗址	五凤遗址	中山图书馆旧址	大皮院清真寺
罗汉寺	西安理工大学西汉壁画墓	长安郭氏民宅	大华纱厂旧址
龙窝酒作坊	汪锋故居及墓园	袁氏家族墓地	怀珍坊遗址
路翰林故居	西北一印旧址	西北大学礼堂	灰堆坡遗址
吕枏墓	锡水洞遗址	西安交通大学主楼群	马营遗址
西安新华书店钟楼店旧址	仙游寺	老子墓	遇仙桥及石造像
大兴善寺	洩湖遗址	香积寺	杨虎城陵园
五星街天主教堂	小皮院清真寺	西安人民大厦	西北人民革命大学旧址
西安邮政局大楼	西安报话大楼	广仁寺古建筑群	

通过对文物保护单位保护规划数据进行坐标转换、地图配准、边界矢量化，分别建立遗址本体范围、文物保护范围、建设控制地带范围、环境协调区范围等。通过这样的技术方法，建立了全市具有明确文物保护范围的国家级文物保护单位和省级文物保护单位范围的空间分布"一张图"，为城市建设中避让文物空间提供了数据支撑，既保护了文物，又协调了城市建设发展。

（五）非结构化资料数据

随着当今新兴科技的发展，新型测绘技术、多媒体技术丰富了田野考古现场的数字化记录手段，可以更加真实、客观、形象地表现遗存的本来面目。田野考古非结构化资料数据包括考古摄影数据、电子扫描数据、音视频数据、全景数据、三维扫描数据、多视角三维重建数据等资料。这些数据为方便管理、关联和高性能读取，一般不采用关系型数据库进行管理，西安地区考古数据库主要利用文档型或对象型数据库实现对非结构化文件的存储管理，支持分布式切片存储。

1. 摄影数据

田野考古摄影要求迅速准确，摄取考古现场中的第一手资料，为考古学研究提供真实可靠的依据。记录内容主要是各类遗迹的地理环境、地理位置、地层关系、范围、出土器物的分布情况等。随着考古发掘工作的进展，随时拍摄发掘地点的地形、地貌，发掘现场的工作情况、发掘过程、发掘方法，各种遗迹现象和遗物。

除了在发掘过程中近距离拍摄以外，一般在田野考古发掘之前、发掘过程中遗迹完全暴露之后和田野发掘结束时，考古队都会请专业人员对遗址进行航空摄影记录。航空摄影考古是采用多种形式在不同时间、从不同角度、不同高度在空中对地面进行摄影，利用地貌形态、地物阴影、植被及土壤湿度等多种因素在遗址地区形成的不同标志，解释地面或地下遗迹的特征及其变化。由于视野广阔，航空摄影有利于研究者从很难发现或杂乱无章的地面现象中提炼出历史遗存的分布规律。

图 3.45　遗迹照片

图 3.46　考古发掘墓葬无人机航空摄影照片

2. 纸质文本扫描数据

纸质文本扫描数据主要利用高清扫描仪、高拍仪或者数码相机对考古发掘日志、发掘记录、勘探记录、调查记录等纸质资料进行扫描，形成电子版扫描文件，一般以图片、PDF 格式存储。

3. 音视频数据

音视频数据在考古信息传播的每一个环节上，都有着自身的特殊性。它的信息载体和传播符号具有特殊优势，能够把一切都变成直观的对象，变成流动的画面，以直观的形式对考古发掘过程进行记录。通过一组拍摄人员细致地记录特定区域内暴露的遗迹和遗物分布状况，从而全面、系统地掌握遗迹遗址环境背景、自然暴露的重要堆积断面等，为后续建立遗址档案、后续考古工作和文化遗产保护提供必备的资料。在系统中，考古音视频数据一般以 WAV、AVI、MP3、MPEG 格式保存。

4. 全景数据

全景数据主要利用全景多目相机，通过定点拍摄全景照片，照片之间需要有一定的重叠，通过图像点云重叠算法自动建立三维虚拟场景，近几年开始逐步引入考古发掘工地现场进行实景记录。

5. 三维扫描数据

针对考古发掘现场，一般利用架站式三维激光扫描仪通过合理布设站点，利用激光头每秒发送的激光反射信息记录遗址、遗迹三维几何空间信息。这种方法因为能够获得高精度几何结构信息，被广泛应用于重要考古发掘现场的三维信息采集，但也因为设备价格昂贵、操作复杂、点云数据后处理工作量大、专业性高使得考古人员望而却步，一般需要依靠专业测绘技术人员支撑。

6. 多视角三维重建数据

多视角三维重建技术是一种将二维图像转化为三维模型的方法，广泛应用于计算机视觉、虚拟现实、增强现实等领域。通过拍摄多组重叠分层照片，利用专业软件进行空中三角测量计算，完成照片对齐、点云重建、网格生成、纹理映射和模型输出。该方法因成本较低、操作相对简单，近几年被广泛应用于考古发掘工地，特别适合中小型和不太复杂遗迹单位的三维建模，如常规墓葬、灰坑、陶窑等。对于券顶墓葬、大型复杂墓葬（具有墓道、天井、耳室、封门等结构）一般需要组合利用三维激光扫描技术和多视角三维重建技术，完成点云和纹理图像融合建模，才能达到高保真模型要求，避免出现模型空洞、拉花现象。

三、重点项目数据库

在西安地区考古数据库建设中，以部分重点项目为依托，整合了重点项目的各类地形、影像、高程、考古勘探、考古发掘等数据，构建了针对重点项目的独立子库。其中包括：鄠邑区渼陂湖项目专题数据库，蓝田县鼎湖延寿宫项目，以及配合隋唐长安城考古调查和发掘工作，以隋唐长安城研究为目的的专题数据库。独立子数据库和总库在空间坐标体系上保持一致，且数据结构也一致，便于合并建设。

（一）渼陂湖重点项目

渼陂湖重点项目原始数据包括1∶2 000大比例尺地形图，通过对地形图处理、地图整饰构建渼陂湖专题基础地理要素，地理要素共计18类，包括：地貌线、水系线、植被与土质线、交通线、交通附属设施线、居民地及设施线、地貌点、水系点、植被与土质点、交通附属设施点、居民地及设施点、管线及附属设施点、地貌注记、水系注记、植被与土质注记、交通附属设施注记、居民地及设施注记。

（二）鼎湖延寿宫重点项目

鼎湖延寿宫遗址为陕西省重点文物保护单位，位于西安蓝田县焦岱镇焦岱村。鼎湖延寿宫是汉武帝时修建在上林苑最东部的一处离宫。遗址面积约2万平方米，有多处夯土建筑基址，因秦汉瓦当记载有"鼎湖延寿宫"而得名。

鼎湖延寿宫项目采集的数据包括1幅2米分辨率DEM、4幅1∶5 000西安市规划地形图和鼎湖延寿宫遗址勘探数据。从地形图中共提取地理要素19类，包括定位基础线、地貌线、水系线、植被与土质线、交通线、交通附属设施线、居民地及设施线、地貌点、水系点、植被与土质点、交通附属设施点、居民地及设施点、定位基础注记、地貌注记、境界与政区注记、水系注记、植被与土质注记、交通附属设施注记、居民地及设施注记。

鼎湖延寿宫遗址勘探数据包括：保护范围边界（界址点）14条、冲击沟点数据567条、夯土范围点数据431条、活土坑点数据1 062条、墓葬点数据39条、石块范围点数据15条、窑址点数据114条、疑似夯土范围点数据40条。

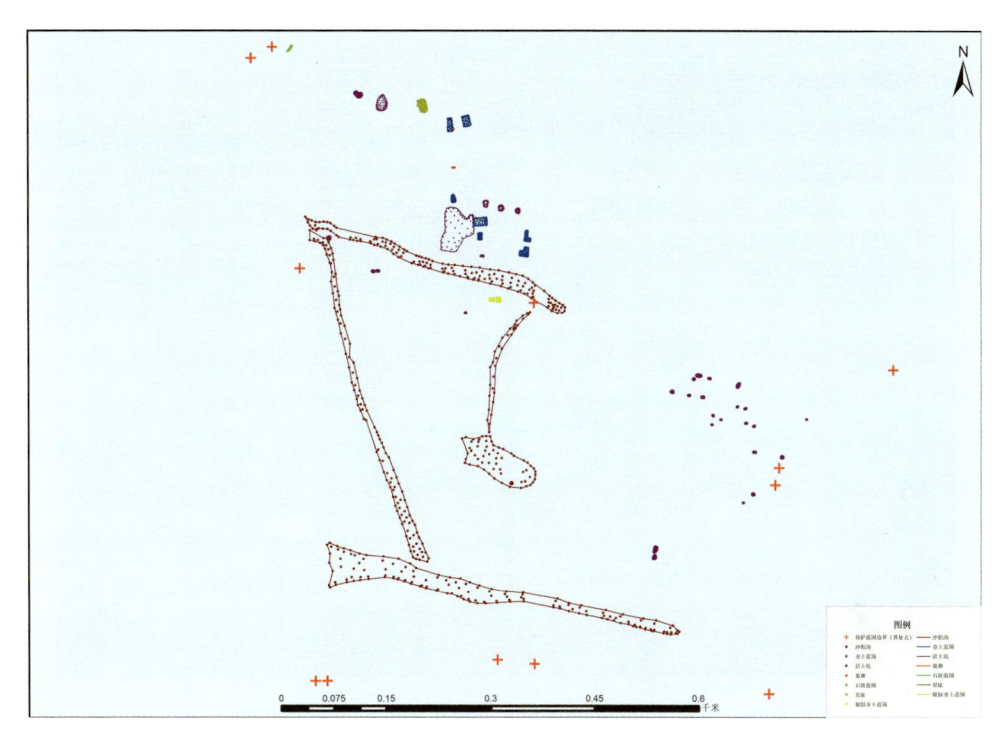

图 3.47　鼎湖延寿宫遗址勘探遗迹分布

（三）隋唐长安城重点项目

隋唐长安城遗址与现代城市高度重合，城址面积 85 平方公里。考古工作和文物保护主要以配合基本建设为主，在考古地理信息系统建设过程中，通过对各类调查数据、勘探数据和已有发掘项目的地图定位，在遗址范围内将碎片化的城市考古工作以拼图形式展现，为考古工作提供辅助预测性指导。具体工作如下：

1. 2017 年 4 月皇城区域启动地面调查工作，调查面积 11 519 564 平方米，调查结果发现，高层建筑 166 座，总面积 1 822 235 平方米；六层及六层以下建筑 182 座，总面积 4 577 808 平方米；低矮建筑物 70 座，总面积 1 136 967 平方米；道路 334 条，总面积 1 527 878 平方米；空地公园等 148 处，总面积 1 691 502 平方米；其他建筑 10 处，总面积 74 524 平方米；铁路 2 处，总面积 93 888 平方米；城墙 1 处，总面积 284 930 平方米。利用调查情况，划定地面可供勘探和发掘的位置区域。

2. 进行遗迹单位预测性分析，即参考已发掘遗迹单位空间位置，利用地

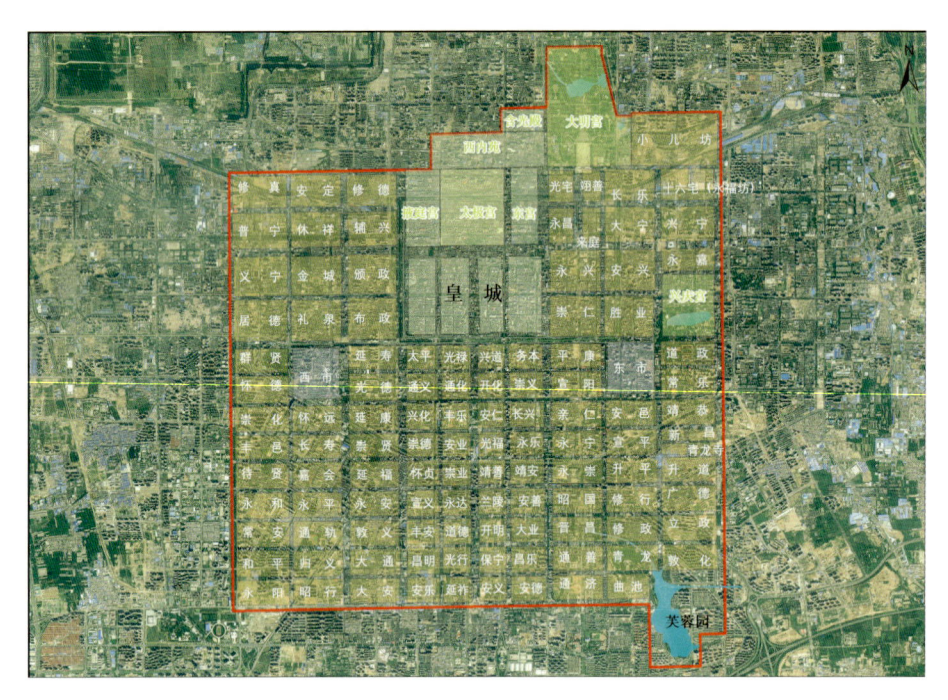

图 3.48　隋唐长安城遗址范围（参考《西安历史地图集》）

图 3.49　隋唐长安城遗迹单位预测

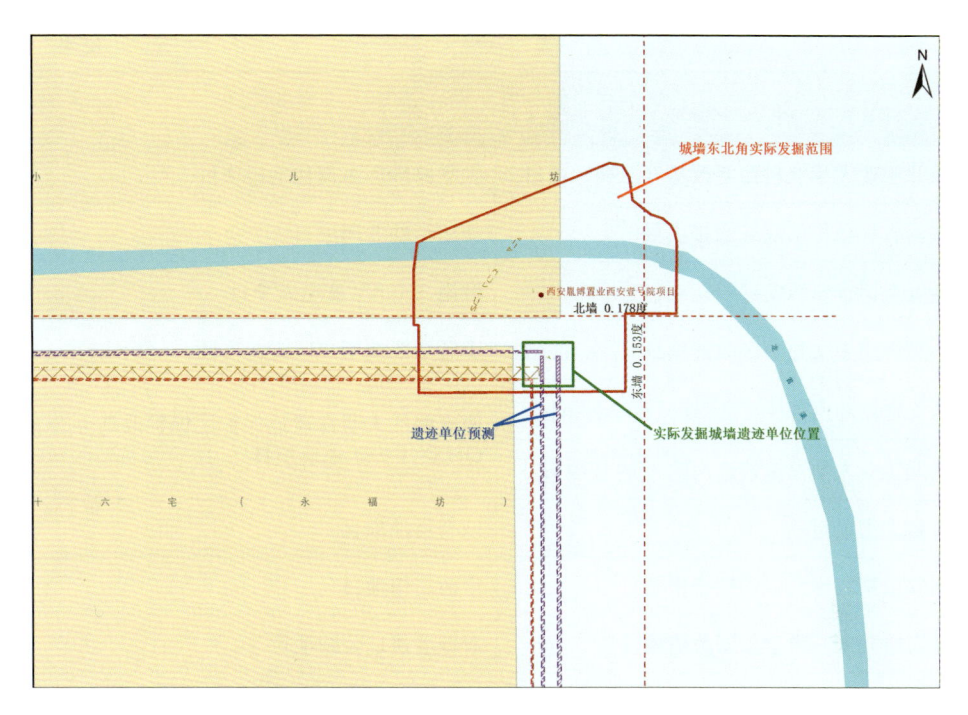

图 3.50　城墙东北角实际发掘与遗迹单位预测对比

理信息技术，对遗迹单位可能存在区域进行预测，预测城墙基址 13 处，坊墙基址 10 处，坊墙（线）3 处，路沟 1 处，路面 50 处，夯土面 5 处。利用预测结果可以辅助进行主动性考古发掘，为考古工作提供指导。值得重点说明的是，利用地理信息系统的预测分析发现，西安城墙东北角处发现的"十六王宅"遗址考古实测位置与预测位置仅仅相差 50 厘米。

目前，系统内已录入由西安市文物保护考古研究院调查和发掘的隋唐长安城范围内项目共 63 处，项目总面积 1 125 402.755 平方米。如下表：

表 3.93　隋唐长安城范围内调查、发掘项目（已入库）

项　目　名　称	
西安市第六中学振兴路分校教学楼项目	西安市小寨区域海绵城市 PPP 项目Ⅰ标段项目
西安市桃园北路（大庆路—大兴路）市政工程项目一期项目	西安市碑林区"三馆一中心"项目

续表

项 目 名 称	
西北工业大学北村住宅改造（二期）项目	太华路纱厂东街住宅楼项目
陕西省社会科学院综合楼项目	盐店街幼儿园项目
西安胤博置业西安壹号院项目	城南 330 KV 变电站项目
小雁塔历史文化街区改造项目	小雁塔西侧棚户区改造项目
西安铁路局南郊 49－58 栋旧楼改造项目	西安曲江大明宫遗址保护区保护改造办公室 QJ13－1－81 地块项目
西北工业大学友谊校区南院 15♯楼项目	
朱雀大街项目	昆仑浴池项目
西安市第二十六中学综合楼项目	宁西宾馆项目
西安市九十一中学校园改造项目	唐城墙遗址公园项目
明德门北杨家村拆迁改造项目	地铁 8 号线金光门站＋土门站项目
大华中学项目	纬零街项目
西安市第十二中学教学综合楼（一期）项目	碑林博物馆改造项目
西安艾美艺术广场项目	草阳村棚户区一期改造项目
大明公馆项目	陕西省人民医院 A 栋住院楼项目
西工大 7 号公寓项目	陕建边家村西院应急救灾安置项目
八仙宫周边棚户区改造（经九路文物迁移点）项目	植物研究所项目
新源大厦项目	西安市第二十六中太乙分校项目
陕西日报社项目	陕西省疾病预防控制中心改扩建项目
报恩寺小学项目	朱雀大街小学校园改造项目
东门里顺城巷项目	火车站北站房改造项目
高新四路项目	朝阳门杨家村（新兴村）棚户区二期改造项目

续表

项 目 名 称	
朝阳门杨家村（新兴村）棚户区一期改造项目	草阳村棚户区二期改造项目
含元路40号棚改项目	八十五中项目
长盛坊项目	小雁塔历史文化街区改造—小雁塔西北角项目
小雁塔历史文化街区改造—南区项目	小雁塔历史文化街区改造—夏家庄项目
西一路西安城墙项目	白家村棚户区改造DK1项目
新长安国际停车楼项目	永华里棚户区改造项目
鸿瑞·天成项目	QJ11－5－101地块项目
亘垣堡郗家老宅保护迁建维修工程项目	大华1935项目
七七一研究所项目	QJ11－5－102地块项目

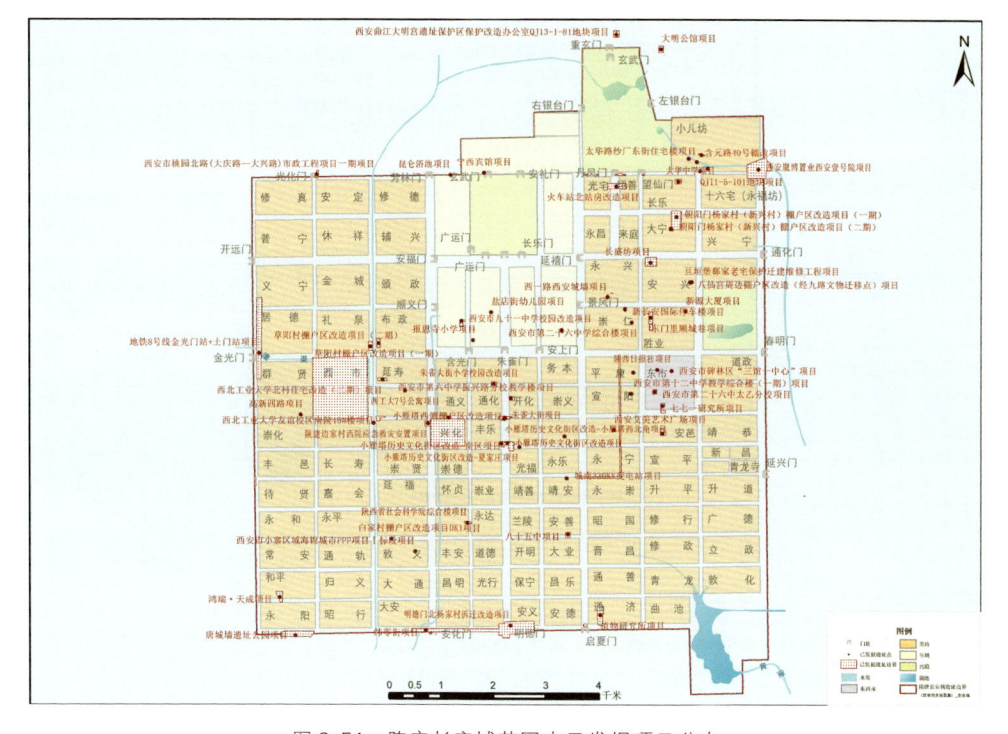

图3.51　隋唐长安城范围内已发掘项目分布

3. 结合相关研究成果，进行系统整理，对其中涉及的研究成果利用规划底图进行统一校准，资料如下：

（1）隋唐长安城遗址边界（制图参考：马得志，《唐长安城考古纪略》[①]）2 幅；

（2）宫城和皇城图（制图参考：[清]徐松撰，李健超增订，《增订唐两京城坊考》[②]）4 幅

（3）佛寺分布图（制图参考：《考古》1978 年第 6 期[③]；史念海，《中国古都和文化》[④]）内容包含会昌五年（845 年）后的长安城内僧寺、尼寺位置分布；隋大兴城城内僧寺、尼寺位置分布；唐初年长安城中遗留的隋代僧寺、尼寺位置分布；天宝十四年（755 年）前长安新建佛寺、僧寺、尼寺位置分布。

图 3.52　唐长安城官员住宅图（参考《太平广记》）

[①]　马得志. 唐代长安城考古纪略 [J]. 考古，1963（11）：595 - 611.
[②]　徐松撰，李健超增订. 唐两京城坊考 [M]. 西安：三秦出版社，2019.
[③]　宿白. 隋唐长安城和洛阳城 [J] 考古，1978（6）：409 - 425 + 401.
[④]　史念海. 中国古都和文化 [M]. 重庆：重庆出版社，2021.

(4) 妹尾达彦研究系列 17 幅图，又可细分为 3 部分：

《太平广记》中记载的 6 个不同时期长安城的官员住宅分布图、长安的别业、家庙分布图、唐代长安城内的宦官居住地、官员住宅街区图；《太平广记》小说中记载的官人居住地分布图；《太平广记》小说中登场人物的阶层身份和活动区域。

(5) 长安城图（吕大防）（制图参考：《隋唐长安城遗址（考古资料编）·上》）2 幅；

(6)《西安历史地图集》相关专题图 19 幅，目录清单如下：

表 3.94 《西安历史地图集》相关专题图

元奉元路城图	西汉建章宫图
西汉长安城图（文献）	西汉未央宫图
西汉长安城图（考古）	五代新城图
隋大兴城图	唐长安城住宅图
唐长安城园林、池沼、井泉分布图	唐长安城寺观图
唐长安城商业及娱乐场所图	唐长安成图—唐初—唐玄宗天宝十四年（755 年）
唐长安城图—唐肃宗至德元年（756 年）—唐末	明西安府城图 嘉靖二十一年（1542 年）
明西安府城图 万历三十九年（1611 年）	清西安府城图 雍正十三年（1735 年）
清西安府城图 光绪十九年（1893 年）	民国后期西安城图 1949 年
民国西安城图 1933 年	

(7) 唐长安城复原图 2 幅（制图参考：《西安历史地图集》《唐长安 1∶25 000 复原图》）。

图 3.53　唐长安城商业及娱乐场所图（参考《西安历史地图集》）

四、文献资料数据库

　　文献资料数据库主要包括研究隋唐长安城相关文献资料的收集、整理、电子化，并建立资料元数据清单。内容包括隋唐长安城相关的书籍、研究论文、考古简报、论著、图册、西安市文物保护考古研究院内部所藏资料等。文献数据是反映西安地区相关研究的总集成，研究的主题和范围有着严格的界定，其信息密度和独特性是其他文献无法替代的。通过数据库的建立实现对文献资料进行一次全面深入的挖掘和整理，逐步实现数字化，其意义在于突破文献信息传输的限制，实现跨地域、无时限的信息获取方式。

　　西安地区考古文献数据库包含西安地区考古相关的文献、书籍、图卷及考古报告等资料，表现于各种记载形式，如书籍、期刊、杂志、报纸、图片、照片、影片、画片、拓本、手抄本、手稿等。利用当前计算机技术、光学扫描技术、成像技术、色彩增强技术实现文献内容的生产、收集、加工、处理、存储和共享等一系列活动。

针对纸质印刷品，通过扫描成电子文件方式进行保存，并对扫描后的文件进行增强处理；针对各类照片、拓片等非印刷资料，则采用电子扫描或转换的方式变换为数字化图形（BMP、JPG、TIF 等）文件。为了更好的进行管理和检索，将题名、作者、作者单位、文献摘要、关键词、时代、出版单位、出版时间、研究区域、中图分类、文献语言等著录内容都录入数据库中，提供一个可供检索、浏览、共享的文献数据库系统。

数据库中已经录入的内容包含书籍、研究论文、考古简报、考古报告和内部资料等。具体文献内容包括电子版 PDF 资料和文献资料元数据表格 Excel。数据库内容合计有：期刊 1 106 册、图书 249 套（420 册），共约 20 万页的期刊和图书扫描文件。

第五节　数据存储管理

西安地区考古数据库存储管理的数据来源复杂、种类多、结构各异、数量大，为提高系统存储管理效率，需要对容量和存储模式进行设计。

一、库容估算

截至 2021 年底，西安地区考古数据库总量已经超过 150 TB，其中历史地理数据容量基本不变；基础地理数据今后主要增加影像数据和考古专题数据。此外，重点项目专题、文献数据库等会逐年增加。随着当前田野考古全息数字化工作的全面推进，包括各种考古记录、照相、正射影像、绘图、全景、三维模型等数据都在快速增长，保守估计，每年增加各类数据量至少在 15 TB 以上。

二、存储模式

整个数据库采用基于面向对象空间数据库、关系数据库、面向文档型或对象型数据库、分布式文件系统等相结合的方式进行存储，构建统一"数据池"。其中：

（1）矢量数据采用空间数据库进行存储管理。数据图层按照数据标准进行命名和字段设计，采用统一空间参考基准。

（2）卫星影像、栅格和高程数据主要指各类卫星影像或者航片数据，栅格数据主要指 DRG 数据、DOM 数据、DEM 数据以及栅格化的网格数据（指将空间划分为规则网格，并为每个网格赋予相应属性值的数据形式）等。该数据采用空间数据库影像数据集技术进行存储管理。

（3）关系表数据，主要有各类统计表格数据、编目数据、数据字典数据和业务数据等。该类数据表结构规范，采用关系表的方式进行存储。对于数据表，系统统一名称、统一规范。关系数据和空间数据以及对象数据根据唯一编码进行关联，实现跨物理数据库的检索。

（4）文档型或对象型数据库，主要采用分布式大数据库技术，实现对非结构化文件大数据的存储管理。包括各类大型图片、文档、音视频、全景、三维数据等。对象实体通过唯一编码进行关联其他数据库。

（5）分布式文件存储管理，主要针对各类地图切片、三维切片甚至大型的视频进行切片管理。这种方式通过预先对数据进行切片处理，用于提升系统访问性能。

第六节　数据质量控制

数据质量控制代表了数据库数据的可用性。在不同时期，数据质量有不同的概念和标准。20 世纪 80 年代以前，国际上关于数据质量的标准基本上是以提高数据准确性为出发点，但是随着质量含义的不断延伸，对数据质量概念的认识也从狭义向广义转变，准确性不再是衡量数据质量的唯一标准。数据质量的高低必须以用户视角为标准。即使准确性高的数据，如果时效性差，或者不是用户所关心的数据，仍达不到数据质量标准。总的来看，现代数据质量概念主要包括以下几个方面：一是注重从用户角度来衡量数据质量，强调用户对数据的满意程度；二是数据质量是一个综合性概念，需要建立一套有效的数据质量管理体系，应从多角度来评价数据的好坏；三是适用性、准确性、适时性、完整性、一致性和可比性等构成了数据质量的基本要素。评价数据标准通常包括以下方面：

表 3.95　数据评价标准

易用性数据	可以使用，并且能够简单快捷地检索。
数据量的适度性	对某一个具体的任务来说，数量是适度的。
可信度	数据是真实可信的。
完整性	数据无缺省，在广度和深度上都是充分的。
表述上的简洁性	数据在表述上是精炼的。
表述上的一致性	数据在表述上遵循同一格式。
易操作性	数据易于操作并且适应于不同的信息保障任务。
正确性	数据是正确可靠的。
互译性	数据以适当的语言、符号和单位表述出来，定义清楚。
客观性	数据收集整理过程中不带主观偏见，不主观臆断，公平公正。
相关性	数据可用，并与具体的信息保障任务相关。
安全性	在对数据存取的过程中维护数据的安全性。
时效性	数据对某一个具体的信息保障任务来说是最新的数据。
可理解性	数据是易于理解的。
增值性	数据是有益的，能够在使用时受益。

数据质量控制体系：通过对采集后的数据进行比较分析，得到误差分布特征曲线，对于超过误差范围的数据进行误差分析，查找误差超限的原因，再利用质量控制手段，确保数据质量可靠。其中，质量控制方法有数据核查法、数据比对法、数据验证法、精度验证法等。

为了改进和提高数据质量，必须从产生数据的源头抓起，从管理入手，对数据运行的全过程进行监控，密切关注数据质量的发展和变化，深入研究数据质量问题所遵循的客观规律，分析其产生的机理，探索科学有效的控制方法和改进措施。因此，本研究始终按照田野考古工作规程，在田野考古业务全流程过程中，以数据标准为依据，重塑数据获取方式，以便获得高质量可用数据。同时，分领域、分阶段、有计划、有步骤地深入研究提高数据质量的方法，强化全面数据质量管理的思想观念，把这一观念渗透到数据生命周期的全过程，用这一观念指导参与信息系统建设的每一位人员，为加强全面数据质量管理，提供坚实的理论基础和技术支持。数据质量问题的产生，既有客观因素，又有主观因素。西安地区考古数据库建立了良好的数据质量管理系统，克服了大量主观因素的干扰，从源头上防止了数据质量问题的产生和蔓延。

第四章

西安地区考古地理信息系统建设

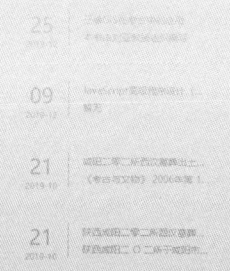

第一节 系统建设目的

西安地区考古数据库的建设是在全面整合西安地区考古资料的基础上,通过构建完整的数据体系,在推进数据库深化应用的基础上进行的开发。本章基于数据库进行西安文物考古地理信息系统建设,包括总体设计、功能模块设计和应用场景等。

本章基于GIS技术、大数据技术、微服务架构技术建设西安文物考古地理信息系统,该系统比一般的专业数据库具有更好的操作体验,能够为各类文化遗产保护规划和考古研究提供便捷的操作界面和工具,方便进行各类数据查询、数据制图、结果导出以及空间分析操作。另外,基于B/S架构的地理信息系统能够在局域网/政务网上进行分级权限共享,通过构建高性能数据服务中心,将海量庞大的数据进行集中统一管理,确保数据安全,规避采用单机版考古地理信息系统本地部署的数据风险。系统部署在高性能服务器上,可以为各个使用终端提供私有云化服务能力,终端只需要通过浏览器访问局域网地址就能访问系统提供的各类功能,执行查询数据和各类分析操作。因此,各个业务科室、考古领队、考古研究人员、文物管理部门可以及时登录系统,了解文物资源数据情况和考古研究成果,通过和各类地图数据的叠加组合,也能辅助考古科研工作。

第二节 系统总体设计

一、设计理念

基于西安地区考古数据库的考古地理信息系统设计采用面向服务的架构,从需求出发,落脚到应用场景,基于应用场景驱动应用模块设计和开发,从而使系统能够最大限度地接近考古人员的思维和使用习惯。同时,系统建设遵循以下原则：

（一）标准先行、顶层设计

西安文物考古地理信息系统的设计不是一个孤立的工作，是以西安考古数据库为基础，遵循数据库、系统、接口、安全相关标准，并基于一个总体全局思路进行设计。标准是基础，是一切设计的依据，在设计之前，对系统建设愿景、目标、内容的统筹规划和全盘考虑是系统建设成功的保障。

（二）技术先进，数据闭环

当前，技术发展日新月异，在系统设计和开发过程中，需要确保采用先进技术，如大数据技术、云服务技术，确保技术适度领先，避免系统建设完成后几年就过时了。数据闭环要求针对考古业务流和数据流进行设计，实现数据采集、更新、存储、管理、维护、利用的完整闭环，数据库建设后最担心"死库"，数据更新维护跟不上，库内有价值的数据缺乏，使用价值不高，导致系统瘫痪、难用，最终沦落为数字烂尾工程，根本原因在于数据闭环没有打通。

（三）需求牵引、场景驱动

很多系统建设完成后很难达到使用目的，一个很重要的原因在于没有真正理解用户需求，不能对用户需求进行抽象、综合、转换和解释。需求语言难以转化为程序界面和操作语言，往往是因为开发者对用户使用场景缺乏理解。一个好的系统需要从总体上对需求进行抽象分析，将需求落地到应用场景中，通过场景的驱动来理解用户需求，进而设计系统界面、交互和操作。

（四）信息安全、支持扩展

数字时代，信息安全是任何一个数据库和系统建设的底层要求，通过设计安全体系保障系统稳定可靠运行，如数据安全、系统安全、网络安全和权限级别等。系统应该是一个可扩展的持续更新系统，架构要灵活，扩展要方便，能够支持系统升级、迭代和功能扩展。

二、总体架构设计

基于西安地区考古数据库，利用大数据、WebGIS技术、面向服务架构，构建基于B/S架构的西安文物考古地理信息系统，实现基于一张图的文物资源管理、数据查询、分析和综合应用。系统按照五个层次进行架构设计，分别是基础设施层、数据层、组件服务层、应用层和用户层。其中，上层依赖下层应用和功能，整体构成可扩展的系统框架，如下图所示：

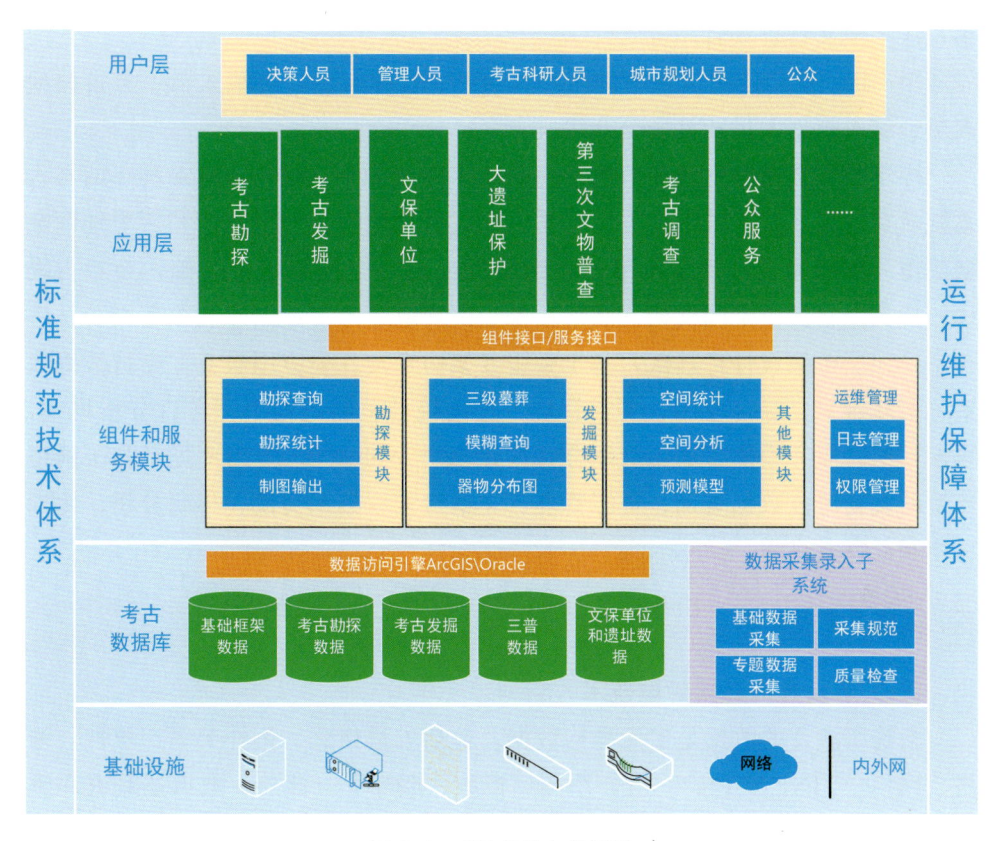

图 4.1 系统总体架构设计

基础设施层：主要包括基础软硬件和网络基础环境，如：操作系统、数据库软件、GIS 平台、局域网络、网络交换机、服务器、存储设备、安全设备等。

数据层：主要包括基础数据、考古专题数据（调查、勘探、发掘、第三次全国文物普查、文物保护单位、重点专项等）和业务运维数据，以及以数据为基础的数据采集录入系统。

组件和服务层：组件包括基于 GIS 平台的二次开发接口、Web 服务接口和数据库访问接口。服务层包括基于微服务框架实现各类服务，包括空间检索模块、统计分析模块、制图模块、数据编辑服务等。组件和服务层向上层提供 API 接口和网络服务。

应用层：根据应用目的划分面向不同应用领域开发的应用系统，如：考古勘探管理、考古发掘管理、文保单位管理、大遗址保护管理、考古调查管理、第三次全国文物普查管理等。

用户层：就是使用该系统的用户，包括：管理人员、决策人员、考古科研人员、城市规划人员和社会公众等。

构建西安文物考古地理信息系统的技术路线如下：首先，建立统一的考古系统时空框架，基于城市地方坐标系，完成基础地理、卫星影像和历史地图数据的统一框架建设，为全市考古专题数据提供时空框架定位基础，为考古勘探、发掘资料提供空间框架。然后，基于西安地区考古数据库和服务划分，进行系统顶层框架设计；其次，基于微服务架构开发各类应用服务，支持数据采集、更新维护、综合应用、资料管理、查询统计、制图输出、考古分析模块；再次，组合服务模块，面向应用合并构建多个 WebApp，为用户提供基于网络环境的文物考古数据查询、资源管理、文献检索、数据交换、科研分析、协同标绘和信息共享等。

三、实施重难点技术

（一）多元异构数据管理技术

系统所涉及的数据是多元异构数据，包括矢量格式、拓扑关系、属性、栅格、网格、TIN、文档、三维、绘图、视频、照片等。此外，数据还具有多重比例（空间尺度数据）、多种投影、多种数据范围和多种时间分辨率特点。如何利用考古地理信息系统技术统一管理这些多元异构数据是一大难题。

对于多元异构数据，可以通过采用 ETL（提取、转换、加载）技术进行数据融合，将数据从不同数据源中进行抽取、转换、加载至统一仓储中心，利用"数据湖"技术进行对应存储，实现多元异构数据的融合，便于后续调用。

（二）分布式对象存储技术

针对考古数据，存在大量单体文件数据量庞大的现象。比如：一个遗址的高保真三维模型成果，其点云数据量可能超过 20 GB 以上，如果再加上各类纹理细节和网格模型，单个文件数据量可能超过 50 GB 以上。此外，再加上各类卫星影像、无人机航测影像等，数据体量将更加庞大。西安地区考古数据库整个底层采用了多种技术集成的存储管理技术，也叫"数据湖"技术，针对单个文件为实现快速存取，核心还是采用利用空间换时间的方法，将单体进行切片，并建立各个切片文件的唯一校验码，通过分布式存储管理技术对切片进行分布式存储，系统可以对切片进行冗余备份，以便获得高效的访问性能和数据安全。

(三) Web 微服务架构技术

Web 微服务架构技术是当前信息技术领域最重要的应用技术之一，它是一种基于网络的分布式计算技术，提供软件服务和应用程序接口，使得不同的系统和应用程序之间可以进行跨平台、跨语言和跨协议的交互和通信。在 Web 微服务技术的框架中，主要技术包括 Web API、RESTful API 等，这些技术可以使服务提供者和消费者进行高效交互和通信，同时也可以保证数据的安全性和可靠性。通过服务治理、调度和管理，可以构建出高效、可靠、智能的应用和服务，为数据共享和功能调用提供搭积木式的开发模式和应用模式。

西安考古地理信息系统是一个面向服务的数据平台，底层基于 Spring Cloud 架构，可以通过网络方式在局域网实现数据查询、功能调用和应用服务。该系统提供了以类似 SaaS 的方式为用户提供文物资源管理、文物信息查询、考古全过程数字化记录、科研应用服务等模块功能。这些大的功能模块内部又划分为多个应用服务组件（微服务），通过服务编排、组合，提供更大功能级应用，满足多变的用户需求和组件化定制能力。

微服务架构本身是一种架构概念，该架构的实施旨在通过将功能分解到各个离散的服务中以实现对解决方案的解耦。它的主要作用是将功能分解到离散的各个服务当中，从而降低系统的耦合性，以提供更加灵活的服务支持。其本质就是用一些功能比较明确、业务比较精练的服务去解决更大、更实际的问题。例如：在系统平台中的一张图服务、数据中心服务、数据共享服务等核心功能均可以通过微服务形式进行系统平台组合去满足不同的用户需求。其相比传统的技术开发，具有易升级、易扩展、高性能等特点。它的核心架构相比传统软件开发，将业务核心进行了独立分解，配合分布式开发可以实现对应用层功能的快速组合搭建。

从技术角度而言，微服务可以在"自己的程序"中运行，并通过"轻量级设备与 HTTP 型 API 进行沟通"。在服务公开中，许多服务都可以被内部独立进程所限制。如果其中任何一个服务需要增加某种功能，那么就必须缩小进程范围，而在微服务架构中，只需要在特定的某种服务中增加所需功能，而不影响整体进程。利用微服务技术，将基本的操作单元利用微服务的理念进行设计、封装，确保组件服务的可重用、内部调用和多语言调用能力。

（四）空间分析服务技术

空间分析（Spatial Analysis）由来已久，分析内容多样化，导致了空间分析的称谓也很多，如：地理信息分析、空间数据分析、地学统计、空间统计与建模，等等，由此可见，空间分析内涵丰富，且应用广泛。空间分析是针对地理对象的位置和形态特征的空间数据而产生的分析技术，它的主要目的是为提取和传输空间信息，通过运用 GIS 软件的原理和算法，生成多种空间数据模型，揭示数据之间的联系及其变化特征，对空间数据进行操作、处理、分析、模拟和决策。

在系统实施上，借助 GIS 的空间分析技术，如：高程、坡度、坡向、水文、缓冲区、可视域等分析模型，对调查获取的各类田野考古资料和已有的遥感影像资料、数字地面模型、矢量化的各类资源图进行综合的空间分析，从而实现充分挖掘各类遗迹承载人类活动的地表空间要素的目的。在当今的城市考古研究中，空间分析也占有重要地位，作为一个重要的分析维度，可用于城市考古研究的各个方面，如：遗址重心迁移、遗址预测分析、数字地形分析，等等。系统实施空间分析的方法有很多，并且在田野考古中得到了应用。例如：利用系统生成坡度、坡向分析模型来探讨聚落的分布特征；而视域分析在对战略要塞或墓冢的研究分析中十分重要。这些分析模型都以 Web 服务的方式通过系统进行封装、测试和调用，为应用系统提供了空间分析服务和扩展空间分析能力。

第三节　系统功能模块设计与开发

根据系统的总体设计，将先进的数据采集技术、处理技术、存储技术、分析技术应用于田野考古调查、勘探、发掘、资料整理、管理应用、辅助科研及成果展示等工作中，采用模块化的思路进行各应用功能设计，全面提升数字化考古水平。西安考古地理信息系统根据功能模块划分，包括数据采集录入系统、考古资源数据中心、考古一张图系统、模型分析系统、历史图库系统、文献检索系统、共享交换系统和运维管理系统等八大系统。其功能开发支持地图浏览、数据查询、制图输出、数据比对分析、自定义标注、时态分析、预测分析、数据共享等。

一、数据采集录入系统

（一）属性数据的采集和入库

属性数据包含矢量数据的属性数据和独立的属性表格数据。矢量数据的属性数据即指空间实体的属性特征数据，与点、线、面等几何要素层结合为一体化的各遗迹要素类数据，一般包括各类遗迹的名称及特征描述等。这类属性数据在矢量要素数字化的过程中一般作为图层字段属性直接录入，或者通过属性表关联录入。而独立的属性数据，即与空间位置相关，但本身并不带有空间位置信息的非空间数据，这部分数据将单独输入数据库存储为属性表格，通过关键字与图形数据建立关联。

（二）遗址平面地图配准

因早期考古工作还没有引入精确的测绘系统，大部分项目工地和遗址的平面图都是采用相对坐标系绘制，平面图没有坐标参考，给地图定位和后期矢量化带来了极大困难。通过图面分析，平面图上绘制有遗迹单位相对位置关系、方向和比例尺等元素。为此，系统开发了基于单点快速地图配准功能，通过给平面图定一个基准点，然后根据比例尺和方向进行自动缩放，实现地图的相对精确配准。这种方法相比传统的根据 4 个以上控制点进行配准要快速便捷，极大提高了数据采集能力。

（三）地图要素矢量化

经过地理配准后的遗址分布图虽然具备了真实的地理坐标，但仍不能进行地理统计与空间分析，因此，还需要对地图中的实体要素进行矢量化。首先，对需要进行矢量化的实体进行分析，结合实际情况选择合适的矢量要素类型。在一个遗址中，一般需要进行矢量化的实体有遗址点、城壕、台地、古河道、城墙、道路、房址等。对于房址、台地等遗迹类型，需要通过矢量化得到其位置信息、面积和周长等信息，采用封闭面要素进行表达。墓葬作为一类特殊的遗迹单位，需要记录其面积、位置、周长等信息，也采用面要素表达。对于城墙、道路等线性遗迹单位，一般利用线状要素记录其位置、长度信息。

在确定好各遗迹单位实体的矢量要素类型后，通过使用编辑工具对各遗迹单位进行矢量化，系统提供了创建点、线、面要素工具以及节点编辑、要素分割、要素合并等图元要素编辑功能，由此完成空间数据的采集入库工作。

（四）数据编辑和集成管理

数据编辑和集成管理主要包含各类要素数据图形和属性数据的编辑、删除等数据更新操作，以及完成要素挂接附件管理功能。比如，当更新发掘出一批墓葬、出土器物时，可以向相应的图层和数据表中批量添加数据，并完成相关属性字段的批量修改。

二、考古资源数据中心

考古资源数据中心是提供考古数据数字化成果的主要管理、展示和利用的子系统。系统中通过共享和发布各类考古数据集进行数据组织、管理、发布、检索和共享，方便管理和科研应用人员通过系统进行数据资源查找、地图浏览、叠加分析和共享应用。

系统汇聚了西安地区考古数据库数据、第三方注册数据和发布数据，提供了一个数据窗口，实现对多元异构、结构化、非结构化数据的一体化管理和共享服务。其主体功能包括：查询检索、分类统计、地图可视化浏览、数据推荐、申请下载、审核、数据定制、开放数据接口等部分。系统核心功能包括：

（一）数据列表

数据列表主要通过列表的方式展示平台中已发布的数据集。

两级分类统计：将文物考古数据集划分为两级体系，并统计各类数据集情况。通过点击一个分类可以进行过滤查询，并将查询结果在页面中进行排序显示。

条目显示：显示该数据集缩略图、是否可下载、是否可在线浏览、标题和数据来源等信息。用户可以将该条目数据加入数据收藏夹以便随时调用。

标签查询：根据主题词、所在位置、数据类型等标签进行查询。系统自动将所有主题词、所在位置信息以及数据类型信息都呈现出来，且显示出各个标签下的数据个数。通过点击任何一个时代（如唐代）、主题词（如墓葬）、数据类型（如矢量），可以进行数据查询。

数据排序：对查询结果数据进行排序，可以根据最近访问量、最近更新时间、是否可下载、数据评级进行排序。

数据集详细信息：用户可以查看数据集详细信息，包括缩略图、发布作者、单位、标题、数据描述、基本信息（数据时间、空间位置、主题词、主题分类)、数据联系信息(联系人、联系电话、邮箱、数据制作单位)、关联附件(文档、数据库、矢量图层等)、在线服务地址等。用户还可以查看与该数据集相似数据列表,空间大概位置(地图显示)、数据访问次数、数据量大小、最近更新时间、数据评级等。

数据位置显示:通过地图显示该数据集的大概示意位置,以便支持空间检索数据。

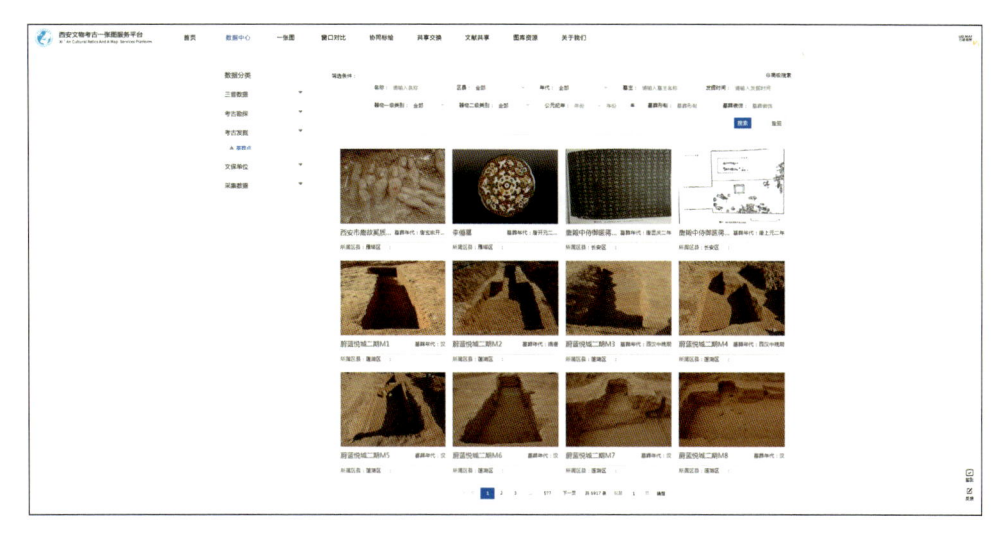

图 4.2 考古资源数据中心

(二)个性化推荐

个性化推荐主要依赖系统大数据分析引擎,将其集成到页面前端,将系统中主要个性化数据结合登录用户信息,进行有针对性的数据展示,使得不同的用户在访问平台时获得个性化的数据内容。

感兴趣数据列表:将用户可能感兴趣的数据进行列表展示,提示给当前登录用户。

邮件提醒:系统也提供定期邮件推送功能,将用户可能感兴趣的内容推送给用户邮件。

(三)数据收藏

数据收藏主要就是方便用户在浏览数据时,可能会对多个数据感兴趣,从而将数据加入收藏夹,以便统一提交;还可以实现用户的收藏订单生成和相关信息管理功能。

(四) 数据在线可视化

数据在线可视化主要是将可以在线浏览的矢量、影像和专题数据、三维模型等数据进行在线显示。

标准服务浏览：对于符合 OGC 标准的服务，系统可以直接提供数据的在线浏览，并提供基本的 GIS 功能。

标准服务查询：对于符合 OGC 标准的服务，系统可以对其进行查询操作。相关示意图如下：

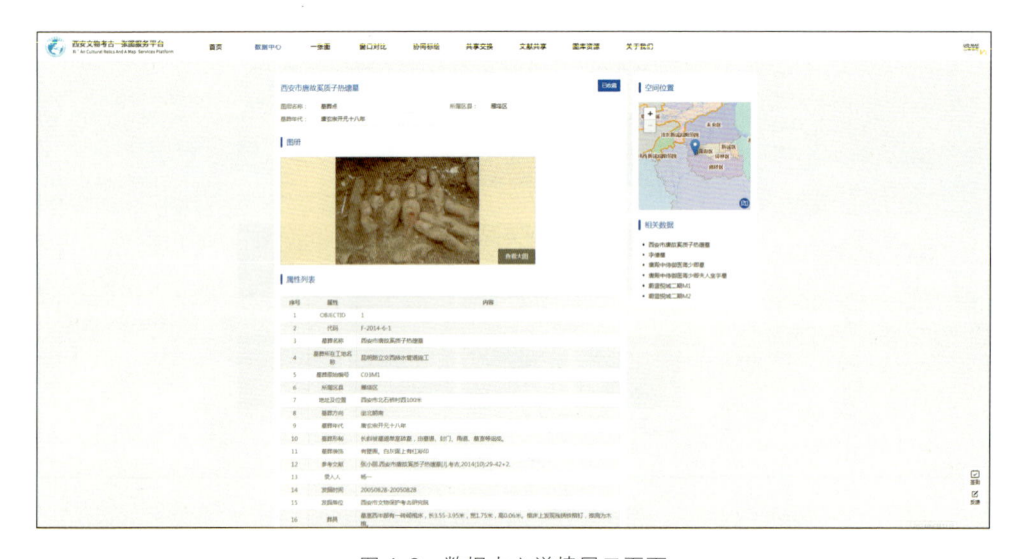

图 4.3　数据中心详情展示页面

(五) 其他功能

数据点评：登录用户可以对数据集进行点评操作，包括选择数据级别（默认为五级）以及填写数据评论信息。

数据开放接口：对系统中发布的部分可以共享和开放接口的数据服务，以提供列表的方式展示数据接口和调用方式；

数据定制：登录用户填写数据定制需求，并将需求发送给平台，平台管理员接收需求进行反馈，可以通过邮件形式进行人工反馈。

收藏夹管理：用户可实现对感兴趣内容的收藏与管理。

三、考古一张图系统

自然资源部、国家文物局联合发布的《关于在国土空间规划编制和实施中加强历史文化遗产保护管理的指导意见》中提出："将历史文化遗产空间信息纳入国土空间基础信息平台,并纳入国土空间规划'一张图'监管。"考古一张图系统基于西安市统一规划坐标体系,基于一套数据底座,叠加文物专题内容,为考古院、文物管理部门、自然资源和国土规划部门提供分级数据共享机制,根据各部门的不同业务需求和应用需求,设置数据权限进行分级使用。其中,考古院是数据的主要贡献者和使用者,主要利用该平台进行科研和管理;文物主管部门主要利用该平台进行文物数据的综合管理和可视化展示,以及核定可能存在历史文化遗存的区域,与自然资源和规划局进行业务衔接,结合西安市土地的"先考古、后出让"制度,初步实现"多规合一"。

考古一张图系统作为整个系统最重要的核心功能模块,作为地图入口,该系统基于 HTML5 和 WebGIS 技术实现。提供各类相关考古数据的一张图动态展示和利用,在系统中可以快速实现各类资源数据分目录导航、定位、叠加、浏览、查询和统计分析应用。通过将基础数据和考古专题数据整合到同一底图进行管理,以便进行多专题综合分析。系统提供了各种地图操作功能、图层操作功能、资源目录查询和导航功能、时态推演功能、变化分析功能、多时态对比功能等。

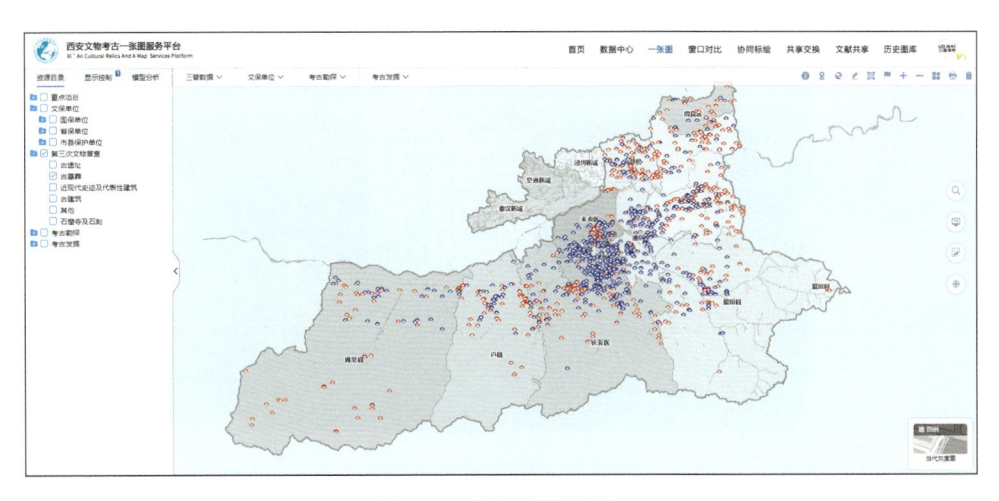

图 4.4　考古一张图系统

(一) 基本地图服务

考古一张图地图服务包括拉框放大、缩小、标注、测距、测面、截图、全屏、坐标定位、添加照片、高清地图打印、点选查看、清除等。系统中的矢量数据和栅格数据可以根据浏览需求进行分级加载和浏览，或者根据坐标信息快速定位到感兴趣的项目区域，进一步放大显示，获取更多考古发掘细节信息。此外，利用测量工具可以实现距离和面积的测量。例如，如需获得华清宫遗址与最近的河道之间的距离，需要以该遗址为起点，利用线测量工具向其附近河道做最短的直线即可实时读取距离值；如要测量隋唐长安城面积的大小，则可以用面积测量工具在城址图层上划定相应的多边形范围，即可自动计算出其面积。

此外，考古一张图系统中的数据不再是简单的文字记录，而是可以在屏幕上以可视化方式进行浏览、叠加的图形或者图像。在地图浏览模式下，基于统一地理坐标的所有数据将以图层的方式进行叠加显示，可以通过图层控制开关灵活设置各个图层的显示与隐藏功能，以显示或叠加需要的考古数据。在系统中以现代矢量地图或者卫星影像作为底图，选择叠加隋唐长安城矢量化平面图、隋唐时期墓葬点等图层，使得其空间分布、形态和相互位置可以一目了然地显示在地图上。结合高精度影像底图提供的地形地貌特征，可以清楚地辨识出古城选址与周边环境的关系，从而深化用户对古城营建特点的认识。

图 4.5 空间数据叠加显示

（二）数据查询

一张图系统的数据查询方式可分为空间查询和属性查询，该功能主要是对考古勘探和发掘的各类遗迹单位的属性信息进行快速查询，将数字化的文物考古综合信息展示在地图上。

1. 空间查询

基于考古空间矢量数据，系统设计了快速空间查询功能，支持对三普、考古勘探、考古发掘和文保单位数据进行空间检索。空间查询支持绘制多边形、矩形以及行政区划范围来检索该范围内存在的矢量数据及其属性。空间范围的指定可在空间查询窗口中通过鼠标直接框选一定的范围来确定，例如查询下图选中矩形框可确定空间范围内存在哪些遗址。

图4.6 空间查询结果

以查询某一行政区为例，可查询碑林区范围内考古勘探点的分布。检索结果通过列表和高亮方式进行展示，点击地图上高亮显示的要素点，可以进一步

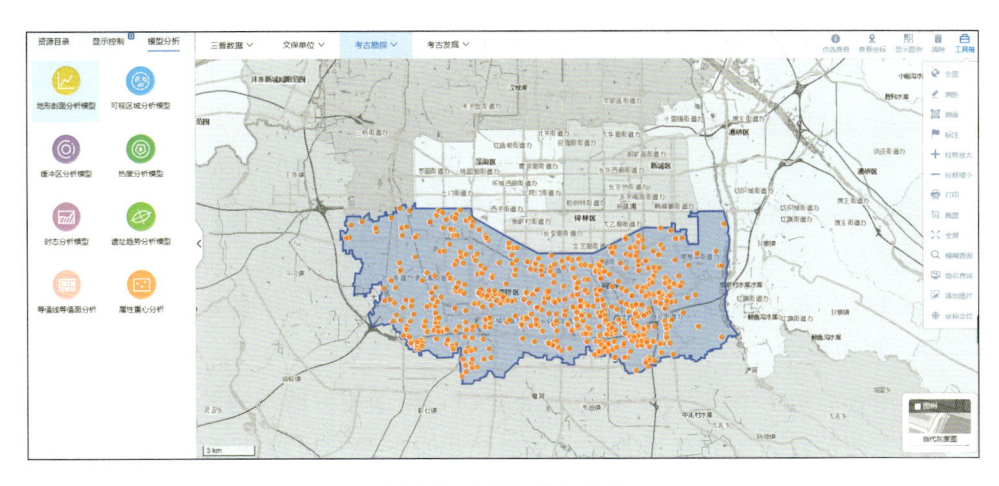

图4.7 行政区查询结果

查看其详细属性信息及其关联图片、附件、音视频、三维模型等资料。

2. 属性查询

属性信息检索支持对第三次全国文物普查数据、考古勘探数据、考古发掘数据、文物保护单位数据进行属性查询，支持对属性条件进行设置，支持对所属行政区划进行设置。根据不同图层的属性要素，可选择按名称、区县、年代、勘探时间、发掘时间、项目性质、发掘遗迹单位、器物类别、墓葬形制等条件进行基于字段的信息查询，满足条件的要素将直接在页面上高亮显示出来。对查询结果可以进行地图展示和列表展示，通过鼠标点击地图上的点可以查看其详细属性，包括属性字段信息以及关联非结构化附件信息。

图 4.8 查询统计分析

例如查询西安地区出土陶俑的墓葬点分布，可得到该条件下墓葬点在地图上的空间分布情况，并且系统对数据进行分类统计，支持用户以不同格式导出使用，如：JSON、XML、CSV、MS-Excel 等。点击高亮的图元可以进一步获取更多信息，包括墓葬出土器物的种类、器型、材质、纹饰等信息。依据出土器物的类型、数量，结合墓葬面积、高程以及其他属性信息，可进一步推断出墓葬的类型、等级地位，为研究丧葬习俗和古代社会关系提供支撑。

3. 模糊查询

模糊查询是在条件不完全的情况下进行，根据用户输入的部分关键词，检索到与之相关联的所有选项数据，从而使用户能够尽可能快地找到所需的数据。与精准查询相比，更灵活、方便、快捷。对于系统中的图层提供跨图层、跨字段模糊检索能力，支持 And 和 Or 表达式，该功能支持在 Web 端进行全局模糊检索。

（三）制图输出

根据实际需求动态定制专题地图是系统的一大优势。专题地图由底图要素和专题要素组成，通过突出显示一种或几种特定要素，从而使所输出地图的内容、用途专题化，易于进行专题分析。对设置为支持打印的地图服务进行 Web 制图输出，可输出包含图名、图符号、图例、比例尺、责任表、图廓、经纬网格和经纬度标注等制图要素的成果图件，可以按照标准图幅或者任意空间范围进行输出。

（四）窗口和卷帘对比分析

系统支持采用多窗口对比功能和卷帘工具，能同时显示同一区域内不同时间节点、不同类型的地图，便于用户进行交互式比对与分析。用户在两个地图间拖拽并移动垂直栏时，会在地图的一侧显示所选卷帘图层。根据需求选择不同底图，系统可以叠加不同数据进行多维度的对比分析。

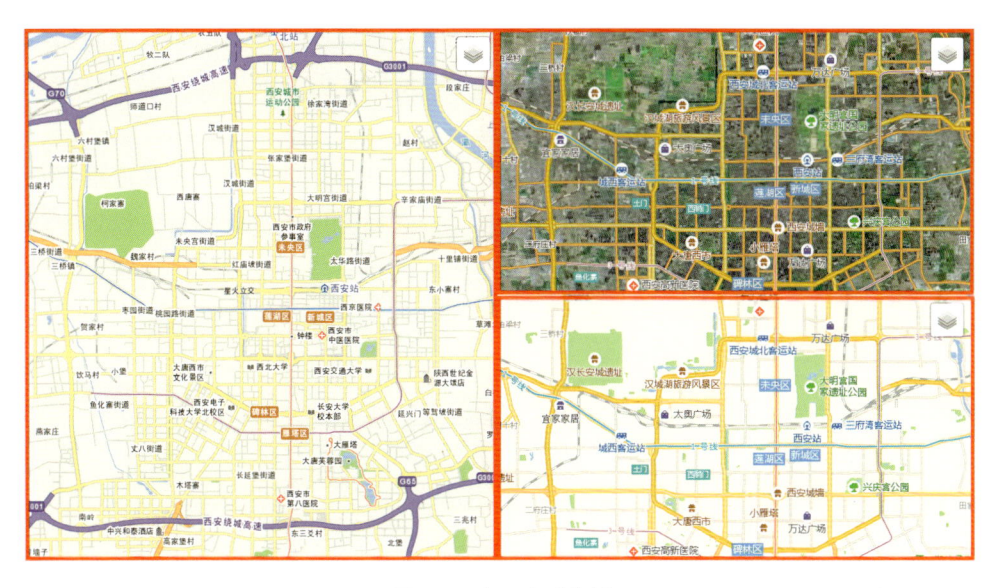

图 4.9 窗口比对分析

（五）资源目录管理

资源目录管理根据不同分类标准创建目录树，设置考古资源信息需要的节点，节点中关联相应的考古数据资源类型，分别为重点项目、文保单位、第三次全国文物普查、考古调查、勘探和考古发掘。在资源目录导航中可以对目录节点进行编辑和图层操作，如图层浏览、叠加、分析和查询操作。资源目录支持多种图层类型，如动态图层、矢量图层、影像图层和缓存图层等。

资源目录数据是根据存储的数据类型和内容构建以供平台系统调用，它会以逻辑分类和树状目录的方式对数据进行逻辑组织，以方便数据导航、查找、浏览。构建的目录树能清楚描述各个数据的分类、等级、包含关系等。

资源目录数据库提供目录资源获取服务和目录查询功能。目录资源获取服务是根据用户角色级别，获取相应权限可以查看的信息资源，构建成目录树放于前端显示；目录查询服务提供查询该目录节点的具体属性信息。

资源目录的构建以时态为纵轴，以基础地理、考古调查、考古发掘、考古勘探、文保单位、综合研究、考古专题、历史地图为分类依据，对各分类数据资源进行有依据的组织和编目。

（六）时态推演

系统通过时间轴功能，有效管理遗址、遗迹单位的历史时态。当时间轴滚动至某一特定时间截面时，地图将自动与该时间截面联动，展示相应时态的地图内容。此外用户还能根据时态变化，对同一地图上的不同矢量图层进行变迁动画分析，从而更直观地理解历史变迁过程。

时态分析支持多种分析模型和功能，如唐代官员住宅分布、各年度勘探项目分布、发掘项目时态分布等。系统功能支持选择数据源进行分析，设置时间区间，对时间播放间隔进行调整，设置动画步长和速度，以及通过地图上的动

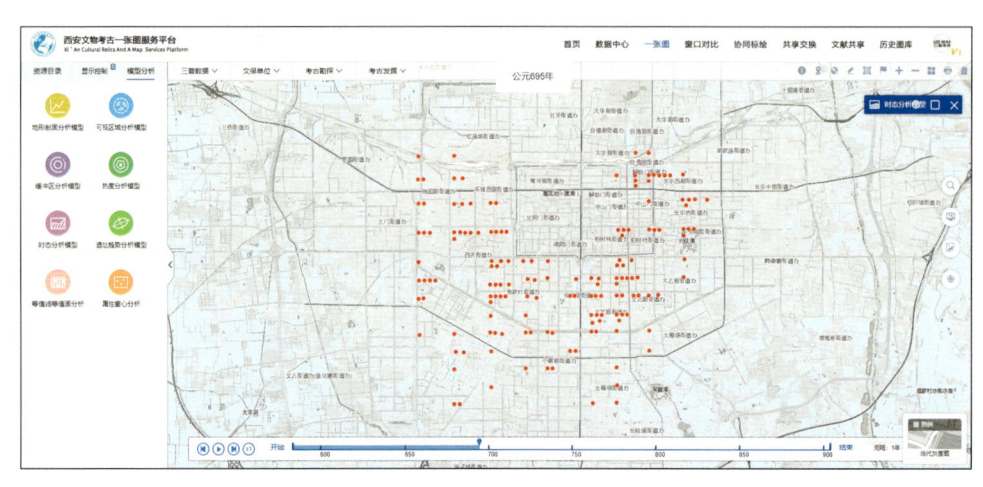

图 4.10 时态推演分析

画显示效果，对数据源根据时间进行时态推演展示和分析。

（七）空间数据浏览及可视化

考古一张图系统空间数据可视化基于科学计算可视化、虚拟现实、地图学、地理信息系统等技术理论，以识别、解释、表现和传输为目的，直观显示考古数据的属性特征，主要功能为：

1. 图层管理

系统平台支持多种图层类型叠加，如矢量图层、影像图层、高程图层、本地 CSV 图层等，应用 DEM 和影像数据生成三维地图基础图层，可以将点、线、面等矢量要素添加到三维场景中，进行查询、分析和沿线移动视窗展示。

2. 图层浏览控制

考古勘探和发掘中的空间数据较多，涉及勘探点、探孔、探沟、探方、勘探边界、遗址平面图、发掘点、发掘遗迹单位边界、各类遗迹平面图等，系统支持对这些空间数据进行分层放置，包括图层可视（透明度）控制、图层顺序调整、图面元素显示样式调整，以及地图缩放、旋转，漫游，控制视图方向、视角等。

3. POI 信息标注

查询地理信息中的 POI 信息点，可定位到目标位置。

4. 地图切换

实现二三维切换功能，在三维场景下，采用地球方式进行查看。可以切换多种底图，如民国地图、矢量地图、影像地图、历史卫星影像地图。

5. Web 可视化

提供进行 Web 端制图和可视化展示功能，对用户上传数据可以进行 Web 制图表达和符号化展示，也可以对统计数据进行表格和图表表达。

四、模型分析系统

空间分析是系统的又一重要功能。借助 GIS 的空间分析技术，如地形分析（高程、坡度、坡向、曲率）、水文分析、叠置分析、缓冲区分析、聚类分析、可视区域分析等，对各类田野考古资料和卫星遥感影像资料、数字高程模型、土地利用、土壤类型以及矢量化专题图进行综合性叠加空间分析，可以充分发掘不同遗迹、聚落等承载人类活动的地表空间要素的景观生态意义。按高程、坡向分布范围对遗址进行区分，并依据遗址的规模、土地利用及其与周边环境、资源的关系，探讨聚落生业模式，进而模拟或推断遗址内人口数量、社会活动类型以及人类活动对资源和环境的依赖程度等。

模型分析子系统建立在专题研究分析基础上，主要针对科研用户的分析需求进行开发，采用 Web 的方式对科研分析模型进行集成、Web 发布、动态运算和展示。如可以对土地利用网格化数据进行动态计算和展示，对古墓葬分布趋势进行预测，对历史水文进行分析、对历史交通道路进行成本计算和对比分析等。依靠多种空间分析函数，对重建的地理现象进行空间抽象和模拟，支持科研工作者进行模型分析、成果展示和动态计算。本系统中设计专门的空间建模模块，一方面以空间模型的方式展示复杂的时空关系，另一方面则支持用户以自己的专题进行数据建模，或者以自己的专题数据和系统本身数据结合，生成自身需要的模型数据集等。

系统利用模型构建器对发布的模型进行构建，定义模型参数，操作流程和结果输出方式。可以采用可视化方式进行模型构建，也可以采用脚本语言方式进行构建，最终利用平台进行模型发布和集成。

在空间建模过程中，需要定义变量（如交通图层），还需要定义操作（如缓冲区分析），在定义操作时可能还需要定义跟操作相关的变量，如缓冲区分析半径，最后定义输出结果，将输出结果变量以图层形式叠加到地图上。系统内置以下几种模型：

（一）遗址趋势分析

遗址趋势分析模型利用方向分布（标准差椭圆）对遗址分布趋势进行分析，是用来显示点集空间分散情况的一种非常有效的直观工具，能够识别聚落遗址点的空间分布趋势，描述聚落遗址点的方向偏离。该模型一般在分析过程中考察遗址点的疏密、方向和数量等因素。在系统选择经纬度坐标、权重字段和分组字段，得出一组遗址数据的方向以及分布的趋势，并且可掌握数据的特性。数据结果显示的长轴为空间分布最多的方向，短轴为空间分布最少的方向；标准差椭圆面积大小比较可以判断聚落遗址点的离散程度，其面积越小，意味着聚落遗址点的分布越接近于重心附近[1]。

---

[1] 梁发超，刘诗苑，起晓星等. 近 30 年闽南沿海乡村聚落用地空间演化过程研究［J］. 农业工程学报，2019（22）：18-26.

（二）可视域分析

空间可视域分析是指人眼通过视觉感受与认知对目标进行加工，转换为对地理信息的表达。此处的可视主要强调视觉意义上的可观测性，也就是人眼从一个或多个地理位置所能看到的范围或实体数目。当前，可视域分析（Visibility Analysis）不再限制视线的可见程度，其应用已延展到对大空间对象的观测分析中。可视域分析主要由通视分析和可视域分析组成，通常分为三类：点可视、线可视和面可视。可视域分析最终归结为视线计算问题，通过在三维空间中确定一条由视点和目标点之间的直线路径，然后检查这条路径上是否有任何障碍物妨碍视线。在可视域分析中，通常需要确定视点的位置和目标点的位置，以及可能存在的障碍物。然后，通过计算和分析这些数据，可以确定在给定位置和方向上视线是否被遮挡。

（三）叠加分析

叠加分析是将多种专题数据叠加在一起，从而获得新信息的一种分析方法。假设大明宫遗址附近的某块土地要用于商业开发，项目建设单位向文物部门提供该土地的范围，文物部门通过系统的叠加分析功能，上传坐标数据与大明宫遗址保护线进行叠加比对，就可以查看该地块是否压线并计算占压面积，如果压线表明需要避让遗址。这种应用避免了土地开发对文物造成损坏，在很大程度上缓解了城市基本建设和文物保护之间的矛盾。

（四）地形剖面分析

地形剖面分析能够直观反映地形表面形态，并定量分析沿特定方向的地形起伏变化，在地形分析中具有重要作用。地形剖面分析是一种通过提取高程条带所表征的地形信息，如最大高程、最小高程、平均高程、地形起伏度等，来定量、客观地描述一定区域内地貌高程属性变化情况的方法。这种方法在田野考古研究中得到了广泛应用。通过地形剖面分析，考古学家可以更好地了解一定区域内地貌的特征和变化情况，从而对遗址的分布、形成和发展过程有更深入的认识。同时，这种分析方法还可以帮助考古学家判断遗址的年代和性质，为田野考古研究提供有力支持。

（五）缓冲区分析

缓冲区分析又称为影响区或影响带分析，是指根据分析对象的点、线、面实体，自动建立周围缓冲带状区的一种方法。该方法用以识别这些实体或者主

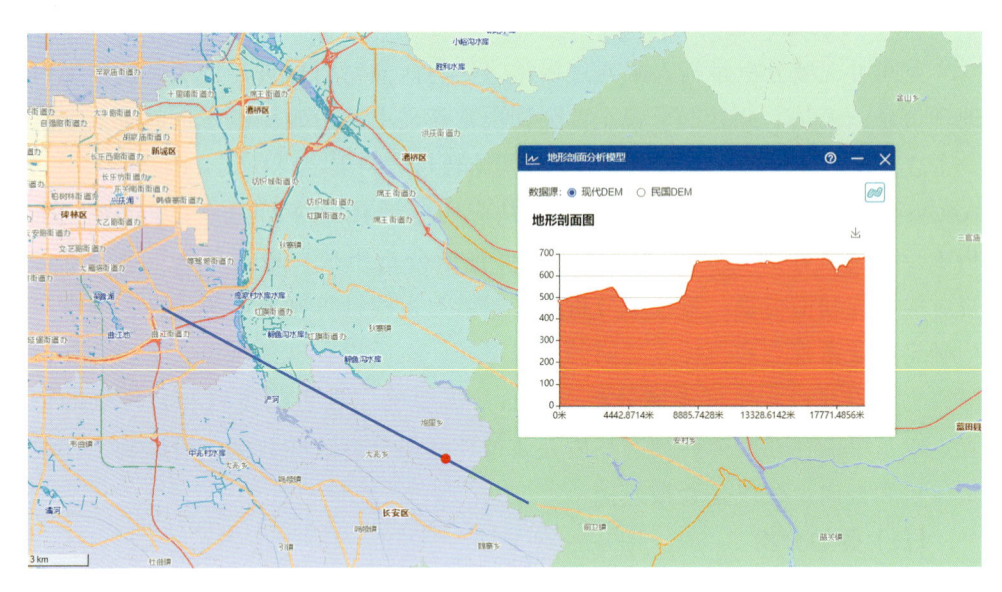

图 4.11　地形剖面分析

体对邻近对象的辐射范围或者影响程度，是解决邻近度问题的空间分析工具之一。模型分析系统支持基于点要素、线要素和面要素的缓冲区分析。在对文化遗产的保护中，不仅应该保护遗迹本身，对它周围一定范围内的环境也应加强保护。因此，对于遗址点需要进行一定范围的缓冲区分析。在城市规划和建设中，往往需要对建设项目周边环境进行评估，以确保新的建设项目不会对周边文物造成影响。通过缓冲区分析，可以明确遗址点的影响范围，从而更好地进行保护和管理。在西安城市建设中，如果需要对规划建设的地铁沿线周边可能影响的文物点进行分析，可以将地铁的坐标导入系统，并自动计算其周边距离如 100 米范围内的文物点分布和勘探、考古工作情况。通过这样的分析，可以了解地铁沿线周边文物点的分布情况，以及是否有需要保护的文物点。

（六）**热度分析**

热度模型分析是一种点模式分析方法，它可以用来描述任何类型的事件数据，因为每一事件都可以抽象化为空间上的一个位置点。点模式分析是指对空间上的点进行统计分析的一种方法，它可以用来研究点在空间上的分布、聚集程度、空间关系等特征。热度模型分析是一种常用的点模式分析方法，它通过构建空间热度图来描述事件数据的分布和聚集情况。热度图是一种以颜色变化

图 4.12　缓冲区分析

来表示数据分布情况的图像，其中颜色越深表示数据越密集，颜色越浅表示数据越稀疏。通过热度模型分析，可以发现事件数据的空间分布规律和热点区域，从而为决策提供支持。

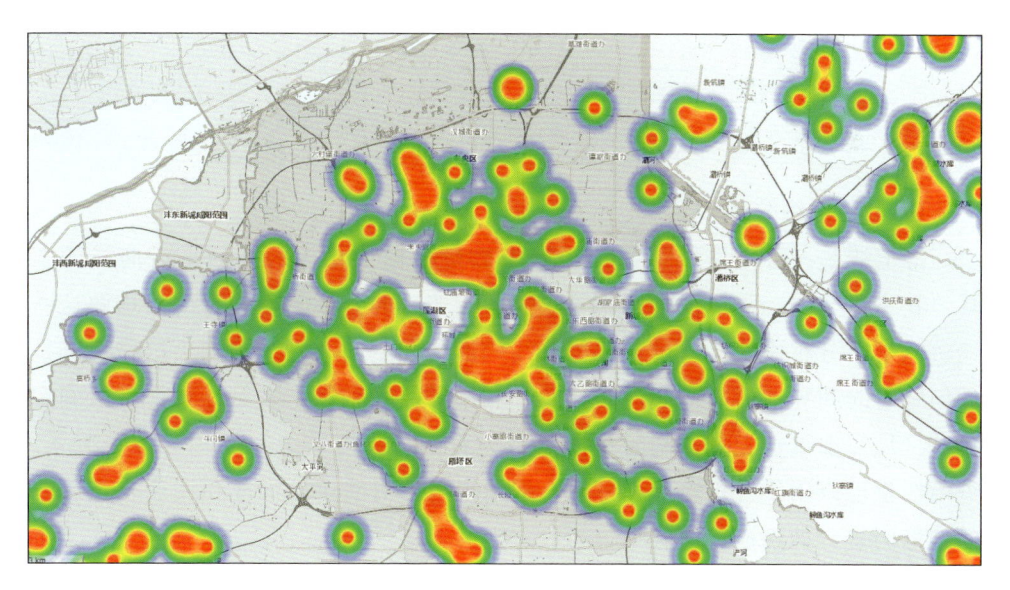

图 4.13　热度分析

（七）时态分析

时态分析模型是将时间数据和空间数据结合，使用户能够随时间变化了解地理现象的时间和空间描述。在时态分析模型中，原始数据是数据链上的一个节点。该模型回溯历史简单，只需要指定相应时间，即可查询相应历史时间的数据。通过选择数据来源、间隔时间、分析模式实现时态分析，利用时间轴对历史时态进行管理，当时间轴过渡到一个时间截面时（可以采用绝对年代或者相对年代关系），地图可以与时间截面进行联动，在不同的时间截面，可以获取不同的地图展示内容，也可以对同一个地图各个矢量图层根据时态进行变迁动画分析。

图 4.14　时态分析

（八）等值线分析

等值线是一种用于研究各种领域中数量指标值相等的点的平滑曲线的工具。在考古学中，等值线可以用于绘制各类遗迹的分布图，这有助于理解这些遗迹的空间分布模式。通过观察等值线的形状和走向，可以推测出这些遗迹是如何随着时间和地形的变化而变化的。利用等值线来制定发掘计划，可以确定哪些区域需要重点发掘，同时可以清楚地看到各类遗迹之间的相对位置关系。等值线也可以用于分析地形和环境，揭示出可能对遗迹的形成和演变产生影响的地形因素，如河流、山脉等。

五、历史图库系统

历史图库系统是一种基于地理信息系统的时空一体化平台，用于展示历史地图和其他资料的空间分布情况。该系统能够将不同历史时期、不同比例尺、不同来源的历史地图数据和其他空间数据进行整合、分析和展示，同时结合时间维度和空间维度，提供历史时期的时空数据检索和调用功能。系统功能包括数据导入、元数据编辑、成果入库、数据管理、数据发布和数据审核。本系统所涉及的资料种类包括：单幅地图扫描数据、地图集扫描数据、航拍影像数据、正射影像。历史地图以两种方式进行管理，一种是无法配准的地图，以图片方式管理，以 JPG、PNG、TIF 格式导入；另一种是完成配准的历史地图，以 GeoTIF 格式进行导入，确保坐标信息不丢失。历史图库方便对西安地区历史地图的集成管理，相当于一个数字地图图书馆。它支持用户通过属性条件查询和空间查询，方便检索历史地图数据，查询结果支持列表、图库和地图三种展示方式。

（一）资源目录管理

根据历史地图、影像及其他地图资料数据的分类、特征以及是否配准等内容，完成资源目录的组织，支持对资源目录按照权限进行设置，支持目录添加、更新、删除等操作。系统实现了按照分类、主题词、关键词等内容的数据联动管理。

（二）历史地图检索

支持根据时间范围、地点、馆藏单位、主题词、研究区域、地图类型等查询统计出不同类别所包含历史图库的数量。查询结果支持以列表、地图形式进行展示。

（三）结果展示

查询结果支持三种视图（列表、地图、图库）进行展示，默认以列表进行展示，可直观查看历史地图的基本属性信息；图库是用缩略图的方式来展示历史地图，方便进行快速浏览；地图主要基于一张图系统，可以叠加展示历史地图资料，如将某个考古工地无人机正射影像添加到系统进行后续分析利用。

（四）历史地图详情

历史地图详情功能可快速查看历史地图的空间位置及基本属性信息，包括地图所属的时期、数据类型、数据更新时间、主题词等，还可以在线浏览历史地图。

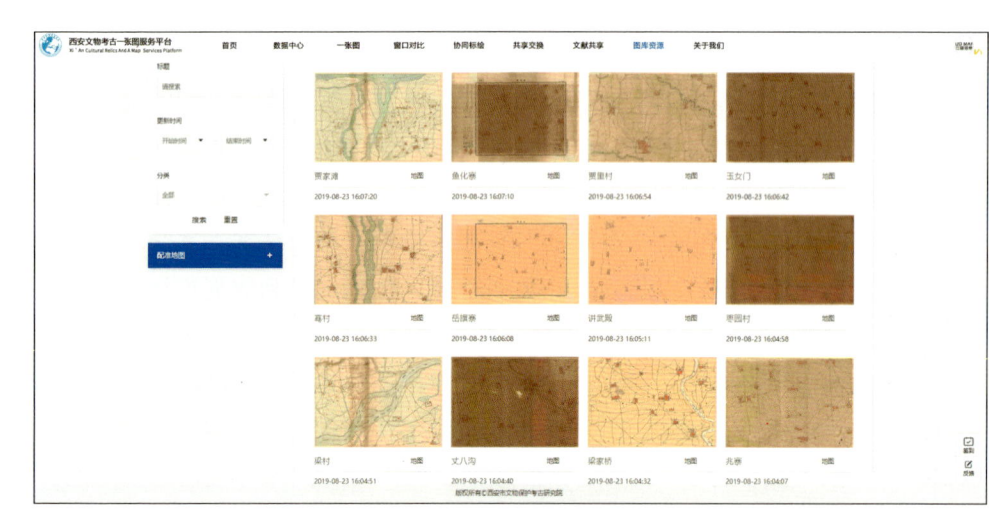

图 4.15　历史图库管理

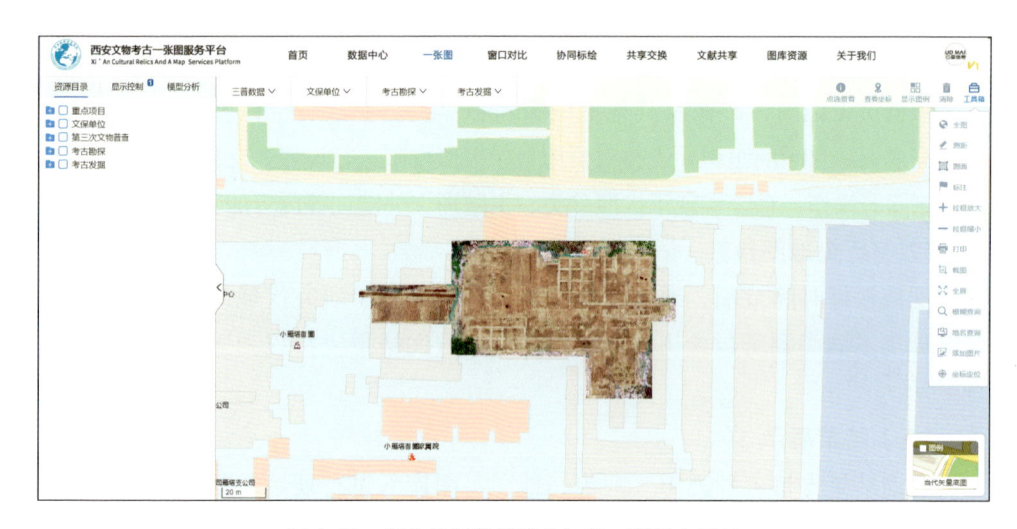

图 4.16　无人机正射影像叠加在一张图上展示

（五）图库管理

图库管理主要利用系统中的地图发布功能，实现对历史地图的发布，包括元数据信息登录（图名、关键字、地图类型、时代、馆藏单位、主题词、作者、出版时间等元数据信息）以及对地图本身的管理。这通常涉及一系列复杂的功能和流程，以确保有效管理和展示这些珍贵的地图资料。

地图在上传过程中，利用了地图动态切片技术，根据指定的尺寸和图片格式，将指定地理坐标范围内的地图切割成若干行列的正方形切片。系统在地图级别切片生成后，完成下一缩放级别生成，直至获得表示地图的最大比例尺，最终形成金字塔结构地图切片，以便加快网络浏览速度。

六、文献检索系统

文献检索系统主要实现对西安地区文献资源的管理和检索，内容涉及相关的考古文献、简报、书籍等文献资料，旨在为用户打造一个共享的在线文献库，支持用户管理、发布、查询、检索、预览、下载、共享、评分等。系统在实施中具有两项关键技术，一是文献在线预览技术，二是基于语义联想的检索技术。

（一）语义查询

语义查询是基于机器学习技术，通过大量测试数据来训练中文语义分析模型来对用户输入的信息进行语义解析，分析用户需要的数据，然后进行查询，返回用户所需要的文献资料。

（二）条件查询

条件查询是用传统的查询方式根据书名、作者、文献标题、关键字、出版社、年代、中图分类号等属性信息对文件进行查询，返回用户所需要的数据。

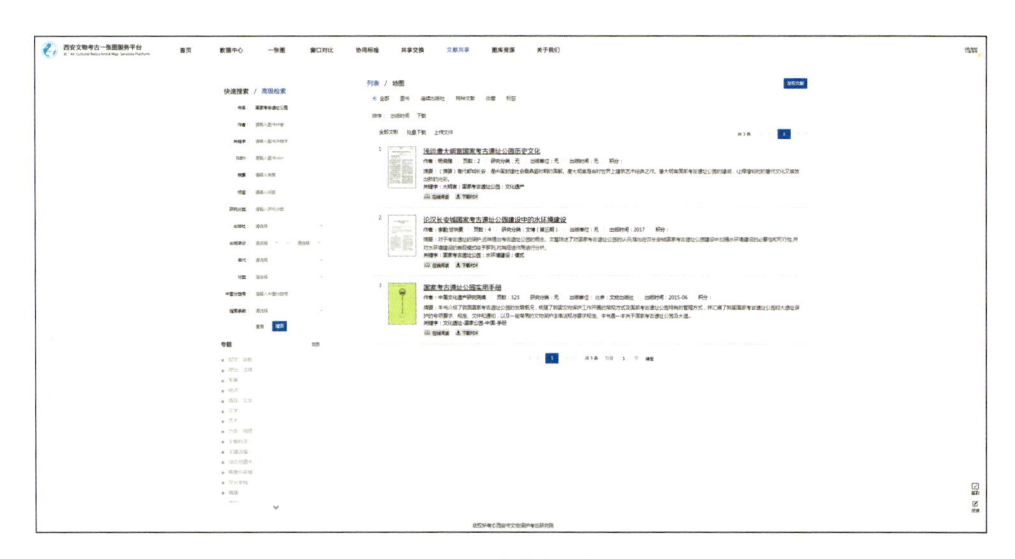

图 4.17　文献条件查询

（三）空间查询

空间查询是基于空间位置对文献资料进行查询，可支持根据行政区划或者自定义空间范围查询出该空间范围内的文献资料数据。

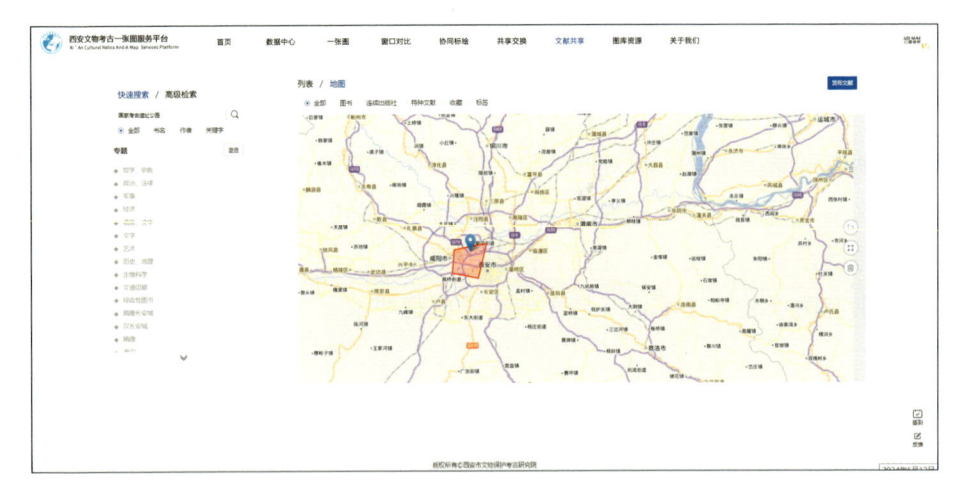

图 4.18　文献空间查询

（四）结果展示

查询结果支持列表和地图展示方式。列表展示可直观查看文献资料的封面、标题、关键字等属性信息，地图展示可查看文献资料在地图上的空间位置分布，点击点位可跳转至文献详情页面。

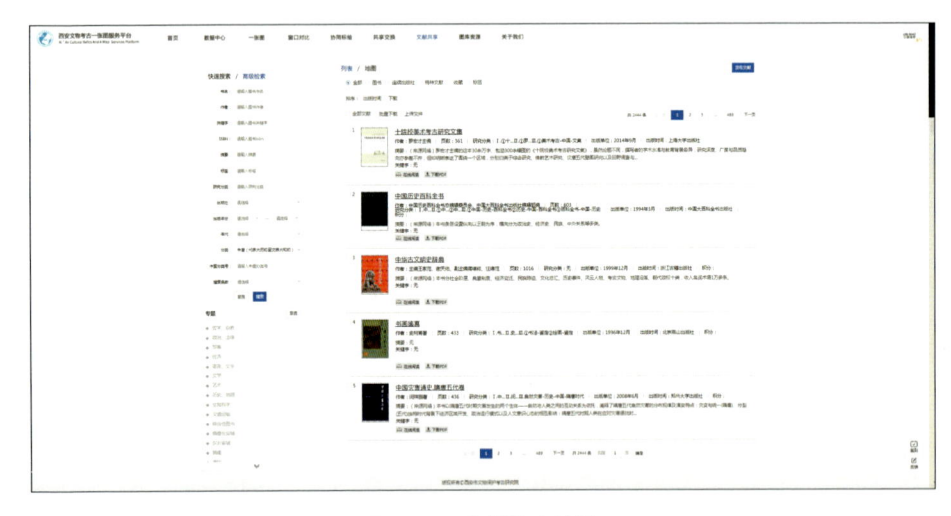

图 4.19　文献检索结果

（五）数据推荐

数据推荐是通过后台大数据计算，根据用户阅读习惯分析出用户可能感兴趣的文献资料来推荐给用户。相关推荐算法主要利用协同过滤算法，对于用户经常访问的一类文献，会分析用户兴趣度，再进行关联推荐。

图 4.20　数据智能推荐

（六）在线阅读

在线阅读可供用户直接阅读文献，并可实现翻书效果，支持用户根据目录进行搜索，点击可跳转至相应的文献页面，并允许用户添加书签。提供目录导航、添加书签、页面浏览以及页面跳转功能。

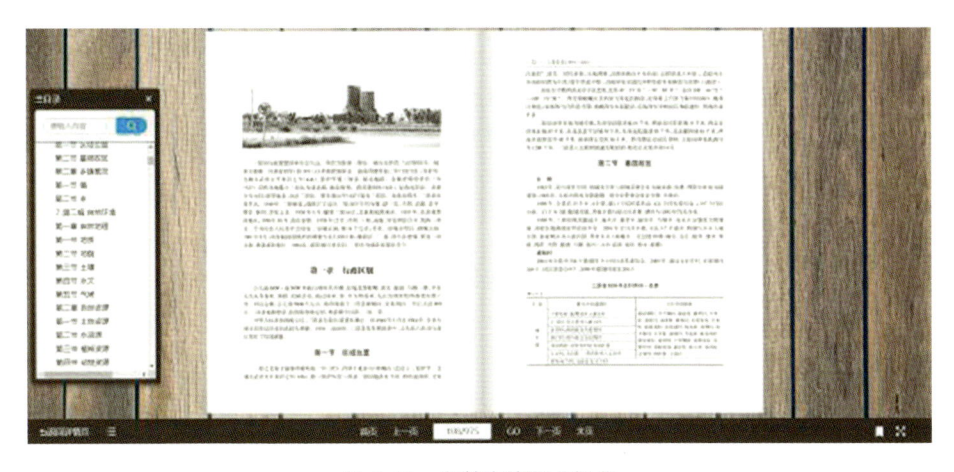

图 4.21　文献在线翻书阅览

（七）文献下载

系统采用积分制的方式允许用户下载文献资料，用户贡献文献资料可获得相应积分，持有积分的用户可下载系统中的文献资料，下载文献会扣除一部分积分。如有用户积分不够，则提示用户需要兑换积分。对于下载文献，系统将自动加入版权所有者水印，确保版权安全。

七、共享交换系统

共享交换系统基于共享交换服务接口标准和数据标准，实现数据分级权限控制、交换、共享，支持对共享数据结构和内容进行定义和过滤，共享操作完成后，实现数据自动打包或者创建数据服务地址输出功能。基于共享交换标准，系统可实现与国家级单位、省级单位、市级单位和其他部门的文物数据共享。

（一）数据预览

数据预览能够增强系统的实用性和便捷性，使用户能够准确获取所需信息。系统支持用户在选择数据源的时候对数据源进行浏览，当用户选中数据源时，地图会实时加载当前选中数据表中的数据。

（二）字段选择

共享交换系统允许用户对导出的数据源进行字段选择，选择性导出相关数据。如针对文物保护单位数据，用户可根据需求选择代码、文保单位名称、保护级别、所属区县、地址及位置、遗址年代、遗址类别、GPS坐标、遗迹单位、出土器物、遗址概况、使用单位等字段，导出相关数据。导出数据的格式可选择JSON、EXCEL、XML、CSV、TXT、SQL等格式。

（三）定义查询

系统查询操作在各种系统操作中所占比重最大，其效率的高低直接影响系统性能的好坏。共享交换系统允许用户对需要导出的数据进行自定义属性和空间查询，支持选择性导出某一部分符合条件的数据。

（四）结果预览

通过定义字段和查询条件，查询结果以列表的形式进行展示，可直观看到即将导出数据的详情信息。查询结果包含了所有符合查询条件的数据，在预览窗口可查看每个字段所对应的信息。

（五）数据导出

数据交换系统允许用户将查询出的数据进行导出，导出格式支持主流的

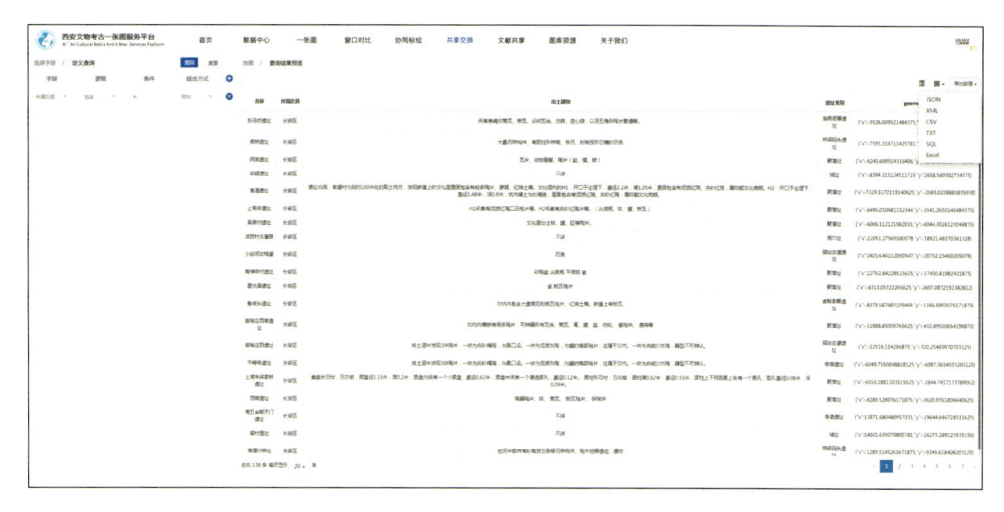

图 4.22　结果数据导出和预览

JSON、EXCEL、CSV、XML 等格式的数据。

（六）数据服务

共享交换系统支持将已定义的数据导出并发布为新的数据服务，用户能够通过网络在线查看和访问数据，同时，用户还可以使用第三方开发语言实现对数据服务的在线调用。

1. 矢量数据服务支持的接口包括 WMS、WFS 以及 REST 接口（数据格式为 GeoJSON 格式）。

2. 地图瓦片数据支持 WMTS 服务接口以及 REST 接口。

（七）权限控制

共享交换系统需要控制用户的权限，并不是所有用户都可以进行该操作，可以授权给管理员用户。系统管理人员可以授权用户的数据权限和图层操作权限，以便控制数据共享安全级别。

八、科研标绘系统

科研标绘系统主要基于 Web 方式利用 GIS 前端技术，实现点、线、面、特殊符号、文字注记、图片等要素进行在线标注、标绘各种对象、描述各种资源信息等。该系统主要提供给各类考古研究者和管理工作者，方便其在平台上进行各种地图标注，并对重要内容进行重点批示，也可以利用协同标注的方式方便进行研究成果的共享和协同研究。主要实现矢量符号在地图上的标绘，包含添加、删除、修改、添加标注、修改大小及颜色等显示属性，支持矢量符号的放大、缩小、旋转以及拖动等效果。

科研标绘应用系统综合考虑了资源管理和标绘系统的内在联系，用矢量符号表示一类资源，以经纬度为关联点，采用数据库技术存储资源信息，以地图上的单击、移动等鼠标操作来同步实现资源的添加、修改和删除，同时合理规划数据结构，支持自动添加，以矢量图符号标绘技术实现资源在地图上的直观展示。

（一）点标注

支持多种点符号，提供不少于 30 种常用符号库，支持对标注的点设置大小、颜色、显示样式。系统支持对点符号的颜色进行调整，支持不少于 10 种常用颜色以及高级颜色拾取器；支持对符号的大小、类型（组合、图标、文本）以及符号进行调整。支持对图标样式进行调整，支持基础图标、考古图片、考古图标以及自定义图标等。

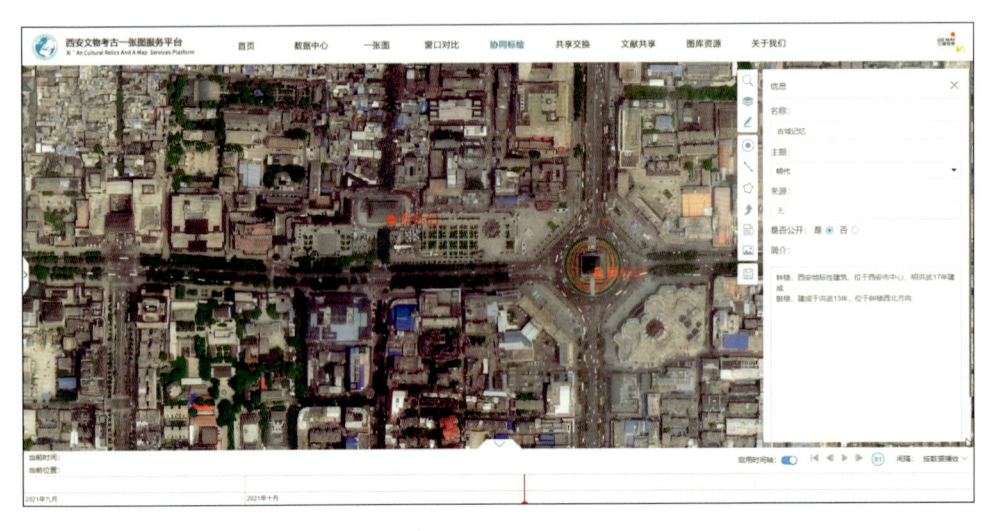

图 4.23　标绘创建点

（二）线标注

支持多种线样式，支持调整线的颜色、粗细、箭头方向。支持直线、折线、样条曲线、圆弧、自由线等样式。线标注是一种表达呈线状或带状延伸分布事物的符号。在地面上呈线状或带状延伸分布的事物，如河流、道路、境界线等其长度能按比例尺表示，而宽度一般不能按比例尺表示，需要适当地夸大。线标注的形状和颜色表示事物的质量特征,其宽度往往反映事物的等级或数值。线标注有以下特点:一般线标注都有一些有形或无形的定位线;复杂的线标注可以看作是若干基本线符号的叠加;线标注的图形也可以看作点符号沿着线的前进方向的周期性重复。

系统支持实时或异步地图协同标绘,无缝交换、协调和同步用户的计划和行动,通过共享使用者的屏幕输出,使用户能够更便捷、更直观、更方便地获得最新、最有价值的信息。

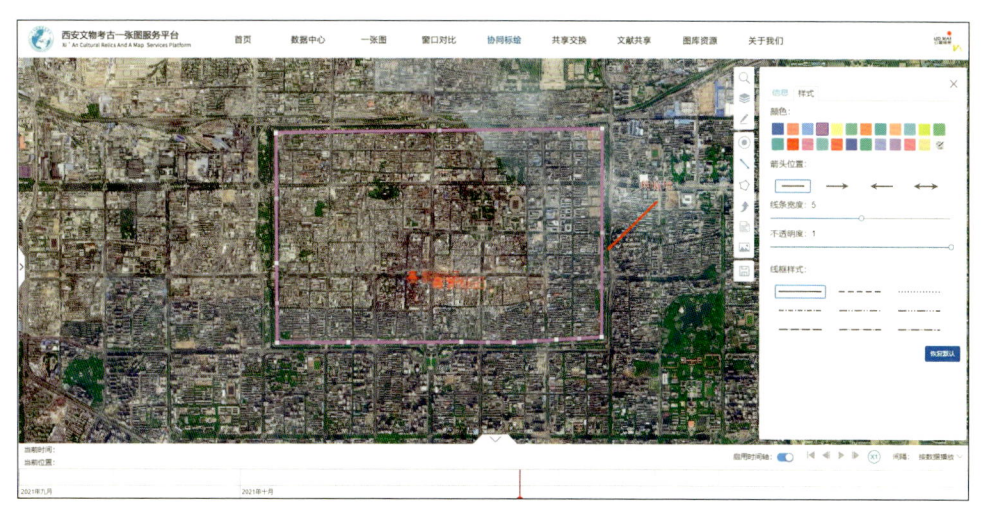

图 4.24　标绘创建线

(三) 面标注

系统支持多种面样式,支持调整面填充颜色、边框颜色和粗细、透明度,支持矩形、正方形、圆形、不规则多边形等多种形状。面标注按地图比例尺表示事物分布范围,包括填充样式、边框样式、透明度以及面的样式(包括矩形、多边形、圆形等)。

(四) 特殊面符号标注

特殊的面状符号可以看作是由若干个基本的轮廓线(如直线、虚线、点线等)表示事物分布的范围,其形状与事物的平面图形相似,轮廓线内加绘颜色或说明符号以表示它的性质和数量。一般有一个有形或者无形的封闭轮廓线,为了区别轮廓范围内的对象,多数面符号要在轮廓范围内配置不同的点、线符号或填充颜色。如军事行军图的标绘,支持不少于 5 种常用符号类型。

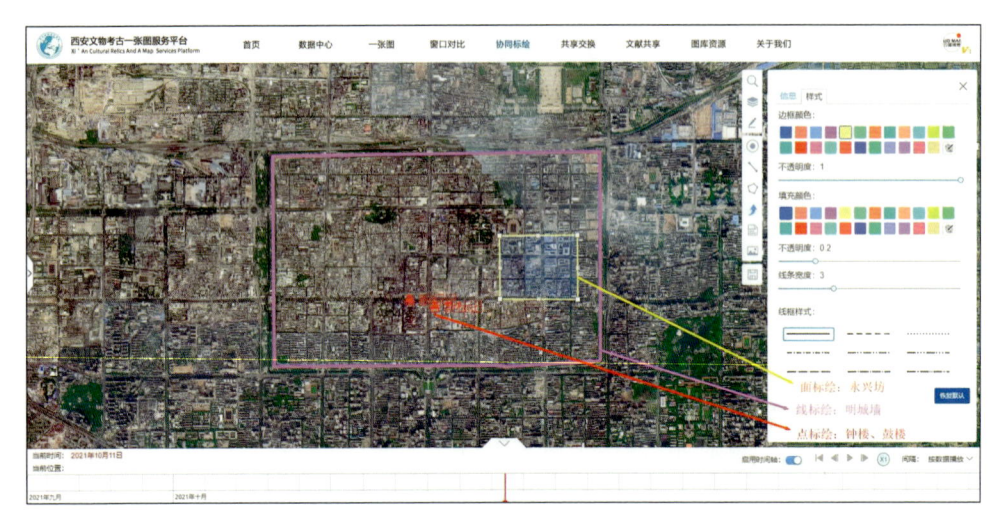

图 4.25　标绘创建面

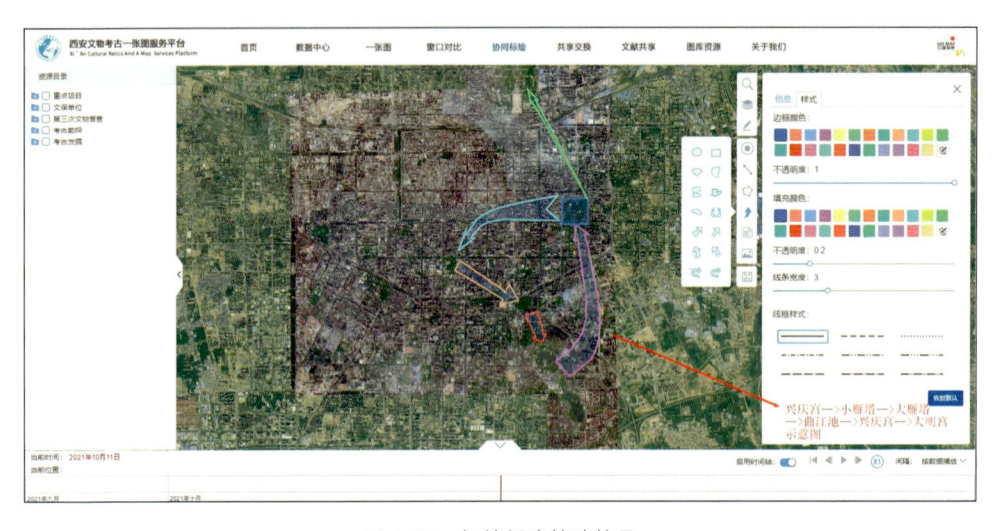

图 4.26　标绘创建特殊符号

（五）文字标注

文字标注是地图上不可缺少的重要内容，对表达和理解地图至关重要，否则无法准确获得很多要素的属性和数量特征，地图在实际使用中就失去了意义。系统支持设置字体、颜色、大小，对地图进行标注，常常借助文字信息，结合地图符号一起使用，用以说明地图中各个地物的名称、位置、范围等，用地图表达丰富的内容。

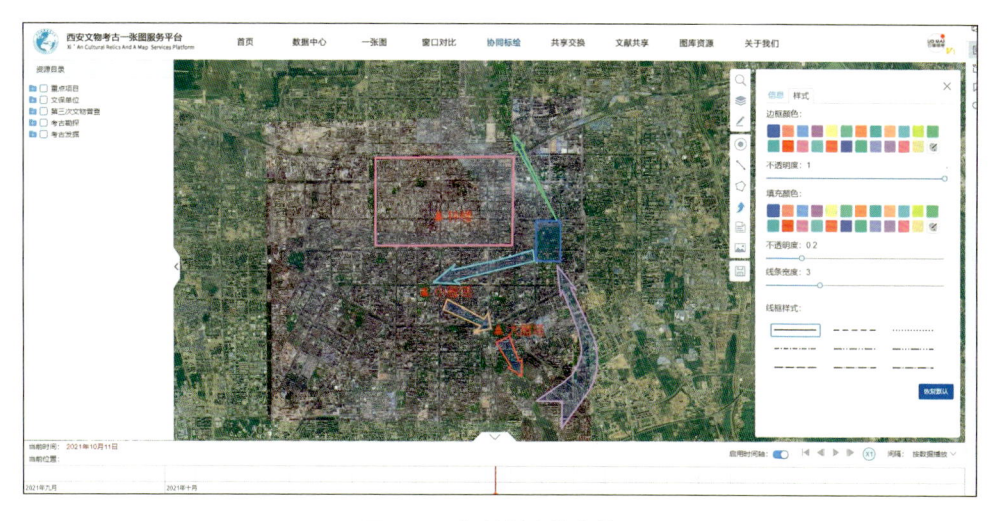

图 4.27　标绘创建综合符号

（六）图片标注

系统支持上传图片进行地图叠加，并支持调整图片锚点、透明度、图片缩放、旋转等操作。图片标注能够比点、线、面标注更直观地将地理信息展示在地图上，以提高地图的阅读性以及表现能力。

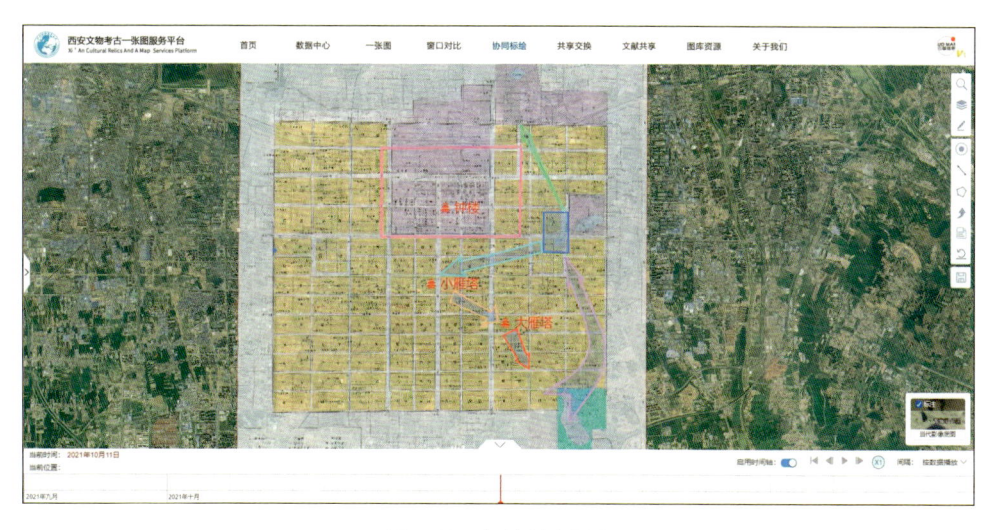

图 4.28　标绘创建图片

（七）上传文件批量标注

系统中能够通过上传 CSV、Shapefile 文件直接进行标注，设置样式。文件批量标注作为一种辅助手段来补充地图标注，从而使得地图表达的信息更加全面，地图标注体系更加灵活，用户对地图内容的解释会更加全面。

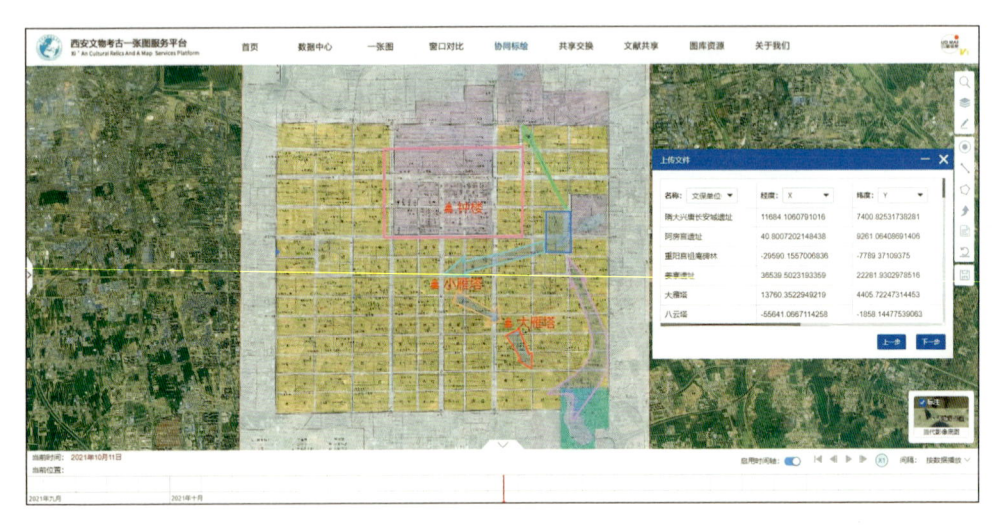

图 4.29　上传文件批量标注

（八）标注保存

对用户标注的地图进行保存，可以导出到用户本地。标注完毕后，点击保存按钮，提示用户是否将该版本进行共享，如果选择共享，则加入版本库，否则只能个人查看。对用户保存的版本内容可以导出为本地文件，方便下次加载浏览展示。

（九）基于版本的编辑

对用户标准的版本进行版本管理，其他用户可以对上一个版本进行编辑，编辑时复制前一个版本所有内容。在创建标绘时，对共享的版本进行选择，选择完成后，系统自动将选择的版本内容复制到当前版本中，用户可以基于该新版本进行编辑。

九、运维管理系统

运维管理系统主要是对平台访问、监控和维护管理。提供基本的用户管理、权限管理、日志管理、资源管理、接口管理、访问监控，确保系统安全稳定运行。

（一）数据接口统计

数据接口统计通过对系统访问监控，保障系统安全。

1. 对于特定的 IP 或者 IP 段，系统可以对数据服务进行监控，以控制数据的访问权限。

2. 对于指定的时间段，系统可以对访问的数据进行监控，以控制数据的访问权限。

3. 监控用户数据访问频率，控制非法恶意访问行为。如防止用户或者机器爬虫非法下载数据。

（二）数据统计分析

数据统计分析是系统的后期数据处理模块，整个系统的大型数据均在该模块中进行汇总，并以报表的形式呈现。数据统计分析，主要能够获取不同类型用户信息，包括在线情况、访问时段、访问路径、访问频次等；通过数据统计分析对用户的查看、下载、评论、收藏等情况进行统计，从而进行用户行为分析。

1. 用户 IP 访问统计

用户 IP 访问量统计主要是记录和统计分析访问系统 IP 的情况，以便了解系统哪些内容访问量大、受欢迎，适时调整系统业务、适应用户需求和习惯。

图 4.30　IP 访问监控

2. 数据服务调用访问次数统计

对每个数据服务被调用的次数进行监控统计。数据服务调用次数信息是按照时间序列存储，可以为系统访问行为的安全审计提供数据来源。

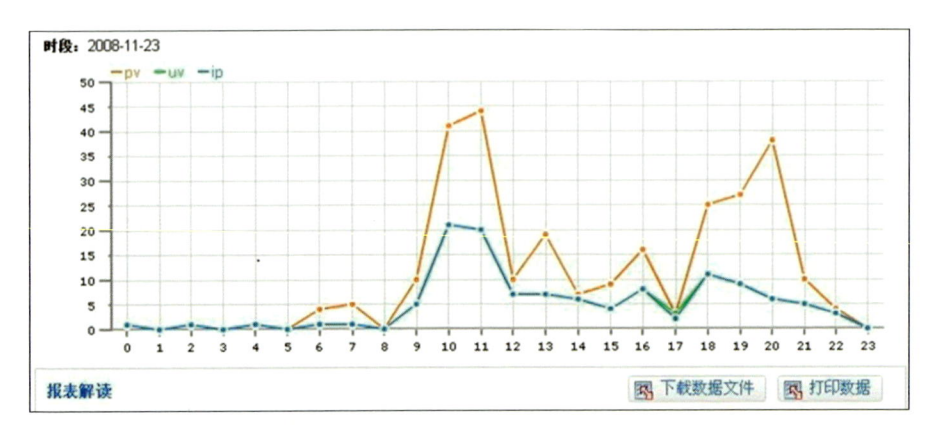

图 4.31　服务调用监控统计

3. 用户数据收藏统计

对用户收藏的数据进行统计，还包括用户评论数据的统计。通过监控用户收藏情况，能够更加便利地开放相关感兴趣数据，提供更好的服务。

（三）数据访问行为分析

数据访问记录功能存储用户系统访问行为的历史信息，能够充分反映用户的系统使用情况，以便进行用户行为分析，为系统运维管理提供科学的依据，还可以为访问行为的安全审计提供数据来源。系统访问每条记录都映射了一个访问行为类型，包含用户访问行为的规律信息。可以从以下几个方面进行用户访问行为分析：

（1）最受欢迎数据分析：通过用户收藏、评论的数据利用一定的权重方式，分析出最受欢迎的数据排行榜。

（2）评论称赞最多数据分析：通过统计用户评论、点赞情况给出评论点赞最热的数据排行榜。

（3）用户收藏数据分析：通过用户收藏统计，提供收藏数据排行榜，并且提供不同类型数据的收藏排行榜。

（4）用户订阅数据分析：通过订阅数据的统计情况，进行分析用户下载订阅成功最高的数据分析。

（5）数据区域访问分析：通过追踪不同区域的 IP 地址，可以分析用户所在的地理位置，以及他们对哪些类型的数据最感兴趣。

（6）用户职业类型和数据使用分析：通过用户的注册信息和数据使用统计，可以分析指定职业类用户使用数据的排行情况。

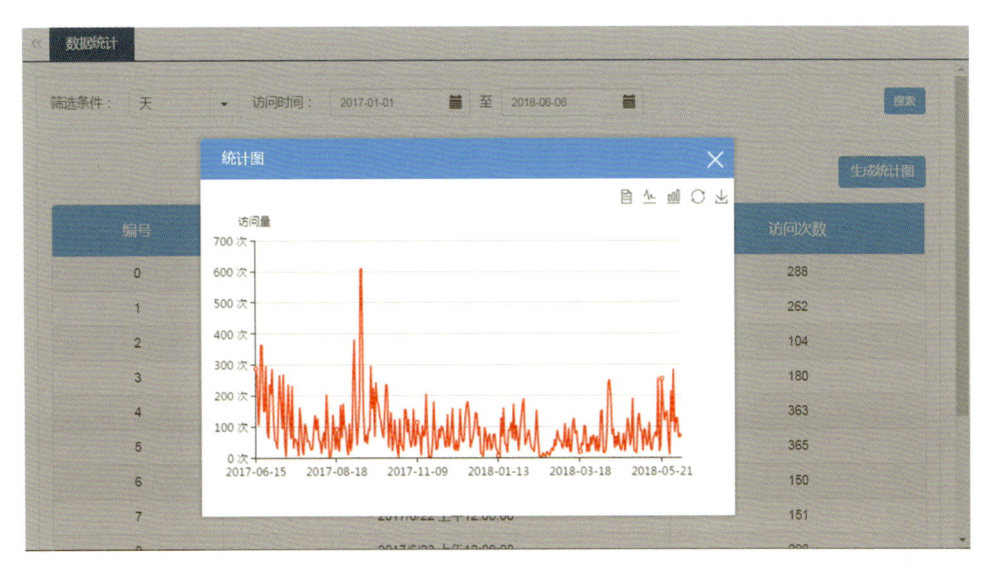

图 4.32　用户访问监控

（四）运维管理

为提供一种可靠、高效、灵活的访问模式，运维管理系统实现包括用户管理、权限管理、日志管理、用户申请审核管理、数据发布、用户积分管理等功能管理。

1. 用户管理

实现注册用户、管理员用户管理功能。

具体功能包括用户注册、用户审核、用户信息列表，以及围绕用户进行的增加、删除、修改、查询功能。

2. 权限管理

实现注册用户是否可以对某一数据资源进行浏览、下载权限。对用户进行基于角色的权限分配，实现某类角色下的对数据资源、目录资源的访问控制，以及对系统功能模块的访问控制。

3. 角色管理

实现对用户角色信息的增加、修改、删除功能，以及对角色增加用户的管理，包括对角色代码、角色名称、角色功能描述以及角色用户列表管理。

4. 日志管理

实现系统登录和操作日志管理和查询。实现对系统访问信息的日志记录，包括日常操作类日志、系统运行类日志，以及错误类和警告类日志记录。

5. 用户申请审核管理

实现用户对某一数据资源的申请审核管理。用户可以对资源目录中的资源进行申请，获得访问控制权限，管理员可以对其进行授权操作。

6. 数据发布管理

实现系统共享数据集的发布管理。在系统中实现对数据中心的数据的发布管理，包括删除、修改和更新信息。

7. 收藏夹管理

实现对用户感兴趣的收藏定制内容进行统一管理。

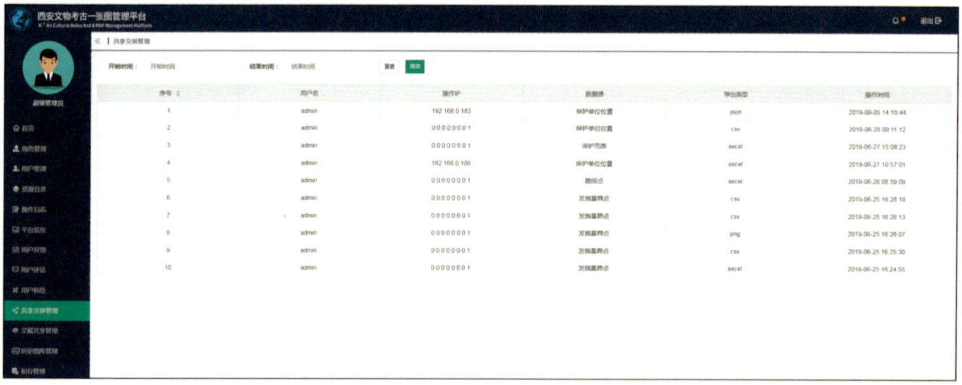

图 4.33　运维管理系统

第四节　系统应用方向

考古地理信息系统用户包括考古业务与科研单位、文物管理部门等。系统建立了统一的数据规范，实现了考古资料的多源获取与管理、数据处理、信息检索、考古环境模拟与再现、业务协同管理工作、空间分析与辅助决策等功能，为考古工作者辅助制定发掘方案提供数据依据，为考古科研工作提供数据、工具和相关方法，为文物管理部门建设项目选址避让提供数据分析支撑。

一、实现考古数据资源管理

西安地区考古数据库和系统建设是一个从古代遗存中发掘信息，对发掘的信息进行整理研究的过程，发掘过程中包含各种空间资料和非空间资料，发掘结束后也会产生各种不同类型的成果资料。这些资料中有关于遗址现场的照片资料、遗迹位置信息的地图资料、遗迹遗存的图片资料以及有关遗址、遗迹单位、出土器物的文字或数字描述记录等。这些凝结考古工作者心血的资料，是考古研究的基础和血液，对其进行妥善的管理和保存才能使其发挥最大用处。传统的保存方式永久性差、占空间、易受环境影响、传递慢且共享性差。

西安考古地理信息系统可以进行图像、文字和数据信息的集成管理，将多种不同类型的资料综合在一起进行处理。将考古遗存的属性信息、图形信息及图像信息利用GIS系统同时处理，通过建立一个空间信息、属性信息、图形图像信息并存的GIS数据库，支持考古数据的收集、组织和管理。数字化的考古数据资源有利于信息的集中存储、管理、共享和利用。通过系统的设计和开发，实现大量考古数据的统一存储和管理，有效表达数据间的关联，并针对特定的考古研究需求进行分析挖掘，充分发挥这些数据的价值，为文化遗产资源管理服务。按照特定的组织形式，在系统中，将考古数据以极具条理的方式进行存储和管理，方便了相关文物数据的保留，提高了数据存储精准性、长久性。系统的研发不仅有利于将同时具有空间、时间和形式三种特征的考古资料进行处理，同时也有利于将传统意义上的手绘地图和文字数据进行整合，精确反映遗址、遗迹单位、器物空间位置及环境关系。

系统为考古数据资源提供了统一的存储管理手段，也为后续的查询、统计应用提供了基础保障。所有存储在数据库中的考古数据都具有其特定的属性，如某一座墓葬，有其特定的年代信息、位置信息、墓主信息、形制、装饰等信息。考古人员只要给出特定属性约束条件，就可以找出存储在数据库中的符合条件数据，同时，提供将数据映射到地图上展示的能力，这类查询属于"属性到图"的查询。例如，通过条件查询，可以查询"西安市出土陶质镇墓俑的唐墓"，并对它们在西安市的分布进行展示。

空间性是存储在空间数据库的考古数据的主要特征，通过采集数据的空间位置信息并存储管理，就可以按照位置进行查询，这类查询属于"图到属性"

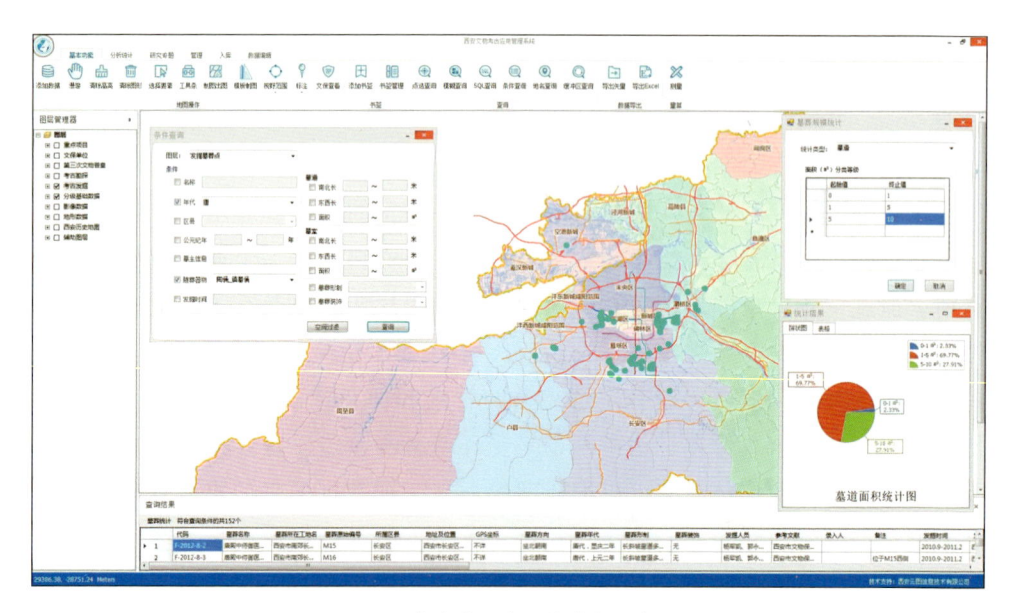

图 4.34　西安市出土陶质镇墓俑的唐墓统计

的查询。如当想要了解某一个区域文物点分布情况或者某条道路缓冲区范围内的考古项目分布情况，可以利用"图到属性"进行查询。可以根据空间查询了解长安区国保单位分布情况，为管理者及规划者提供有效的数据查询手段。

在实际工作中，考古人员可能还有一些模糊的搜索方式，比如，在庞大的

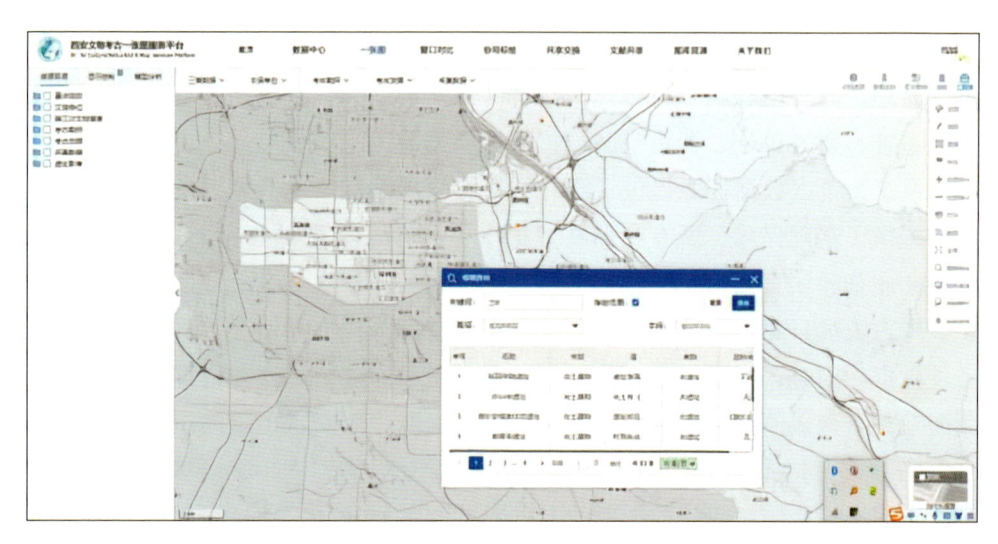

图 4.35　模糊查询信息中包含"三彩"字段的所有墓葬

考古发掘数据中，仅以墓葬名称进行模糊搜索，就可以跨库模糊匹配搜索，将所有符合模糊条件的数据呈现出来。如利用"三彩"作为模糊条件查询，系统中会将所有含有"三彩"两个字的所有墓葬信息提取出来，通过数据导航跳转功能可以查询每条匹配记录详情。

二、支持城建规划遗产保护

城市的快速发展给文化遗产保护和利用带来了新的挑战。如何在城市发展中保护文物，给城市建设和文物工作者带来了新的要求。实现文物遗产资源基于统一规划坐标系的管理，为国土空间规划提供强大的数据和功能保障，有利于加强不可移动文物资源空间管控能力，有利于促进数据共享，为城市规划建设发展提供支持。

城市规划部门在进行规划用地之前，结合系统功能，通过对现有居住面积和历史不同时期的居住面积进行比对，大概估算居住地的扩张速度，预测未来城市的发展方向、速度和规模，同时将文物保护单位区位图、保护区划图、遗存分布图、现状图在城市规划地图上进行空间展示，并叠加水文、土壤、地质等要素进行分析，综合考虑遗址本体、文物保护范围、建设控制地带范围、文物可能埋藏区、环境协调区和最新考古发现遗存空间等因素，指导公共市政基础设施建设，有效避让文物地下空间，加强城市规划导向作用，避免对文物造成伤害和破坏，遏制城市无序蔓延。

文物保护部门通过系统可以查询现有文物保护单位、文物点分布和最新考古发现遗存分布情况，结合城市规划建设发展趋势，可以快速查找出需要进行保护的文化遗产区域，同时结合基础地图信息、人文地图、水文地图、地质地图等进行综合分析，可以高效制定保护方案，为遗产保护及传承提供有力保障，特别是系统可以及时提取最新考古发现的未定级文物点的分布，有利于加强保护措施，促进文化遗产保护事业高质量发展。

系统利用GIS空间统计功能，可以对现有数据进行统计，得到某一时段、某一区域、某种类型的文物分布情况，甚至按照某一特性进行统计。例如：通过条件查询出系统内古遗址中聚落址的分布情况，并根据年代对数据进行统计分析（柱状图清晰明确展示了聚落址在不同时代的个数、面积分布情况）。除了可以按照年代进行统计之外，还可以按照所属区县、项目性质、遗迹类型等条件进行统计，统计结果同样可以通过柱状图、饼状图、表格等多种形式进行显示，同时，

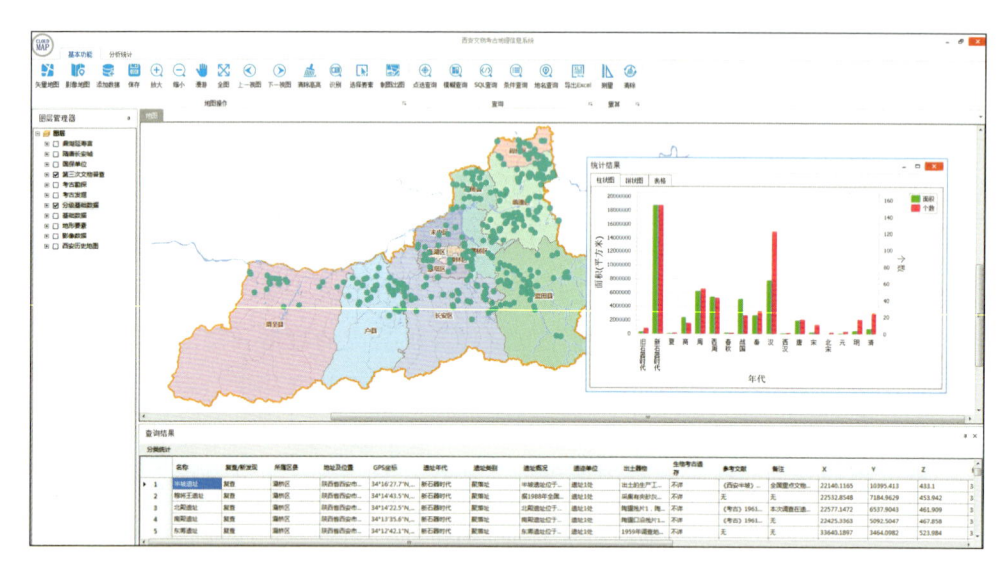

可以将统计结果制作成专题地图打印输出，或将统计图表直接导出。

图 4.36　古遗址中聚落址统计分析图

三、提升田野考古发掘工作效率

　　数字化保护作为文物保护工作中重要的一个环节，田野考古现场数字化工作也要实时跟进。田野考古现场推进数字化记录工作，一方面可以提高现场记录工作标准化和质量，另一方可以为考古数据库提供新鲜数据血液。

　　考古地理信息系统支持以表格的形式记录田野考古发掘资料，方便填写、内容规整，也更加科学、严谨和符合标准化。对于初学者可以保证记录信息的不缺失。通过设置下拉选项，如墓葬形制、葬具葬式、出土器物等可以选择填写，避免手工填写不规范，如有特殊情况也可以自定义添加。除了表格信息，系统还提供遗迹图形信息、照相、视频、三维信息的组织管理。数字化资料方便存储、管理和共享，也有利于数据档案安全。系统支持对记录表格进行调整和修改，以便支持不同用户的特殊要求。总之，构建城市考古地理信息系统实现考古发掘现场资料的记录管理，有效提升了资料的录入、保存、管理和分析工作。

　　考古地理信息系统的图层分析和空间分析功能同样可以提升田野发掘工作效率。传统的考古发掘方法是依据地层学原理按年代早晚逐层清理，图层分析和空间分析在此就有了用武之地。众所周知，GIS图层可以将不同类型数据进行透明叠加显示，如不需要显示探方只需要关闭探方图层即可；而作为常用的空间分析方法之一的叠置分析，可以将多个图层叠加为一个图层，合并关联属性信息，为研究者提供新的数据。在田野考古发掘过程中，利用无人机倾斜摄影或者挂载激光雷达相机可以提取地面遗迹三维高程信息，如下图。三维高程信息作为一个独立图层存储于考古地理信息系统中，实现与其他图层的叠加显示。

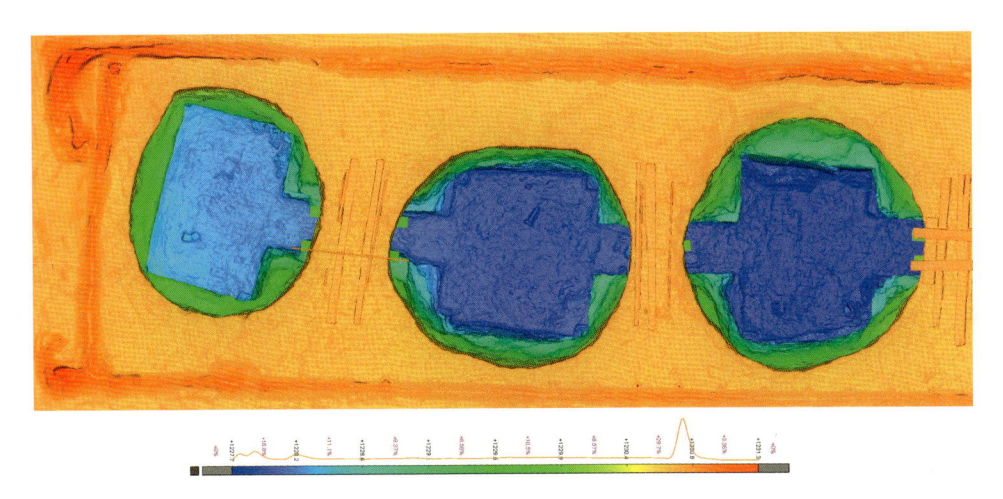

图 4.37　墓室数字高程影像图

在田野考古工作中，有时需要记录重要遗迹的现场环境和几何信息，传统的方法是用绘图、照相、摄像和文字记录等形式记录遗迹的几何信息和三维形

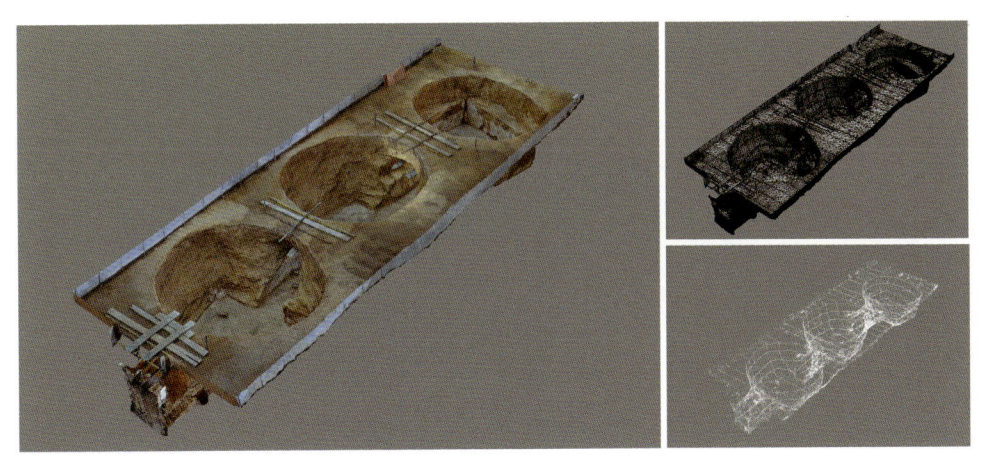

图 4.38　三维激光扫描和多视角融合高保真建模

态,很难做到十分精确,无法为后来的研究、展示等提供必要的资料。然而基于三维激光扫描和多视角融合建模技术可以构建毫米级三维数据,具有定位精度高、纹理清晰、模型结构完整等特点,可以满足田野考古工作中多种数字化记录和测绘工作的需要。

四、助力考古发掘预测分析

地理信息系统(GIS)的空间管理和空间数据分析功能为解决考古空间特性和多变量问题提供了一种有效的方法。将 GIS 技术与考古相融合,可以帮助考古工作者预测遗址的潜在区域,更加深入地了解历史时期古代人类的生产生活方式。

西安地区新石器时代遗址分布状况,如下图所示,红色的点代表西安地区遗址分布位置。其中,遗址点呈现集中分布的状态,说明在史前时期遗址分布密集的地方是人类活动场所分布的集中地点,揭示了人与自然环境的密切关系。

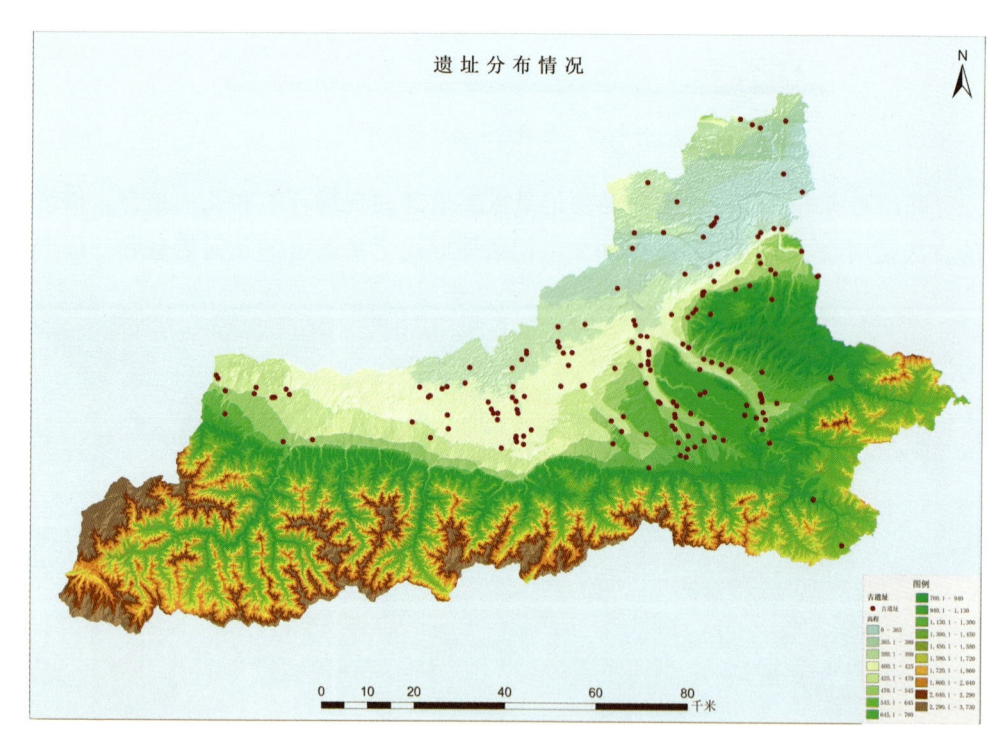

图 4.39 遗址分布情况

利用西安地区新石器时代考古遗址进行预测模型可以预测区域遗址分布概率。该模型能够根据研究区域任何给定位置的一些环境变量对该位置存在考古遗址的概率进行预测。一般处理方法包括：数据重采样、坡向和坡度计算、河网提取、生成距离栅格、产生样本数据、样本过滤、模型选择与模型构建与评估。

(一) 数据重采样

在遗址预测系统中，通过改变像元大小，在保持栅格数据集范围不发生改变的基础上来更改栅格数据集。采样类别有三种，分别是最近邻法、双线性插值法、三次卷积差值。选择不同的采样方法会得出不同的结果。

最近邻法，是最快的插值方法，主要应用在离散数据中，类似于土地利用分类。此方法不会更改像元大小的值，最大空间误差将是像元大小的一半。双线性插值法可依据四个最近邻输入像元中心的加权平均距离确定像元的新值。此方法更加适用于连续数据，并会生成平滑的数据。三次卷积差值可通过拟合穿过16个最邻近输入像元中心的平滑曲线确定像元的新值。此方法适用于连续数据，尽管所生成的输出栅格可能会包含输入栅格范围以外的值。与通过运行最邻近重采样算法获得的栅格相比，输出栅格的几何变形程度较小。三次卷积插值选项的缺点是需要更多的处理时间。在某些情况下，此选项会使输出像元值位于输入像元值范围之外。如果无法接受此结果，可使用双线性插值法。但需要注意的是，双线性插值法与三次卷积差值，不能用于分类数据，因为像元值的大小可能会被更改。

综上所述，采样类别的三个方法中，不同的采样方法都有各自适合研究的领域，一般推荐使用三次卷积法进行计算。

(二) 坡向与坡度计算

探索人类活动的密集场所与自然环境的联系，可以将遗址地理位置与当地的地形进行对比。有学者研究表明，坡向与坡度是古遗址预测中重要的研究因素。坡度的大小直接影响地表水资源流动与能量转换的规模与强度；同时影响着古代人民的生活成本与构建建筑的难易程度，是制约生产力空间布局的重要因子；而坡向是决定地表接受阳光和重新分配的太阳辐射量的重要地形因子之一，直接造成局部地区气候特征的差异，同时还影响着当地土壤水分，地面的无霜期以及作物生长适宜性程度等多项重要的指标。因此，坡向与坡度的研究与预测遗址位置有着重要的意义。

通过遗址预测系统，分别选取坡向与坡度变量，选择上传的 DEM 数据，输入指定的输出路径，生成坡向和坡度的结果。研究者通过研究两幅图，从自

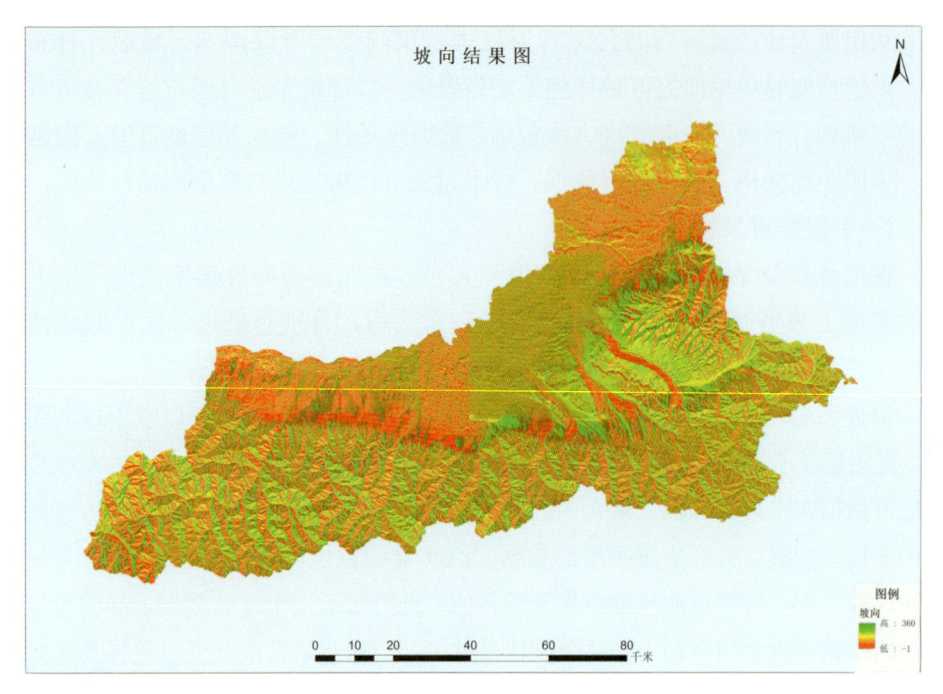

图 4.40　坡向结果图

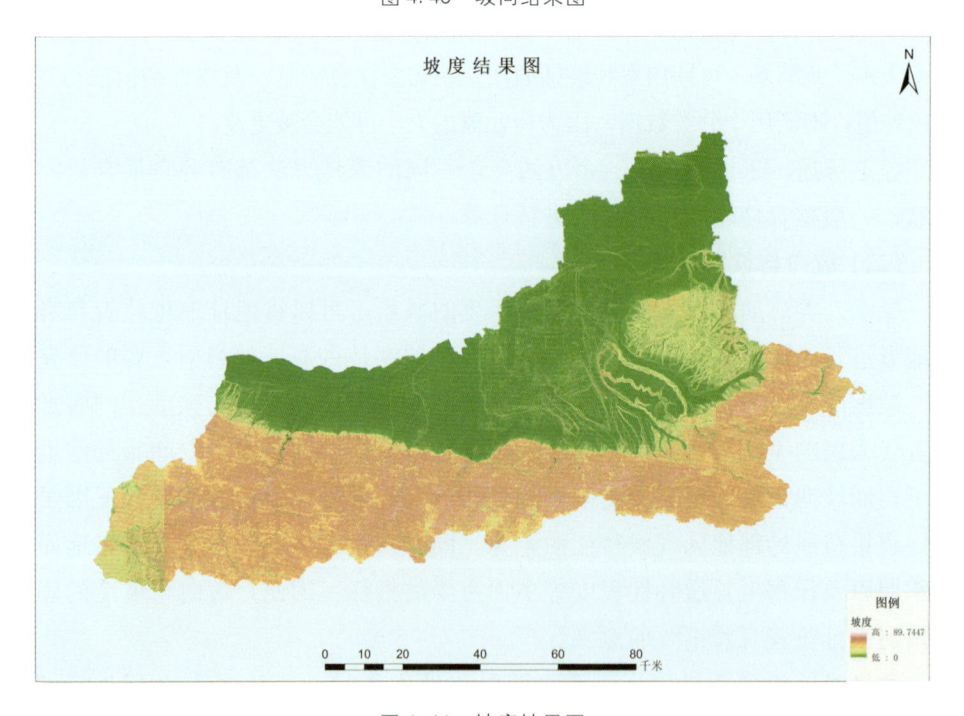

图 4.41　坡度结果图

然环境与人类遗址分布的角度预测遗址分布的地理位置。

（三）河网提取

西安自古有"八水绕长安"的美称，丰富的自然地理资源给人类提供了适合居住的环境。如图所示，蓝色的线条表示提取的河网分布，可通过系统进行河网提取，通过研究河网分布可以揭示河网与人类定居选址的关系。河流下游的地势较为平坦，较上游和中游水流量更大。从经济发展方向考虑，历史时期经济发展模式单一，主要靠农业的发展推动经济发展，选择靠近水源附近定居，有利于对农作物进行灌溉，推动当时的农业发展。

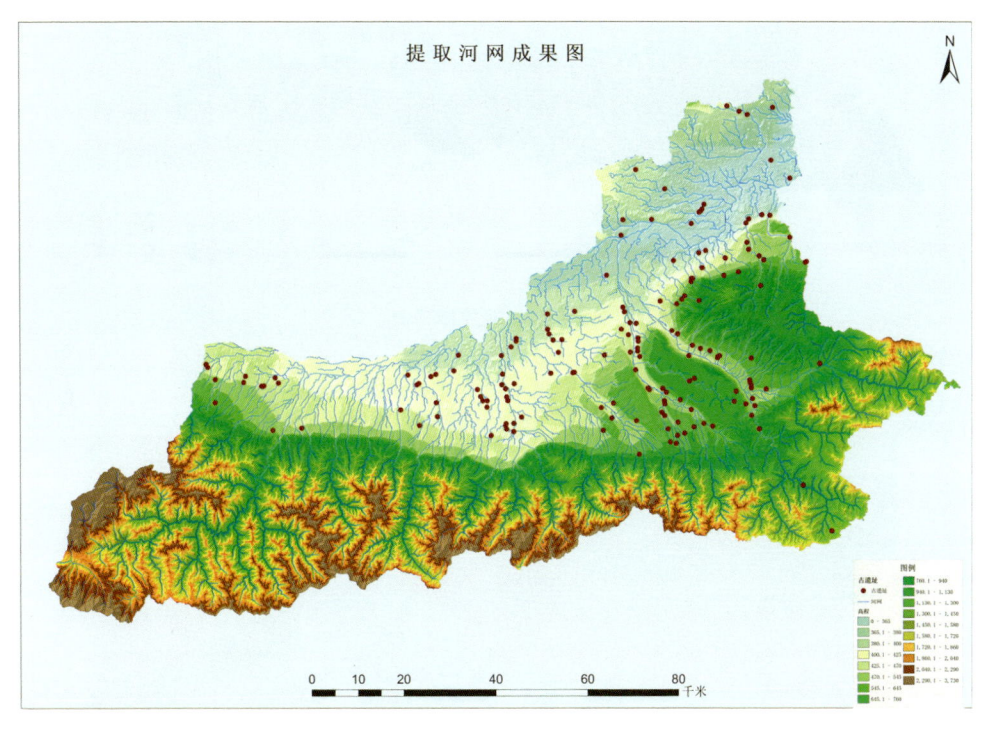

图 4.42　提取河网成果图

（四）产生距离栅格

通过河网计算距离河流的距离，生成距离栅格地图。通过分析其中的规律，可见大部分的遗址分布都是伴随河流的走势进行的。

（五）产生样本数据

在进行考古遗址预测中，要进行样本选取工作，利用遗址预测系统中的"产生样本数据"工具在古遗址以外的区域中生成随机点，并将随机产生的古

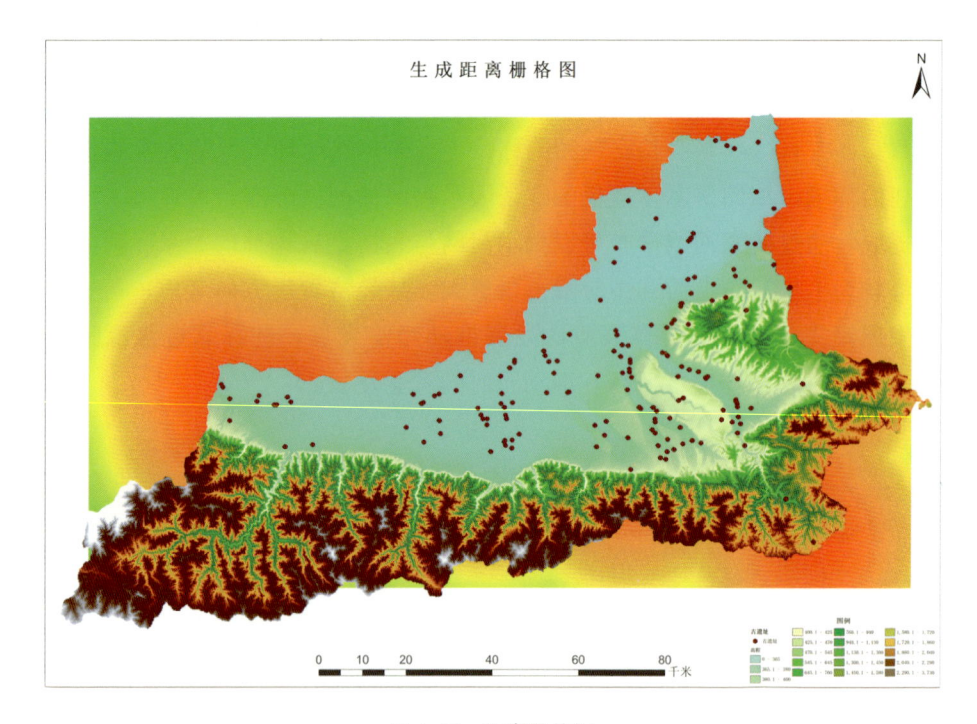

图 4.43　距离栅格图

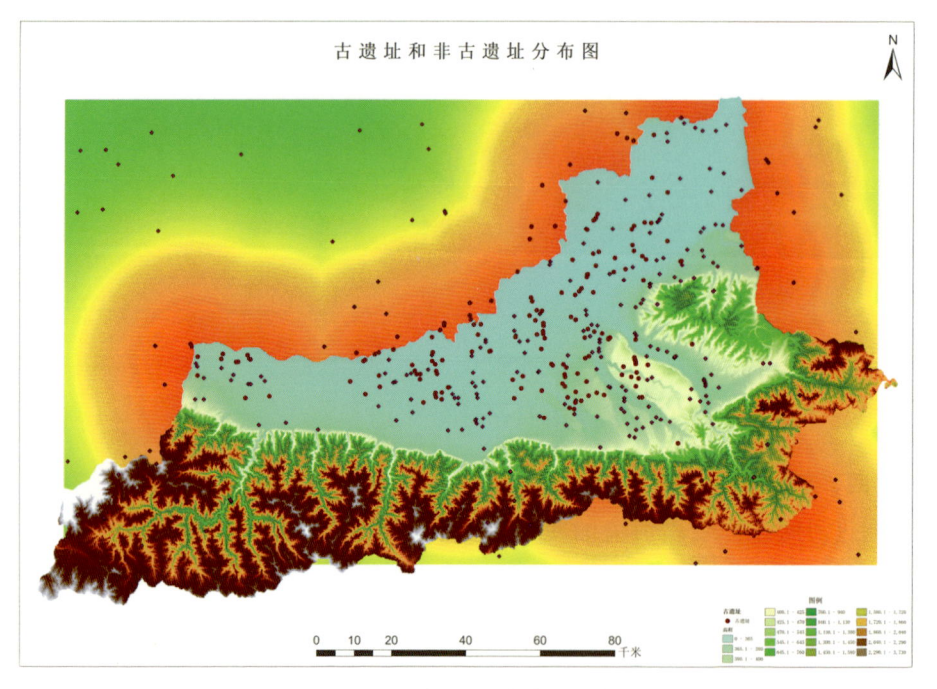

图 4.44　古遗址和非古遗址分布图

遗址选择成为非古遗址点，利用地图掩膜屏蔽研究区以外的随机点。在样本选取的过程中，古遗址的类型分为三类，有聚落址、城址和其他古遗址。

（六）样本过滤

构建样本数据，生成随机数据（非古遗址数据），选择筛选半径为 300 米。将不在筛选半径内的非古遗址数据删除。

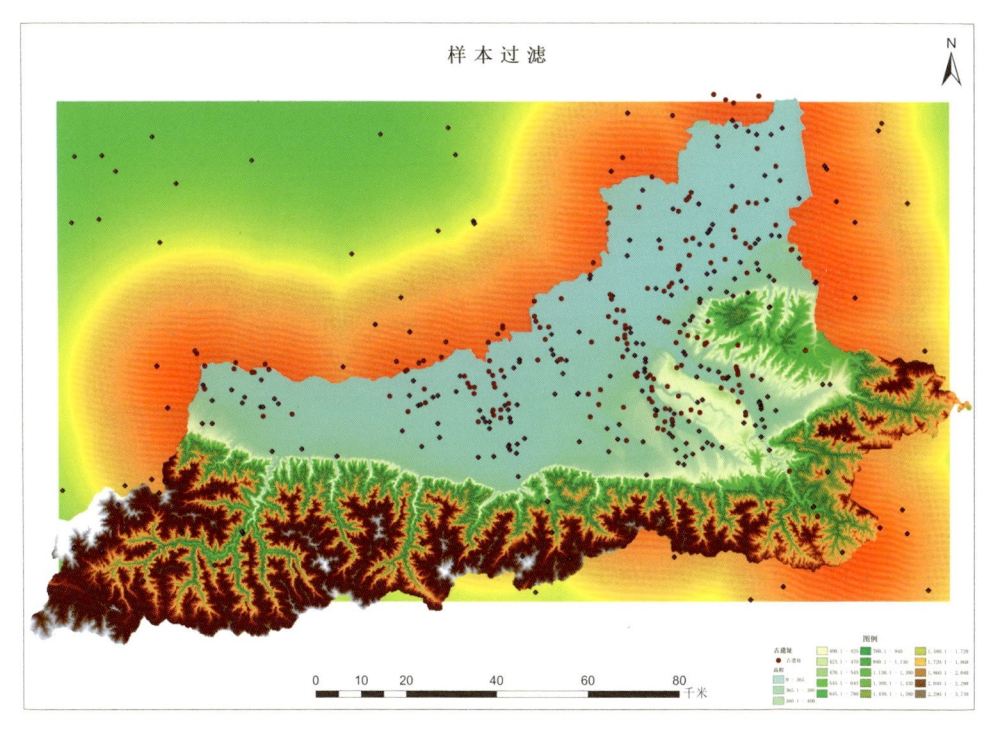

图 4.45　样本过滤

（七）模型选择

考古遗址预测模型是基于对特定区域内已知遗址进行环境因素分析，例如高程、坡向、坡度，与水系的距离以及土壤类型等，找出遗址分布的统计性规律和特征，然后在这个区域的其他地方用多变量判别函数对遗址存在的可能性进行评价，给出潜在遗址的分布概率。遗址预测系统中涉及两种预测模型，分别是栅格叠加权重和 Logistic 回归模型。栅格权重叠加模型因为需要很强的专家经验，操作比较困难，一般采用 Logistic 回归方法建立模型，并生成遗址分布概率图。

（八）模型构建与评估

验证模型和构建模型时所需的数据，其中包括遗址和非遗址数据，为了确保构建模型的准确性，构建中采用的遗址数据依据西安市第三次全国文物普查资料整理得之，非遗址数据则是利用遗址预测系统中的生成样本数据作为非遗址数据，对遗址和非遗址数据进行模型搭建。在设置随机生成的样本数据中，要依据遗址数据的个数创建相对应的非遗址数据。

Logistic 回归模型中因变量只有两个值，将遗址点作为 1，非遗址点作为 0。在保障数据的可获取性和建模建立的基础上，选取当地的坡度、坡向、与河流的水平距离、地形起伏度、山脊线和山谷线之间的距离以及土地利用类型等因素，并利用 Logistic 回归模型建立西安地区遗址的预测模型。

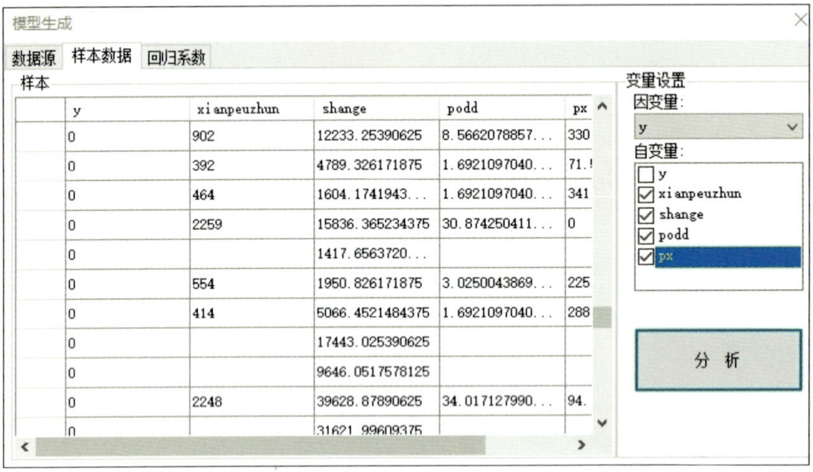

图 4.46　Logistic 回归模型计算结果

上图为利用 Logistic 回归模型计算得出的结果，通过坡向、坡度、栅格距离等提取出河网的计算得出的数值，空白的数值考虑到自然因素，地形，河流等因素，可能是不利于遗址被检测或者是不利于历史时期人类选择定居的地形，其数值为 0 到 1 之间，越接近 1 表示该处存在遗址可能性越高。

五、辅助考古科学研究产出

考古学理论与实践中最基本的一个问题是如何分析和解读人类在各种类型的空间范围内所遗留的物质文化。因此，考古工作者在采集、整理和分析、研究考古资料的过程中，始终关注考古遗存的空间信息的采集和整理。西安文物考古地理信息系统通过考古信息的空间检索、重新组织、整合考古调查、发掘信息，为考古工作者研究、分析考古信息提供新角度和新视野。

考古研究中运用GIS技术能够建立遗址级别、城市级别、流域级别、全省级别、全国乃至全球范围内的考古信息系统。目前系统大多应用于区域性考古学研究，如用于分析研究一个流域内不同时期考古遗址的分布特征。地理信息系统将历史遗迹抽象为点、线、面三种类型，能够可视化遗址范围内的各种遗迹现象。通过系统抽象的点可以确定遗址和遗址中遗物的位置，较大区域的空间分析中可以将聚落址、古城等抽象为点；线具有一定的长度和走向，表示古代的城墙、道路、河流等线性要素；面可以确定遗址范围和形状，表示遗址的范围或各种面状的遗迹，如城址、房址等。

城市考古地理信息系统的空间管理和空间数据分析功能为解决考古学空间性和多变量问题提供了一种有效的方法，应用于考古数据存储、分析、解译以及表达的各个方面。考古地理信息系统提供的空间分析方法，可以统计一定范围内某个时期或某种类型遗址的数目；可以量算遗址的面积、遗址与遗址以及遗址与水系、山谷、道路等之间的距离；可以对遗址分布进行预测，研究遗址空间分布格局等操作。针对古地貌、古城址、文物分布特征等，通过考古遗址

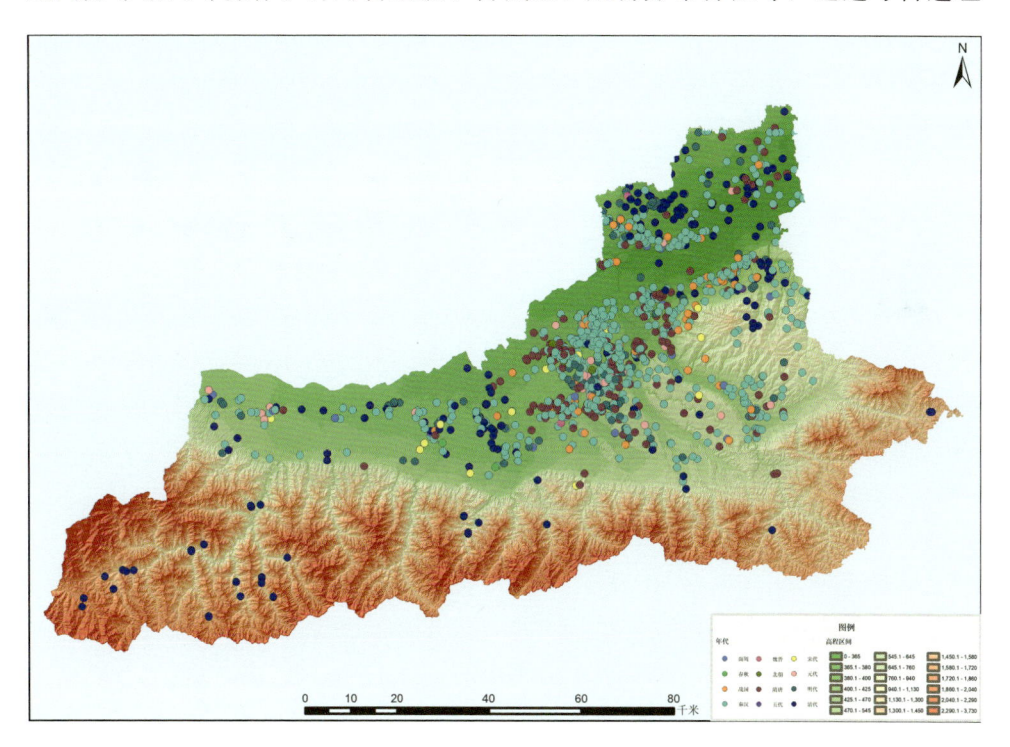

图 4.47　不同时期墓葬分布与高程关系图

点的位置在空间上的分布，解释遗址的分布趋势和模式，揭示考古遗址点同其他位置的环境特征之间的关系。系统还可以进行多方位的三维分析和模拟复原，重建古代的环境信息。

在考古研究中，国内外已经有专家学者对古人与其所处的自然环境的关系进行研究，并分析出了影响遗址分布的系列因素，主要包括水文条件、地形趋势和气候环境等。环境考古学已经逐渐认识到人类文化与地理环境有着不可分割的联系，并且已有学者尝试将遗址分布与地理环境联系起来，运用现代 GIS 空间分析方法对遗址进行分析。通过系统建立的虚拟古遗址环境模型，可以帮助考古学家研究古遗址的分布规律，帮助其做出科学判断与评价，用以指导后续的考古发掘和现场保护工作。

第五章

西安地区考古地理信息系统应用研究

西安地区考古数据库的建设可以为考古学研究提供数据选择、模型分析和支撑服务。本研究基于西安地区考古数据库,在西安市地上、地下文物空间分析的基础上,利用基础地理空间信息、文物保护单位、文物普查信息、考古勘探、考古发掘等多个子库进行考古专题研究。这些专题分析的数据基本源于西安地区考古数据库。作为数据库的研究应用,验证了西安地区考古数据库在考古科研领域的作用。

第一节　西安新石器时代聚落遗址文化重心迁移与环境考古研究[①]

随着科技进步和社会发展,人类文明和环境变迁之间的关系已成为研究的热点,而聚落遗址能很好地表现人与自然环境相互作用的关系。通过考古调查与 GIS 数据分析结合的方法来深入剖析聚落遗址反映的文化特征,对西安新石器时代不同文化阶段聚落遗址的研究,可以进一步揭示该地区人地关系的规律,为将来该地区人与自然的和谐相处提供借鉴。地理信息系统与考古研究的最初接触,发生在 20 世纪 70 年代末至 80 年代的欧美地区。西方学者 Allen[②]、Gaffney[③]、Stancic[④] 在 20 世纪就出版了有关 GIS 在考古学中进行应用的著作,对 GIS 的概念原理作了介绍,展示了在考古学中的应用;国内学者高立兵[⑤]、曹

[①] 赵晶、冯健、王洋. 西安新石器时代聚落遗址文化重心迁移与环境考古研究 [J]. 干旱区资源与环境,2021(5):87-93.

[②] Allen K M S, Green S W, Zubrow E B W, et al. *Interpreting Space: GIS and Archaeology* [M]. Philadelpha: Talor & Francis, 1990.

[③] Gaffney V L, Stancic Z. *GIS approaches to Regional Analysis: A Case Study of the Island Hvar* [M]. Ljubljana: Znanstveni Institut Filozofske Fakultete, 1996.

[④] Stancic Z, Lock G. *Archaeology And Geographic Information Systems* [M]. London: Taylor & Francis, 1995.

[⑤] 高立兵. 时空解释新手段——欧美考古 GIS 研究的历史、现状和未来 [J]. 考古,1997(7):89-95.

兵武[①]、张颖岚[②]等都曾对地理信息系统在欧美考古中的应用进行过介绍。随着 GIS 技术在国内考古学中的应用和发展，学者们[③]开始从环境考古的角度去分析，取得了不少成果，但是与西安市新石器时代聚落遗址相结合的研究并不多。本节主要依据西安市第三次全国文物普查数据，并结合文献资料及学者们对环境考古驱动力因子的划分标准，对西安新石器时代聚落遗址的分布演变与环境的关系作进一步的探讨。

一、材料与研究方法

本节的数据主要源于西安市第三次全国文物普查资料、《中国文物地图集·陕西分册》[④]。在数据处理过程中，对 148 个[⑤]新石器时代聚落遗址按照所属的文化类型分为：仰韶文化、庙底沟文化、龙山文化（表 5.1）。仰韶文化前期大体包括仰韶文化半坡类型时期和庙底沟类型时期，仰韶后期通常分为早晚两个阶段，早期称秦王寨类型，晚期称庙底沟二期文化类型，龙山文化是继仰韶文化之后在黄河中下游发展起来的一种新石器晚期文化[⑥]。以此为依据，将西安地区新石器时代文化大致划分为上述三种类型。

为了探索史前人地关系，首先对西安地区 12 米分辨率的 SRTM DEM 数据、水系及新石器时代聚落遗址点，在 ArcGIS10.2 下进行处理和矢量化；然后对西安地区新石器时代聚落遗址空间特征采用 GIS 方法进行分析，重点从 3 个方面进行：（1）聚落遗址的空间分布及文化重心迁移，主要分析遗址的核密度分布、中心点转移、方向迁移等特征；（2）聚落遗址与环境因子的关系，主要考察遗址分布受海拔高度、坡度、坡向、离水距离等因子影响；（3）最后建

---

① 曹兵武. GIS 与考古学［J］. 考古与文物，1997（4）：79-84.

② 张颖岚. GIS 在考古学的应用现状和前景展望［J］. 西北大学学报（哲学社会科学版），2006（6）：94-97.

③ 顾维玮，朱诚. 苏北地区新石器时代考古遗址分布特征及其与环境演变关系的研究［J］. 地理科学，2005（2）：239-243. 滕铭予. GIS 在半支箭河中游环境考古中的应用［J］. 考古与文物，2009（1）：93-101. 孔琪，刘冰，刘欢等. 鲁东南新石器遗址时空格局与自然环境的关系［J］. 测绘科学，2019（7）：88-95+104.

④ 国家文物局. 中国文物地图集（陕西分册上）［M］. 西安：西安地图出版社，1998：140-153. 国家文物局. 中国文物地图集（陕西分册下）［M］. 西安：西安地图出版社，1998：35-133.

⑤ 《中国地图文物地图集·陕西分册》中记录的新石器时代文化聚落遗址一共有 145 处，依据其记载，明确文化性质的遗址一共 134 处，另西安市第三次全国文物普查发现公布的新石器时代聚落址 28 处，其中有明确文化内涵的遗址 14 处。

⑥ 赵春青. 郑洛地区新石器时代聚落的演变［M］. 北京：北京大学出版社，2001：15-20.

立参数等级模型，利用 GIS 重分类将各环境因子按各自标准划分为三级，再利用栅格计算器计算权重得到模型结果，从聚落遗址等级分布规律去探讨史前人类人地关系的演变过程。

表 5.1 研究区新石器聚落遗址特征统计表

	文化类型	时间（ka B. P.）	遗址数量（个）	遗址主要分布区域
新石器时代	仰韶文化	5.5-3.5	90	黄土台原、河流阶地
	庙底沟文化	4.3-4.5	12	关中平原
	龙山文化	2.6-3.1	46	泾、渭河流域

注：由于姜寨等 53 处遗址存在连续的文化类型，文中将它们在各个文化类型中都记录 1 次，故表 5.1 中遗址点数量总和大于可以确定文化类型的遗址点数。

二、结果与分析

（一）不同文化类型聚落遗址数量及遗址文化重心变化

研究区可以确定文化类型的遗址点总计 120 个，已发现的仰韶文化聚落遗址共有 90 处，占总数的 61.06%。整个仰韶文化聚落遗址的分布重心集中在西安主城区及长安区和蓝田县境内（67×10^{-3} 个/km² - 78×10^{-3} 个/km²）。

已发现的庙底沟文化聚落遗址数量较少，共有 12 处，分布重心主要集中在西安地区的中部（18×10^{-3} 个/km² - 26×10^{-3} 个/km²）。

已发现的龙山文化聚落遗址共 46 处，分布重心集中在西安主城区、临潼区和蓝田县构成的"Y"型区域内（34×10^{-3} 个/km² - 51×10^{-3} 个/km²）。

不同文化类型遗址文化重心估算方法[①]：假设不同文化类型各遗址的中心坐标为 (X_i, Y_i)，M_i 为不同时期各遗址的面积。不同文化类型遗址的重心坐标为：

$$\bar{X} = \sum_{i=1}^{n} M_i X_i \bigg/ \sum_{i=1}^{n} M_i$$
$$\bar{Y} = \sum_{i=1}^{n} M_i Y_i \bigg/ \sum_{i=1}^{n} M_i$$
(1)

---

① 本节中的遗址文化重心模型的建立参考了刘俊杰等利用 GIS 研究经济重心的方法。刘俊杰，李梦柔，李炳程等. 基于 GIS 的广西经济重心与消费重心时空演变研究［J］. 区域金融研究，2020（4）：81-88.

由此可见，西安地区新石器时代不同文化遗址表现出的空间迁移规律：（仰韶—庙底沟—龙山）遗址文化重心的位置向东（东南—东北）偏移。仰韶文化遗址方向椭圆的走向是东北—西南；庙底沟由于发现的遗址点数量少，呈现的效果显示不出有价值的规律；龙山遗址的方向椭圆与仰韶文化遗址一致，故西安地区新石器时代聚落遗址总体的演变趋势是沿"东北—西南"走向分布。

（二）西安地区新石器时代遗址空间分布与自然环境的关系

1. 遗址空间分布与高程的关系

高程是新石器时代聚落选址考虑的重要因素。低海拔地区（冲积平原、黄土台原、河流阶地等）水热条件优越，史前人类的采集、渔猎活动便利；相反，高海拔地区昼夜温差大，史前人类生活困难。西安地区聚落遗址的高程信息统计如下（表5.2）。

表5.2　西安地区聚落遗址与高程统计表

高程/m	时期 仰韶 个数	仰韶 比例（%）	庙底沟 个数	庙底沟 比例（%）	龙山 个数	龙山 比例（%）
300—360	13	14.44	1	8.33	7	15.22
360—420	35	38.89	4	33.33	15	32.61
420—480	21	23.33	3	25	8	17.39
480—540	9	0.10	2	16.67	4	8.70
>540	12	13.33	2	16.67	12	26.09

由表5.2可知，仰韶、庙底沟、龙山3个时期遗址点数据表明分布于高程540米以下的区域分别占比（86.67%、83.33%、73.91%）。三个文化阶段的主要区域都集中在360—540米。

2. 遗址空间分布与坡度的关系

坡度是反映地表陡缓程度的指标，根据国际地理学联合会地貌调查与制图委员会制定的关于坡度等级划分标准[①]。本书将坡度划分为5个等级。由图

---

① 邓磊，陈悦竹，陈云浩等. 利用雷达摄影测量方法提取DEM及其精度评价[J]. 遥感信息，2006（4）：37-40.

5.1（a）、5.1（b）、5.1（c）可知，聚落遗址主要集中在坡度低值区。图 5.1d 三个时期聚落遗址（坡度小于 6°）占比均超过 50%，说明史前人类在选址时倾向地形平坦的区域。

(a) 仰韶文化遗址

(b) 庙底沟文化遗址

(c) 龙山文化遗址

(d) 不同文化时期遗址点坡度分布统计直方图

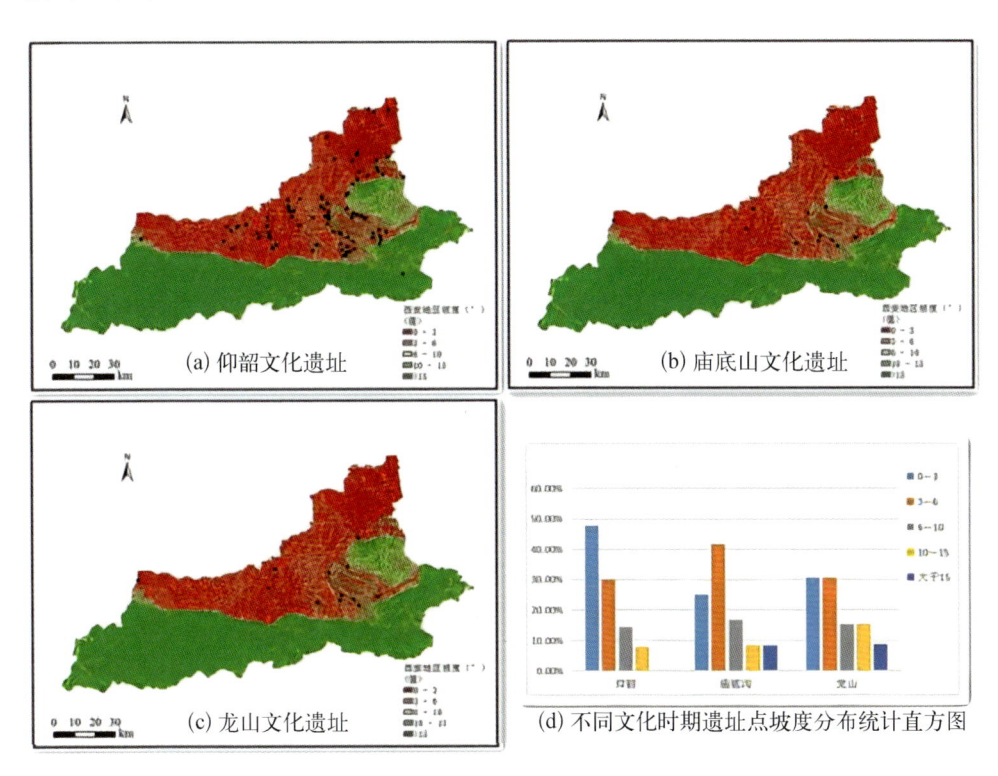

图 5.1 聚落遗址与坡度叠加图

3. 遗址空间分布与坡向的关系

坡向主要是通过影响接收太阳辐射的强弱和时间对遗址分布起作用的。一般来说，人们会选择朝南或偏南的坡向居住。为了便于观察和理解坡向图，以正北方向作为 0°，按顺时针方向，划分为六个等级：（-1—0°，0—45°，45—90°，90—270°，270—315°，315—360°）。光照条件好、较好的坡向有：（-1—0°）代表平地，90—270°；光照条件差、较差的有：0—45°和 270—315°，315—360°[①]。

由图 5.2（a）、5.2（b）、5.2（c）可知，西安地区新石器聚落遗址分布主要集中在光照条件好的位置。图 5.2（d）表明，三个文化时期光照处于 90—

---

① 毕硕本，郭文政，闾国年等. 郑洛地区史前聚落遗址坡向坡度分析[J]. 测绘科学，2010，35（6）：139-141.

270°坡向的遗址占比都处于最高，因为朝南的坡向，光照和热量条件充足。三个时期处于差和较差的坡向，占比稳定在20%以上，说明人们在条件允许的情况下倾向于选择朝南的坡向，但如果与其他环境因子作选择时，史前人类肯定会选择放弃好的坡向，坡向是史前人类聚落选址的重要因素，但影响程度并没有高程和坡度等条件突出。

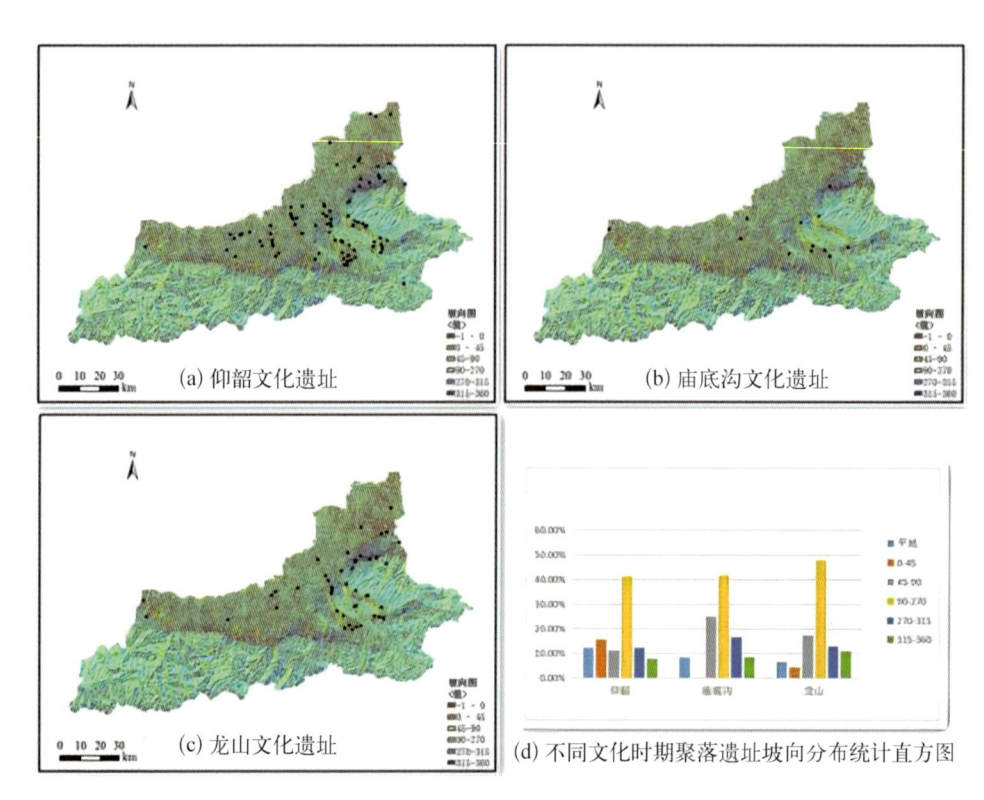

图 5.2 聚落遗址与坡向叠加图

4. 遗址空间分布与水系的关系

史前聚落选址时不得不考虑与河流的关系。距河流的远近直接影响原始居民生产生活的便利和安全，因此，居民选址会考虑其能否保证水源充足和防洪。利用ARCGIS建立离河流间隔为1千米的12级多环缓冲区，将不同时期各遗址点数据与得到的多环缓冲区作叠加分析，发现遗址点数目在3千米骤降，5千米出现小幅度回升，10千米以外只包含仰韶文化的高陵区灰堆坡遗址，故以3千米、5千米和10千米为间隔建立欧式距离，采用近邻分析和欧式距离分析获得各时期聚落遗址与河流的相关性。

图 5.3 表明整个新石器时代不同文化时期聚落遗址主要分布在距河流 3 千米以内的区域，占比 74.32%；3—10 千米缓冲区内聚落遗址较少，占比 25%；10 千米以外缓冲区内遗址最少，只有 0.68%。各文化时期聚落遗址距河流的平均距离为 2.2 千米，最远 10.5 千米。仰韶文化遗址距河流的平均距离为 2.0 千米，最远 10.5 千米；庙底沟文化遗址距河流的平均距离为 1.3 千米，最远 5.1 千米；龙山文化遗址距河流的平均距离为 2.8 千米，最远 7.8 千米。

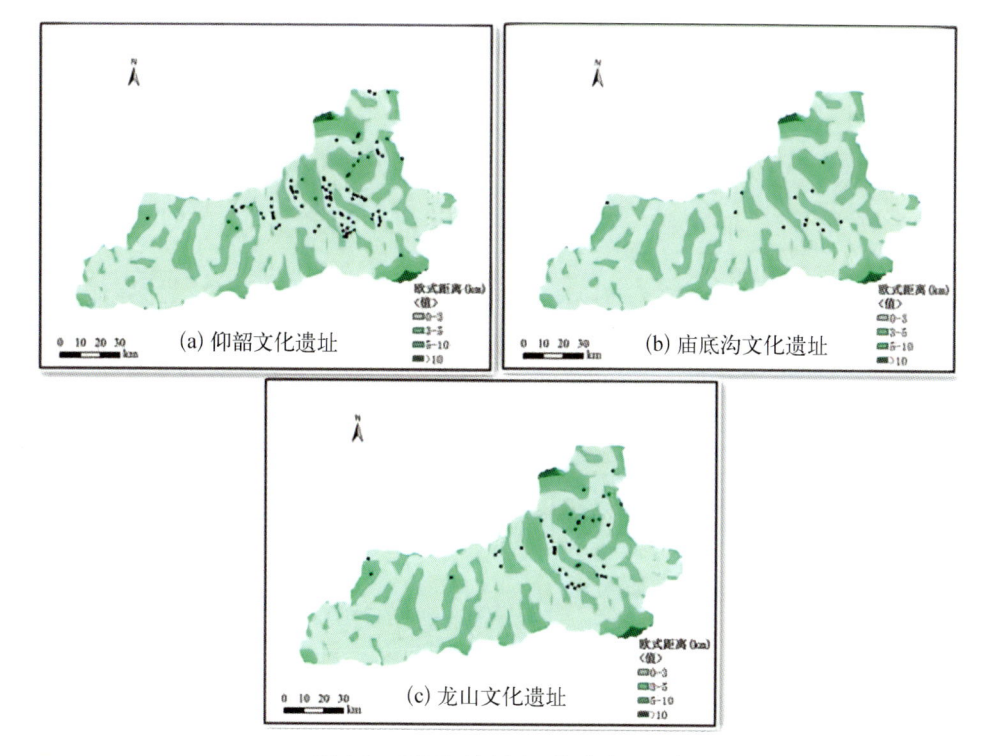

图 5.3　不同河流缓冲区聚落遗址分布

（三）西安新石器不同文化类型阶段人地关系

在研究高程、坡度、坡向、离水距离等因子与遗址空间分布关系的基础上，本节计划从"遗址宜居性"的角度去建立模型分析人地关系。优质的自然资源是有限的，自古以来只有少数人可以拥有，以往考古学研究中涉及历史时期社会形态和等级制度[①]的，大部分通过研究墓葬的分布、形制结构及随葬器

---

① 魏继印. 从新石器时代晚期墓葬看豫陕晋相邻地区的等级分化 [J]. 华夏考古，2017 (3)：131-144. 施劲松. 成都平原先秦时期的墓葬、文化与社会 [J]. 考古，2019 (4)：74-87.

物来剖析，本节欲从研究西安市新石器时代不同等级聚落遗址的分布规律探讨史前时期社会等级分化的开始，以此为线索探寻遗址空间分布与社会形态的关系。

1. 模型参数确定

确定各因素权重指标如下：

采用互比评定法，构建聚落等级分布的因子有：高程因子（D）、坡度因子（S）、坡向因子（A）、离水距离因子（R）四个指标组成矩阵 M；公式中：$m_{ij}^{(ij(d,s,a,r))}$ 表示元素 i 与 j 的重要性之比（元素 j 与 i 的重要性之比为 $1/m_{ij}$），标度范围可取 1—9，标度越大，则前者比后者重要。将 M 的每一列向量进行归一化处理，按行求和，再求归一化，得到各因素的权重 W 及最大特征根 λ_{max}。求解 W = [0.136, 0.264, 0.070, 0.540]，λ_{max} = 4.138，对矩阵进行一致性检验。求得 $r = \dfrac{\lambda_{max} - n}{(n-1)*0.9} = 0.051 < 0.1$，通过了检验，说明各环境因子的权重设置合理，故因子的权重分布为 W = [0.136, 0.264, 0.070, 0.540]

$$M = \begin{bmatrix} m_{dd} & m_{ds} & m_{da} & m_{dr} \\ m_{sd} & m_{ss} & m_{sa} & m_{sr} \\ m_{ad} & m_{as} & m_{aa} & m_{ar} \\ m_{rd} & m_{rs} & m_{ra} & m_{rr} \end{bmatrix} = \begin{bmatrix} 1 & \dfrac{1}{2} & 3 & \dfrac{1}{4} \\ 2 & 1 & 5 & \dfrac{1}{3} \\ \dfrac{1}{3} & \dfrac{1}{5} & 1 & \dfrac{1}{5} \\ 4 & 3 & 5 & 1 \end{bmatrix} \quad (2)$$

2. 建模及结果分析

建模过程：对高程、坡度、坡向、离水距离 4 个图层赋予不同的权重（上述 W 值），然后对各图层（上述等级划分规则）进行重分类，使用栅格计算器给各因子重分类结果赋权得到聚落等级分布图（图 5.4），可以直观地看到聚落遗址的等级分布存在空间差异，红色聚集的区域代表居住适宜度最高，蓝色则代表不适合人类居住的区域。由图 5.4 得到各个时期聚落遗址在宜居区域内的分布情况，讨论不同文化阶段"人地关系"的发展和演变规律，并为史前社会形态和制度研究提供思路。分析结果如下：

（1）高等级"1-4"属于最适宜居住区域，3 个文化阶段的遗址累积比例

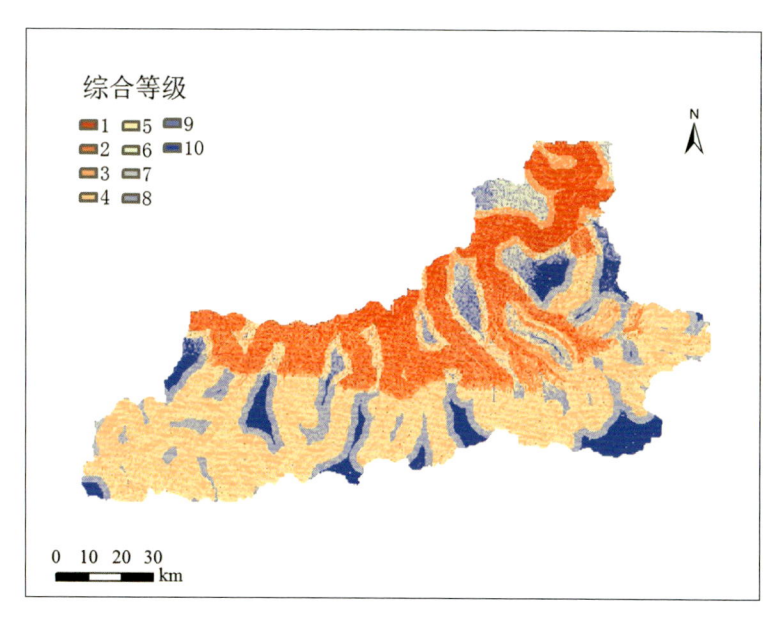

图 5.4 聚落遗址等级分布图

均达 60% 以上（分别为 80%、91.67%、63.04%），表明史前人类会倾向选择受高程、坡度、坡向、离水距离等环境因子影响下形成的宜居环境。仰韶、庙底沟在"1-4"的占比远超龙山，表明这一阶段人类适应和改造自然环境的能力弱，不得不依赖于自然环境优越的区域。

（2）龙山在低等级"7-10"的占比远超庙底沟和仰韶，体现人类开始慢慢具备改造自然的能力，即使在自然条件差的地方也能生存，反映他们的生产力在不断提高，耕作品种不断增加，技术也得到改进，社会在进步。

（3）在三个文化阶段演变的过程中，"1"等级的比例在龙山时期开始上升（相比仰韶和庙底沟增长约 0.72%），可能是由于当时社会开始出现阶级分化，掌握一定权力的上层占据了最适宜居住区域。

三、讨论

一方面本节经过研究高程、坡度、坡向和水系等四种环境因子与聚落分布的关系，得出西安地区新石器时代聚落遗址集中分布在海拔 360—540 米，坡度小于 6°，坡向朝南或偏南，距离水源 3 千米以内的区域。这与孔琪等在研究鲁东南新石器时空格局与自然关系时提出古人倾向于选择海拔高度低、坡度小、向阳靠近水源的地方聚居[①]的结论基本是一致的。另一方面，本节重点讨论由聚落等级演变出的人地关系，推测社会出现阶级分化是从龙山初期开始的。邵晶在利用传统考古学方法对浐灞流域新石器时代聚落遗址研究时得出仰韶后期一些氏族成员占有大量的生活和生产资料，造成了聚落之间的分化，到了龙山时期，聚落群之间的从属关系被提上日程的结论[②]。魏继印利用新石器时代后期墓葬研究晋陕豫地区的等级分化，认为庙底沟文化时期只有在其最末阶段才开始出现等级分化趋势[③]，均与本节的推测不谋而合。由此说明，西安地区新石器时代聚落遗址的演变是与周边的地理环境密切相关的，但在此基础上人类的主观能动性也是不可忽略的重要因素，甚至龙山初期，即使自然条件恶化，但聚落遗址仍然开始了逐步壮大的历程。

四、结论

本节基于 GIS 对西安地区新石器时代的聚落遗址进行空间分析，研究遗址分布与高程、坡度、坡向、离水距离四种环境因子的关系，并建立模型得到聚落遗址综合等级图，将仰韶、庙底沟、龙山三个文化阶段的遗址点数据与聚落作叠加比较，从"宜居性"的角度去分析人地关系的演变过程，得出以下结论：

（1）通过对西安地区新石器时代不同文化阶段聚落遗址进行核密度分析、重心计算和方向椭圆分析，发现各时期的遗址密度分布表现出相似性，西安市主城区是遗址分布的集聚区域，表现出的空间迁移规律为：（仰韶—庙底沟—龙山）遗址文化重心的位置向东（东南—东北）偏移，而聚落整体是沿"东北—西南"走向分布。

（2）分析聚落遗址空间分布与四种环境因子之间的关系得到，高程对聚落选址的影响主要体现在水热条件方面，西安地区新石器时代聚落遗址主要集中在海拔高度 360—540 米内；坡度对聚落选址的影响体现在聚落未来发展的规模上，地势平坦的区域生活便利，很大程度避免了滑坡、泥石流等自然灾害，给聚落未来的发展提供保障，史前人类主要居住在坡度小于 6°的区域；坡向通

---

① 孔琪，刘冰，刘欢等. 鲁东南新石器时空格局与自然环境的关系［J］. 测绘科学，2019（7）：88-95+104.
② 邵晶. 试析浐灞流域新石器时代聚落演变［D］. 西安：西北大学，2009.
③ 魏继印. 从新石器时代晚期墓葬看豫陕晋相邻地区的等级分化［J］. 华夏考古，2017（3）：131-144.

过控制光照来影响聚落选址,各个文化阶段光照差的遗址占据 20% 以上,说明人们对坡向的依赖性不大;离水距离对聚落选址的影响体现了水资源的使用,西安地区新石器时代聚落遗址集中分布在距离河流水系 3 千米以内的范围内。

(3) 通过赋权分级法构建模型发现,等级"1-4"属优势区域,仰韶、庙底沟遗址占比远远超过龙山,说明该阶段生产力水平弱,依赖自然环境生存;等级"7-10"属不宜居区域,龙山遗址占比明显高于仰韶、庙底沟,验证了随着时间的推移,史前人类改造自然的能力在提升。三个时期"1"等级的占比在龙山时期开始增加,表明龙山时期可能已经出现阶级分化,优势资源掌握在拥有一定权力的较高等级阶层手中。

第二节 西安地区唐代墓葬随葬品器物组合分析研究[*]

唐长安城作为中古时期的国际化大都市,社会繁荣,是当时人人向往之地。云集于此的商贾僧侣、文人墨客,以及来自周边国家的使节、游人、商贸人员,长期定居于此。在此期间,长安的人口规模达到了空前的高度。唐长安城的地形整体呈现出南高北低、东高西低的特点,几条台原横亘在南部及东部。城西北方向是汉长安城,大明宫以北和以西地区则为广阔的禁苑,供皇家贵族休闲使用。

从数据库地图可以直观看出,受城市布局、地形、交通影响,唐代墓葬分布在城东、东南角、城南及城西,主要在出通化门、春明门、明德门、金光门、开远门等交通便利的主干道附近以及地势较高的龙首原、白鹿原、少陵原、凤栖原、神禾原、高阳原等台原区域。

一、数据来源

本案例所用数据均来自西安地区考古数据库,该数据库录入了 1950 年至 2019 年西安区域各类已发表的唐代墓葬发掘简报和报告。

通过对 778 座唐代墓葬的信息查找并统计其随葬器物后发现,数量最多的

---

[*] 西安市文物保护考古研究院杨海越对本节的撰写作出了重要贡献。

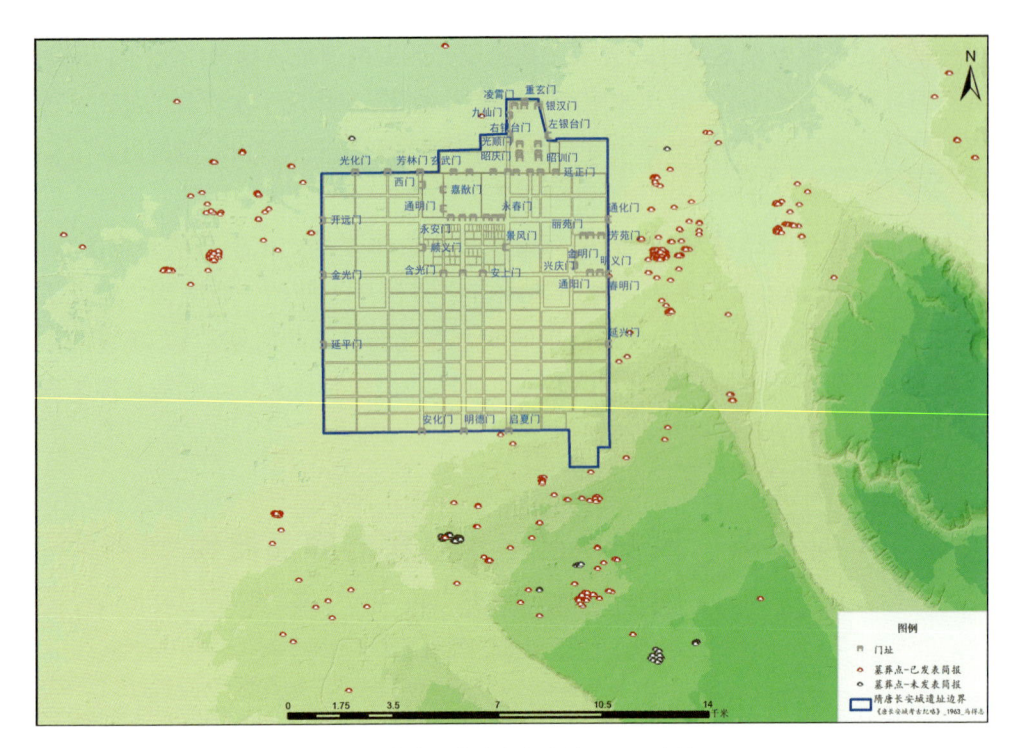

图 5.5　唐代墓葬在唐长安城周围分布情况

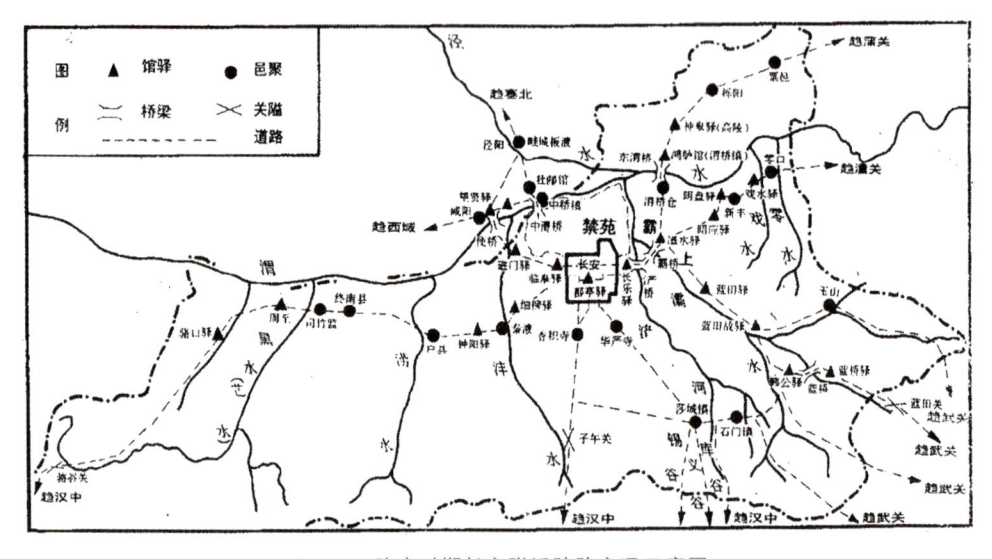

图 5.6　隋唐时期长安附近陆路交通示意图
（注：文献来自辛德勇，《古代交通与地理文献研究》之《隋唐时期长安附近陆路交通示意图》）

五种（类）器物依次是人物俑、动物俑、铜钱、罐①、镇墓俑，其中 232 座唐墓有墓志，可依据其判断墓葬年代。下表为出土这五类器物的唐代墓葬数量及其在对应总数中所占百分比的统计（如非特别说明，均为出土该器物的墓葬数量，并非器物数量）。

表 5.3　唐墓出土器物数量及占比统计表

器　物	人物俑		动物桶		铜　钱		罐		镇墓俑	
232 座纪年墓中	131	56.47%	103	44.40%	95	40.95%	112	48.28%	73	31.47%
778 座唐墓中	300	38.56%	202	25.96%	291	37.40%	462	59.38%	168	21.59%

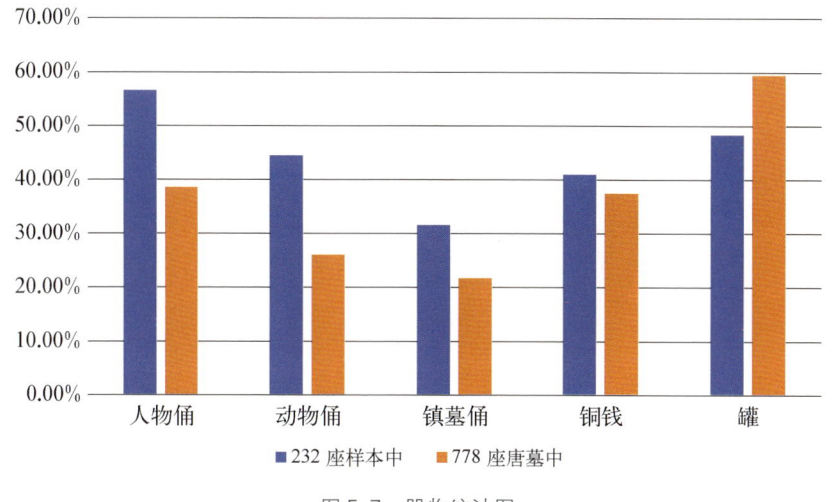

图 5.7　器物统计图

从上图可见，五类器物在 232 座纪年唐墓和 778 座唐墓中趋势一致，而纪年墓中出陶俑、铜钱的比例比唐墓的平均值高，随葬器物也更为丰富。陶罐作为最普遍的器物，在非纪年墓中出土的比例略高于纪年墓。

二、样本分析

以 232 座唐代纪年墓作为分析样本，样本年份跨度接近 300 年，为了更好地进行统计与分析，需将 232 座纪年墓葬进行样本分组。参考程义先生《关中

---

① 罐中统计了陶罐、三彩罐、釉陶罐、瓷罐，但不包含塔式罐。

地区唐代墓葬研究》①中将唐代纪年墓划分为五期：第一期（618—657年），第二期（658—710年），第三期（710—748年），第四期（748—809年），第五期（809—907年），随后进行分期数量统计②。由于各阶段所跨年份不等距，且样本内各阶段墓葬数量不等，不适于直接进行比较，故将出土器物的墓葬数量均换算为占该阶段总墓葬数的百分比，根据所占百分比来比较其普及情况。

表 5.4 各阶段唐墓数量统计表

阶段	第一期 (618—657年)	第二期 (658—710年)	第三期 (710—748年)	第四期 (748—809年)	第五期 (809—907年)
数量	13	49	44	49	77

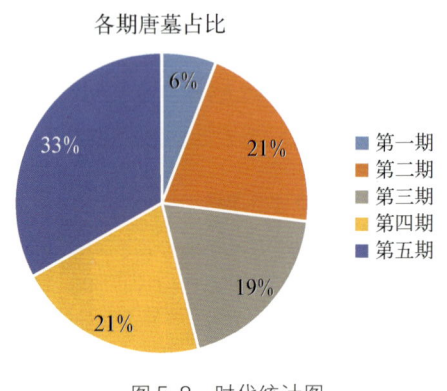

图 5.8 时代统计图

本案例选取唐代墓葬中常见的生肖俑、天王俑、镇墓兽、风帽俑、幞头俑等 14 类出土器物，统计出土该器物的墓葬数量与所在时期墓葬总数百分比，进行数据分析与比较③。

---

① 程义. 关中地区唐代墓葬研究 [M]. 北京：文物出版社，2012：82-85.
② 按原文中注的具体分界点墓葬：710 年早于节愍太子册封时间的为第二期，即景云元年七月为界，样本中 710 年的 3 座墓为李仁夫妇墓、万泉县主薛氏墓、骞思哲夫妇墓均为第三期；748 年早于吴守忠墓的均为第三期，即天宝七年十一月为界，样本中 748 年的 3 座墓为吴守忠墓、张去逸墓、严令元夫妇墓，均属第三期；809 年早于惠昭太子册封时间的均为第四期，即元和四年十月为界，样本中 809 年的墓为李氏墓，属第四期。
③ 因女俑分类繁杂，且大量信息不完整，故未选取；罐不包含塔式罐，材质涵盖陶、釉陶、三彩、瓷。

表 5.5　唐墓中常见出土器物在各期占比统计表

分　期	第一期		第二期		第三期		第四期		第五期	
总墓葬数量	13	占比	49	占比	44	占比	49	占比	77	占比
生肖俑	1	7.69%	1	2.04%	5	11.36%	8	16.33%	1	1.30%
天王俑	0	0.00%	11	22.45%	4	9.09%	9	18.37%	0	0.00%
镇墓俑	8	61.54%	28	57.14%	9	20.45%	14	28.57%	1	1.30%
风帽俑	6	46.15%	19	38.78%	7	15.91%	3	6.12%	0	0.00%
幞头俑	4	30.77%	11	22.45%	7	15.91%	11	22.45%	3	3.90%
载驮俑	9	69.23%	28	57.14%	31	70.45%	26	53.06%	5	6.49%
禽类俑	5	38.46%	16	32.65%	19	43.18%	9	18.37%	3	3.90%
畜类俑	8	61.54%	25	51.02%	25	56.82%	15	30.61%	1	1.30%
铜镜	5	38.46%	16	32.65%	9	20.45%	8	16.33%	12	15.58%
铜钱	6	46.15%	26	53.06%	20	45.45%	21	42.86%	22	28.57%
簪钗笄	0	0.00%	8	16.33%	5	11.36%	2	4.08%	2	2.60%
塔式罐	1	7.69%	2	4.08%	11	25.00%	9	18.37%	15	19.48%
罐	7	53.85%	27	55.10%	21	47.73%	20	40.82%	37	48.05%

三、结果

从以上数据和图表，可总结出长安城周边非陪葬墓的唐代纪年墓具有以下特点：

（1）陶罐在各阶段均占比较多，表明这是唐代最常见的随葬器物。

（2）第二期到第四期的墓葬普遍随葬器物较丰富，种类多；第五期的随葬器物种类和数量普遍减少。

（3）第一期最盛行的随葬器物依次是：载驮俑（69.23%），镇墓俑和畜类俑（61.54%），罐（53.85%），风帽俑和铜钱（46.15%），禽类俑和铜镜（38.46%），幞头俑（30.77%）。

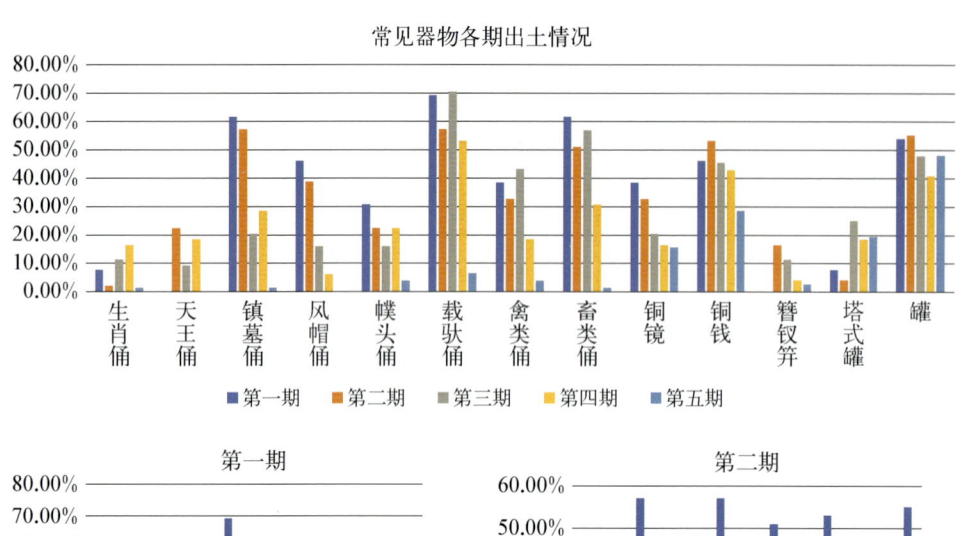

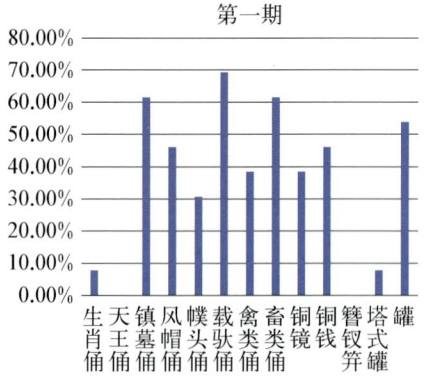

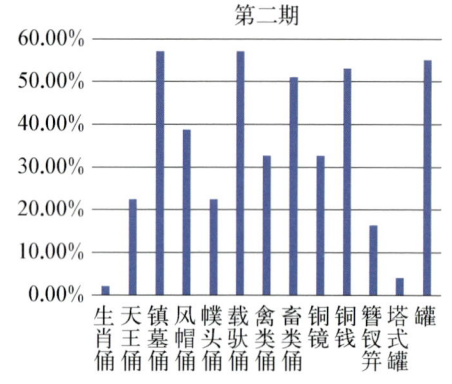

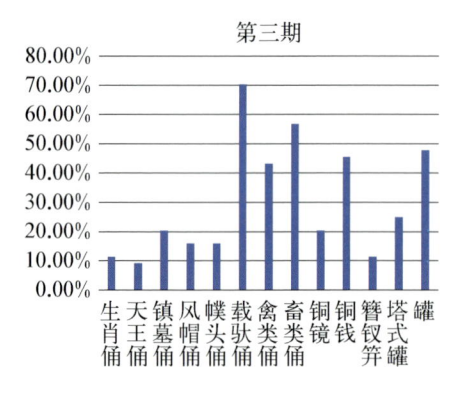

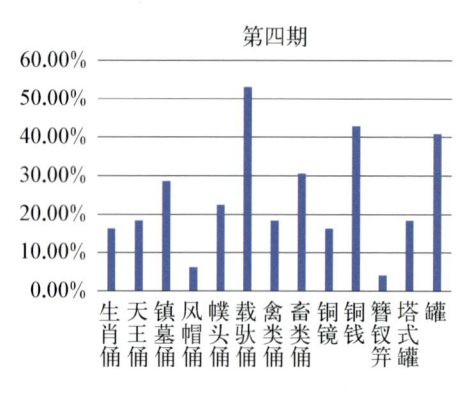

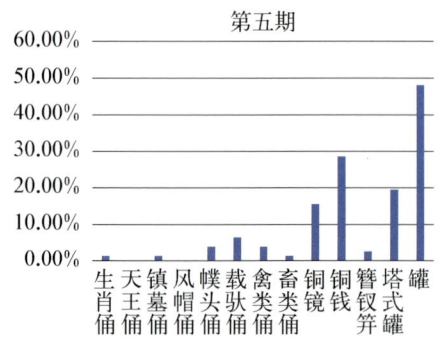

图 5.9 研究统计图

（4）第二期最盛行的随葬器物依次是：镇墓俑和载驮俑（57.14%），罐（55.1%），铜钱（53.06%），畜类俑（51.02%），风帽俑（38.78%），禽类俑和铜镜（32.65%）。

（5）第三期最盛行的随葬器物依次是：载驮俑（70.45%），畜类俑（56.82%），罐（47.73%），铜钱（45.45%），禽类俑（43.18%），塔式罐（25.00%）。

（6）第四期最盛行的随葬器物依次是：载驮俑（53.06%），铜钱（42.86%），罐（40.82%），畜类俑（30.10%），镇墓俑（28.57%）。

（7）第五期器物种类明显减少，尤其是各种陶俑出土数量骤减。在该阶段，出土器物中最多的依次是罐（48.05%），铜钱（28.57%），塔式罐（19.48%），铜镜（15.58%），载驮俑（6.49%）。

四、讨论

第一期至第四期较多随葬陶俑且种类丰富，如各种类型的镇墓俑、人物俑、动物俑，而且数量较多。到第五期，俑类急剧减少，在随葬器中陶罐所占比例最高，也是最常见的器物；其次是铜钱，其他器物均为少数。

综上所述，西安地区纪年墓的随葬器物在800年之前，种类都比较丰富，尤其是第二期和第三期这一阶段，各类陶俑不仅数量多，而且种类丰富。从众多发掘资料中可知，陶俑的制作讲究，色彩和造型优美；800年以后，一是因为时局变动，二来人们在丧葬仪式中更重视丧这一环节，随葬品明显简化减少。

在陶俑数量整体不断减少的情况下，通过对陶俑进行分类可见：第一，风帽从北朝时期一直流行至唐朝，唐初风帽俑明显多于幞头俑；第二，到750年前后，风帽俑急剧减少，幞头俑出土比例超过了风帽俑；第三，到800年以后，已再无风帽俑出土，而幞头俑也是大量减少。随着陶俑数量大幅减少，罐的随葬比例从高到低依次是第二期、第一期、第五期、第三期和第四期。进一步观察出土罐的墓葬，在112座墓葬中，4座墓只出土三彩罐，无其他罐，且4座墓分别属于不同的阶段，故三彩罐对分析影响很小。出土釉陶罐的2座墓葬均出土了陶罐，故釉陶罐对数据分析影响也不大。因此，选取出土陶罐或瓷罐的108座纪年墓葬作为分析对象，既出土陶罐，又出土瓷罐的墓葬共15座，其中第二期2座，第三期3座，第四期1座，第五期9座。下表统计了不同阶段出土陶罐与瓷罐的墓葬数量。

表 5.6　出土陶罐、瓷罐墓葬占比统计表

分　　期	第一期		第二期		第三期		第四期		第五期	
墓葬数量（座）	13		49		44		49		77	
出土陶罐墓葬	7	53.85%	22	44.90%	19	43.18%	20	40.82%	29	37.66%
出土瓷罐墓葬	1	7.69%	6	12.24%	5	11.36%	1	2.04%	13	16.88%

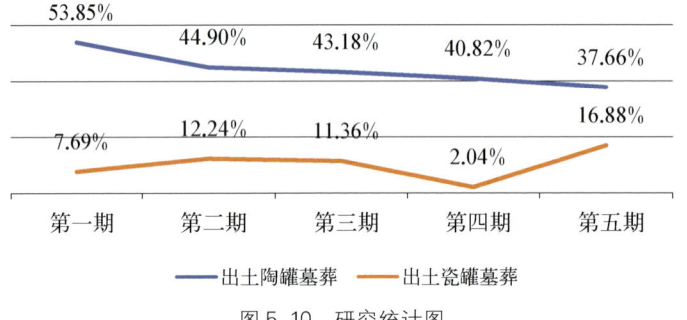

各期陶罐和瓷罐出土情况

图 5.10　研究统计图

可见第五期随葬瓷罐的数量明显增加，而且远远超过其他阶段，应该是唐代晚期瓷器的制造和使用均比较普及的缘故。

进一步筛选出土瓷器的墓葬，进行占比统计以及器型统计。其中瓷罐数量最多，然后是瓷碗、瓷盒、瓷瓶、瓷塑。

表 5.7　出土瓷器的墓葬占比统计表

分　　期	第一期	第二期	第三期	第四期	第五期
总墓葬数量（座）	13	49	44	49	77
出土瓷器墓葬数量（座）	2	13	13	7	28
占比	15.38%	26.53%	29.55%	14.29%	36.36%

续表

分　期	第一期	第二期	第三期	第四期	第五期
瓷器数量（件）	3	35	21	10	55
出土器型	罐、盏、碟	罐、碗、瓷塑贝、壶、盘、瓷瓶、盒、钵、唾壶、砚	罐、铛、碗、瓷塑盒、瓶、壶、盘、唾壶、匜	碗、执壶、瓷片、罐、瓷盒	罐、碗、盒、瓶、唾壶、碟、盘、盂、盏、茶托、瓷片

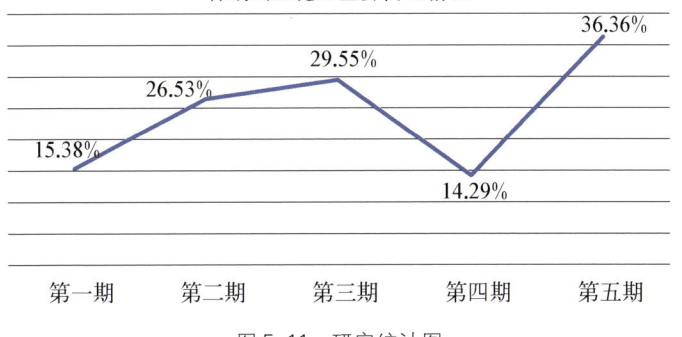

各期出土瓷器墓葬占比情况

图 5.11　研究统计图

由以上图表可见：

第五期墓葬随葬瓷器的比例最高。说明虽然社会动荡，但生产力水平的提高是惠及全社会的，瓷器已不再是上层社会才有能力使用的。

第二期和第三期墓葬数量和瓷器数量的占比较为一致，且器型丰富，说明从这个时期起，瓷器开始流行起来，且器型丰富，到了第五期不仅是随葬瓷器墓葬的比例升高，而且单个墓葬随葬瓷器的数量也有了比较大的提升，以日常实用器型为主，更说明瓷器的普及程度之高。

第三节　唐长安城居民宅邸与葬地之间关系研究

新中国成立以来，随着各种考古调查、勘探、发掘工作的进行，西安及周边地区出土了大量唐代墓葬，墓葬等级差别大，纪年墓上至皇亲国戚下至平民百姓[①]。与帝陵及陪葬墓不同，平民百姓的墓葬通常被发现在唐长安城周边。这些墓葬的位置选择应该存在着某些特定的规律，相关学者也陆续对此进行了一些研究。本案例尝试通过地理信息系统的相关数据和技术，对这些墓葬进行分析研究，尝试寻找纪年墓的墓主宅邸与葬地之间的关系。

一、研究现状

关于隋唐长安城及其周边的墓葬，前人已经做了一定的研究。在20世纪八九十年代主要集中于对墓葬形制、等级、分期等方面的探讨。孙秉根先生在《西安地区隋唐墓的形制》中对西安隋唐墓葬进行了形制的分类和分期[②]，齐东方先生在《试论西安地区唐代墓葬的等级制度》一文中，通过对文献记载的分析和西安地区唐代双室砖墓的研究，探讨了唐代墓葬的等级制度[③]。宿白先生在《西安地区的唐墓形制》一文中将西安地区的唐墓分为三期，并对不同品级对应的不同墓葬形制进行了讨论[④]。

随着考古发现的不断增多和研究的不断深入，进入21世纪后，学者们逐渐转向对长安城周边的墓葬分布规律的研究。程义先生在其博士论文《关中唐代墓葬初步研究》中曾根据出土墓葬和墓志将长安城周边的墓葬分为城东、城南、城西以及渭北五陵原四个墓区，并指出唐代长安城周围的墓葬分布有靠近居住地和交通干线及建于高敞之地等特点[⑤]。惠瑛在《唐长安居民葬地分析》[⑥]《从出土墓志看唐代居民葬地》两篇文章中通过对西安地区出土墓志的研究发现，葬于长安城东、西两面的墓葬多近宅地埋葬，且城东墓葬的数量、规格都远高于城西，一方面是由于以东为尊的思想，达官显贵多居于城东，便于就近埋葬，另一方面是因为长安城西低东高，人们多趋向于选择地势较高处作为葬地[⑦]。

---

① 赵晶. 唐长安城郊区中小型墓葬研究——以上塔坡唐代墓葬为例[D]. 西安：西北大学，2022.
② 孙秉根. 西安地区隋唐墓的形制，中国考古学研究——夏鼐先生考古五十周年纪念[C]. 北京：科学出版社，1986.
③ 齐东方. 试论西安地区唐代墓葬的等级制度，纪念北京大学考古专业三十周年论文集[C]. 北京：文物出版社，1990.
④ 宿白. 西安地区的唐墓形制，文物，1995（12）：41-50.
⑤ 程义. 关中唐代墓葬初步研究[D]. 西安：西北大学，2007.
⑥ 惠瑛. 唐长安居民葬地分析，绵阳师范学院学报，2011（9）：113-116.
⑦ 惠瑛. 从出土墓志看唐代居民葬地[D]. 西安：西北大学，2006.

对于长安城周边墓葬的研究多是基于传统考古学方法对已发掘的墓葬资料进行的分析,主要通过对墓志、文献、墓葬形制及随葬品数量分析等方式进行,这些方法存在一定的局限性。主要表现在:第一,无法获取墓葬的准确位置,数据也不能量化;第二,缺少可视化、直观的分析结果。故本案例尝试使用GIS地理信息技术对长安城周边的墓葬进行可视化分析,以期通过定量分析来探讨其分布规律。

二、研究方法

本案例主要以西安考古数据库中录入的唐长安城周边发掘的纪年墓为主要研究对象,共计236座,这些墓葬主要分布于长安城西部、东部、东南部以及南部区域。基于西安文物考古地理信息系统提供的数据分析、模型分析等技术,从距离、高程、坡向、等级分布等方面分析墓葬的分布,初步探讨唐代长安城周边墓葬分布的地理特征、空间关系以及产生原因。

利用西安考古数据库,选取唐长安城周边的墓葬信息,主要涵盖的范围包括今天西安市新城区、碑林区、莲湖区、未央区、灞桥区、雁塔区、阎良区、长安区、临潼区、鄠邑区、高陵区、蓝田县、周至县等13个行政区、县及咸阳市秦都区、渭城区、泾阳县和兴平市等4个区县的部分区域。

通过确认每座墓葬发掘报告中所记录的地理位置,再将西安市城市坐标和相关的GPS数据定位至系统中,将236座唐代纪年墓在同一图层中表示出来。再基于数字高程模型(DEM)中所包含的地形、地貌等信息,提取地表形态属性,如距离、高程、坡向、坡度等。

三、特征分析

参考李建超先生制作的1∶25万长安城遗址复原图,结合西安考古地理信息系统,通过分析唐长安居民葬地分布发现:在西安地区随机发掘的纪年墓中,墓葬点和宅邸点集中分布在唐长安城东边和南边;在唐代延续的近300年来均表现出这样的集聚规律,表明唐长安居民墓葬和宅邸的选址多聚集于城东和城南。经推断,其中的原因可能包括以下几点:

首先,古代方位不仅表示位置和方向,在中国传统文化中,方位被赋予了更深的含义,不仅建筑讲究方位,在卜宅兆上也非常讲究方位,唐代人在选择

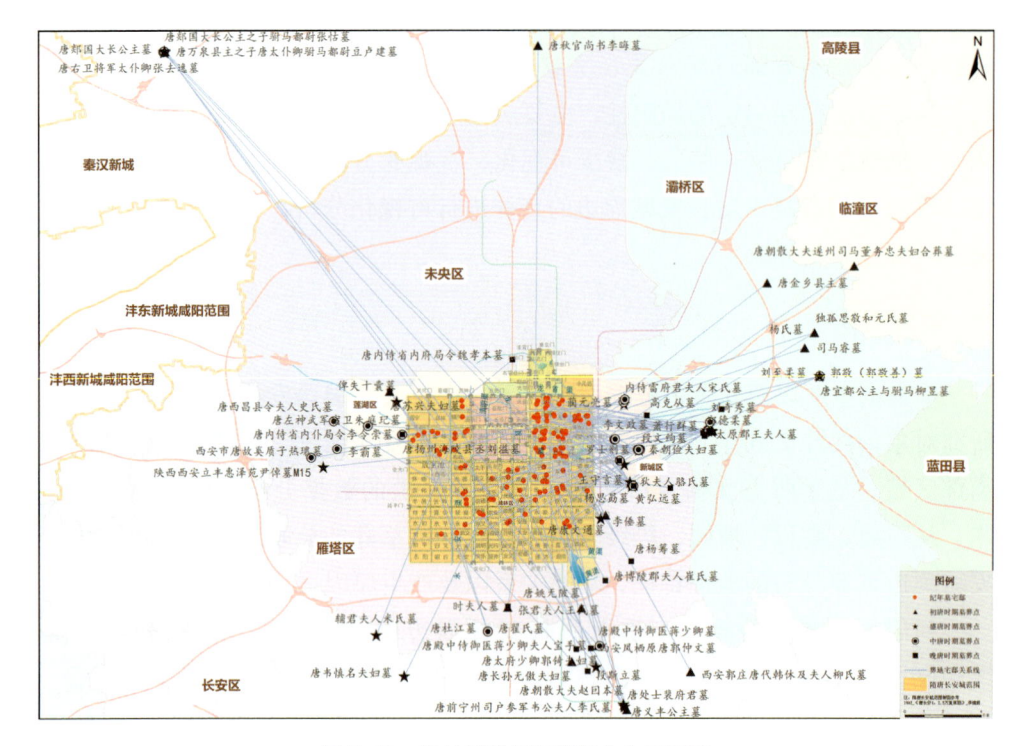

图 5.12　唐长安城纪年墓葬分布示意图

"吉穴"时的依据多种多样,《朝野佥载》记载礼部侍郎杨恭仁想给自己的亲人改葬,于是"求欲善图墓者五六人,并称海内名手,停于宅,共论艺,互相是非,恭仁莫知孰是"[①],葬法之多甚至让当事人都感到迷惑,可见时人对于方位的重视。

其次,唐长安城被朱雀大街分割为两部分,形成了"东贵西富"的局面。虽然唐代思想开放、文化包容,但商人的社会地位仍然很低。朱雀大街东边是贵族的居住区,而朱雀大街以西则是富商的聚集地。考虑到长安城东南地势较高,而西北地势较低,不仅古人追逐名流、鄙视富商的封建思想使得城东、城南、城东南成为丧葬的理想之地,现实地理环境也与此相符。

第三,通过统计纪年墓中墓主身份、墓主宅邸与葬地之间的距离,可以看出宅邸与葬地之间的距离一定程度上与墓主的身份存在正向关系。具体如表5.8所示。

---

① (唐)张鷟. 朝野佥载[M]. 北京:中华书局,1979:164.

表 5.8　唐长安居民宅邸与葬地距离统计表（部分纪年墓）

纪　年　墓	宅邸与葬地距离（千米）	纪　年　墓	宅邸与葬地距离（千米）
唐扬州海陵县丞刘溢墓	1.56	李绍墓	4.49
唐左神武军宿卫朱庭玘墓	1.85	杨居实墓	4.51
李文政墓	2.52	高可方墓	4.82
唐康文通墓	2.58	杨万荣墓	4.99
俾失十囊墓	3.21	秦朝俭夫妇墓	4.99
唐内侍省内府局令魏孝本墓	3.33	贾温墓	5.01
王涓墓	3.34	张君夫人王氏墓	5.02
王守言墓	3.42	闾守元墓	5.04
太原郡王氏十六娘墓	3.62	孙希严妻彭城郡夫人刘氏墓	5.06
高义忠墓	3.74	唐刘公夫人马氏墓	5.15
李倕墓	3.89	张明进墓	5.15
陆振墓	3.9	段晏墓	5.23
李霸墓	3.94	高克从墓	5.24
王贤夫妇墓	4.08	唐林城县令张公夫人荆肆墓	5.24
唐杨筹墓	4.2	唐博陵郡夫人崔氏墓	5.26
王润墓	4.21	罗士则墓	5.38
何遂墓	4.23	王府君墓	5.42
张十八娘子墓	4.28	秦夫人陇西李氏墓	5.54
杨公夫人左太君墓	4.31	狄夫人骆氏墓	5.64
董楒墓	4.43	刘士环墓	5.86
蔺元亮墓	4.43	何楚章夫妇墓	5.99

续表

纪　年　墓	宅邸与葬地距离（千米）	纪　年　墓	宅邸与葬地距离（千米）
黄弘远墓	6.02	唐西昌县令夫人史氏墓	7.9
西安市唐故奚质子热瓌墓	6.02	太原郡王夫人墓	8.01
杨思勖墓	6.1	原州太谷成主彭城刘府君墓	8.03
渤海郡君骆氏墓	6.18	陕西西安立丰惠泽苑尹倬墓	8.06
段琼墓	6.23	唐太府少卿郭锜夫妇墓	8.29
王季初墓	6.39	内侍雷府君夫人宋氏墓	8.41
唐会稽郡贺从章墓	6.4	萧公夫人田氏墓	8.41
郑德柔墓	6.47	屈元寿墓	8.46
段文绚墓	6.55	张渐墓	8.48
李夫人（李雅）墓	6.65	严令元与妻成氏墓	8.56
刘奇秀墓	6.83	唐思礼墓	8.64
唐苏兴夫妇墓	6.92	唐思礼妻俞氏墓	8.67
史思礼墓	7.1	李玄德墓	8.69
唐内侍省内仆局令李令崇墓	7.32	王怡政墓	8.73
间知诚墓	7.36	西安凤栖原唐郭仲文墓	8.75
何刚墓	7.46	唐长孙无傲夫妇墓	8.81
段斯立墓	7.54	曹氏墓	8.87
萧行群墓	7.67	时夫人墓	8.89
唐故朝请大夫守太子左庶子上柱国韦府君墓	7.81	董文尊墓	8.89
		王怡政夫人刘氏墓	8.91
曹惠琳墓	7.81	唐殿中侍御医蒋少卿夫人宝手墓	9.03

续表

纪　年　墓	宅邸与葬地距离（千米）	纪　年　墓	宅邸与葬地距离（千米）
唐韦慎名夫妇墓	9.08	严明府夫人任氏墓	13.15
李夫人墓	9.2	西安郭庄唐代韩休及夫人柳氏墓	13.49
唐姚无陂墓	9.35		
张涣夫妇墓	9.71	姬温与妻窦氏墓	13.68
渤海郡君高夫人墓	9.86	司马睿墓	13.7
郭克全墓	10.53	唐宜都公主与驸马柳昱墓	14.79
唐杜江墓	10.53	郭敬（郭敬善）墓	16.91
唐翟氏墓	10.56	刘至柔墓	17.64
唐殿中侍御医蒋少卿墓	10.75	唐金乡县主墓	18.03
辅君夫人米氏墓	10.93	唐朝散大夫遂州司马董务忠夫妇合葬墓	19.32
唐前宁州司户参军韦公夫人李氏墓	10.95		
		独孤思敬和元氏墓	19.98
唐处士裴府君墓	11.53	杨氏墓	19.99
唐朝散大夫赵曰本墓	12.36	唐秋官尚书李晦墓	21.72
唐义丰公主墓	12.66		

　　根据上表可知，墓主宅邸与葬地距离最小的是扬州海陵县丞刘溢之，最大的是秋官尚书李晦。大多数居葬距离较小的墓主身份较低，为县令或平民等，而较远的墓主身份更尊贵或官阶更高。唐义丰公主的居葬距离虽然不是最远的，但与其他纪年墓相比也是较高的，达到12.66千米，这表明墓主身份等级与居葬距离并非直接成正比关系，但居葬距离绝对是判断墓主身份等级的一个重要指标，在一定程度上能够帮助判断墓主财力及家庭情况。居葬距离越远，所花费的丧葬成本越高，这也说明没有社会地位和家庭财富的平民是无法承担

这种花销的。而身份等级、地位较高且富裕者，他们在选取葬地时多会考虑地势高亢，兼顾风水之地，且必须有足够的财力去支持因为居葬距离遥远而产生的巨大成本。

四、结论

利用西安文物考古地理信息系统，通过对长安城周边的墓葬进行可视化分析，探讨了唐长安城郊区纪年墓葬地的分布以及墓主宅邸与葬地之间的关系，得出以下结论：

1. 唐长安城内居民的墓葬集中分布在龙首原、少陵原、凤栖原、神禾原、高阳原等地，主要是因为这些地方地势高亢，且位于长安城的东、南之地。

2. 唐长安城内居民的宅邸和葬地主要集中在城东和城南，这是由于城内政治权力中心的移动，城内各里坊居住的人群实际上已经自发地进行了划分，街东多为达官显贵，尤其是皇城东侧和南侧的里坊。死后的葬地更加明显，更倾向于埋葬在距离权力中心较近的范围，所以东郊区域的墓葬数量多于其他地区[①]。

3. 宅邸与葬地距离一定程度上反映了墓主的身份，通过对唐长安城居民宅邸与葬地之间距离的统计，发现大多数居葬距离较小的墓主身份较低，居葬距离越远的墓主身份较高。

第四节　西安地区古建筑与环境地质关系研究[*]

自从 GIS 技术与考古研究相结合以来，聚落与环境考古成为重要研究领域，广泛应用于人地关系分析，尤其是史前聚落分布与地理环境关系的探讨。研究发现，聚落分布及其规模与周边环境密切相关[②]。历史时期众多建筑基址和建筑遗存的发现，为 GIS 在相关领域的应用研究奠定了基础。

第三次全国文物普查，西安地区复查及新发现了一批历史时期的古建筑。这些建筑类型多样，级别各异。本案例将采用 GIS 空间分析方法，对西安地区

---

① 赵晶. 唐长安城郊区中小型墓葬研究——以上塔坡唐代墓葬为例 [D]. 西安：西北大学，2022.

* 西安云图信息技术有限公司樊姣对本节的撰写作出了重要贡献。

② 郝文军. 清代乡村聚落分布与人口规模的环境要素分析——以乾隆四十四年（1779 年）陵川县为例 [J]. 西北大学学报（自然科学版），2015（2）：308－312.

隋唐、明、清建筑与环境地质关系进行初步探讨，有助于揭示地震后建筑选址演变的一般规律。

一、数据来源与研究方法

本案例数据主要源于西安地区文物考古数据库中的第三次全国文物普查资料、《中国文物地图集·陕西分册》。通过对西安地区 615 座古建筑的收集整理，在数据统计及处理时发现其中 603 座古建筑具有明确的时代信息，这其中又以隋唐、明、清时期古建筑居多。隋唐、明、清时期古建筑多达 593 座。在对这 593 座古建筑进行更深一步的统计和分类后发现，这些古建筑以清代民居类古建筑及宗教类古建筑居多，故选择隋唐、明、清时期古建筑进行总体研究，并在此基础上，针对清代民居类古建筑及宗教类古建筑进行分类研究。下表为隋唐、明、清时期各类型古建筑数量及其对应总数所占百分比统计。

表 5.9 隋唐、明、清时期各类型古建筑数量及其占比

时代	数量	占比	类别	数量	占比
隋唐	19	3%	民居	0	
			宗庙	19	100%
			其他	0	
明代	56	9%	民居	1	1.80%
			宗庙	42	75%
			其他	13	23.20%
清代	518	84.20%	民居	190	36.70%
			宗庙	214	41.30%
			其他	114	22.00%
其他	22	3.60%	民居	4	18.20%
			宗庙	13	59.10%
			其他	5	22.70%

第一，对西安市第三次全国文物普查资料、《中国文物地图集·陕西分册》中的古建筑相关数据，如古建筑的地理位置、年代、类型和保存状况等进行提取，并制作成统一标准的数据表。

第二，对西安地区地质图进行数据提取，首先进行地图校正，然后按照点、线、面分级进行地图矢量化工作，从而获得西安地区地质构造线及动力地质特征数据，包括地质构造的特点、活动状态。最后通过分级设色等地图整饰工作，制作底层地图。

第三，在此基础上将西安地区地质数据与古建筑数据相结合，利用地理信息系统（GIS）进行数据分析，通过对数据的统计分析，识别地质构造线与古建筑分布之间的关联，可视化展示地质数据与古建筑的关系。

二、分析与结果

（一）地质构造线与古建筑分布关系

对每条地质构造线周边 3 000 米范围内的全部古建筑进行搜寻，计算地质

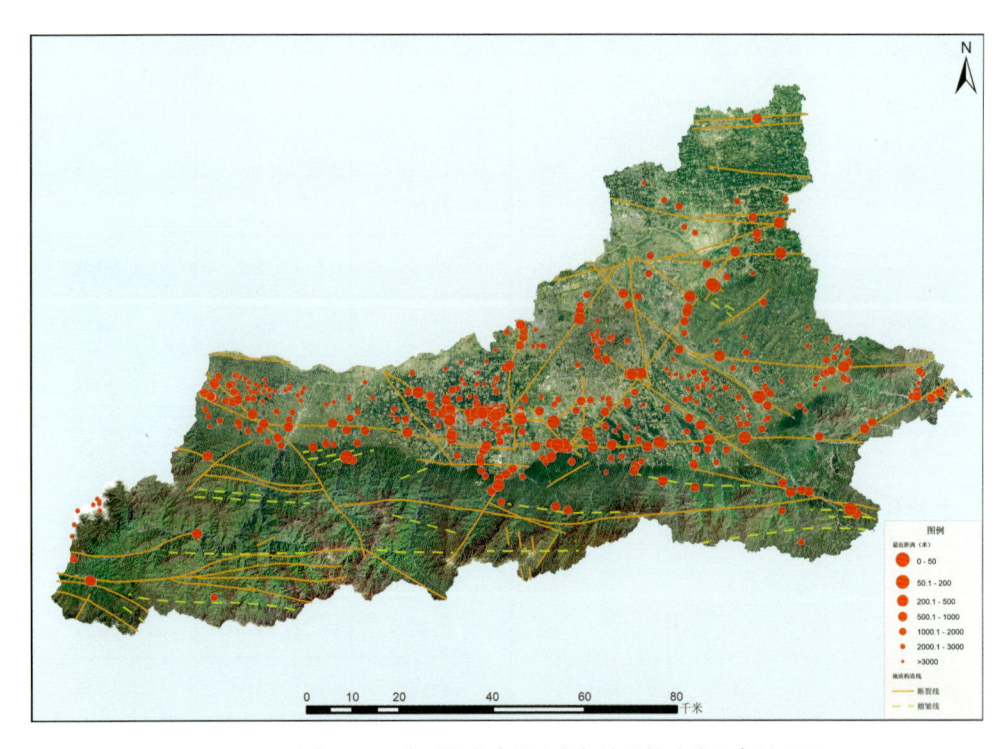

图 5.13 隋唐、明、清时期古建筑分布与地质构造线距离关系图

构造线与最近古建筑之间的距离，并根据距离进行分区，明确不同距离范围内古建筑的分布数量及面积，如图5.13所示。

经过对成果的统计与分析，发现隋唐、明、清三个不同历史阶段的古建筑分布与地质构造线的距离存在显著差异。在隋唐时期，古建筑与地质构造线的距离可分为四个区段，其中大部分古建筑与地质构造线的距离介于1 000米至2 000米之间。考虑到可能明代受到"关中大地震"的影响，其古建筑与地质构造线的距离范围较远，大部分古建筑与地质构造线的距离超过3 000米，这很可能是因为地震对建筑选址产生了影响。至清代，古建筑在地质构造线500米范围内分布较为规律，数量差异不大，但建筑本身的面积差异较为显著。

表 5.10 隋唐时期古建筑分布与地质构造线距离关系表

年 代	距离分区	面积（平方米）	总 数
隋唐	2 000.1—3 000	4 040	2
隋唐	>3 000	5 505.11	5
隋唐	500.1—1 000	64 370.85	4
隋唐	1 000.1—2 000	191 558.994	8

表 5.11 明代古建筑分布与地质构造线距离关系表

年 代	距离分区	面积（平方米）	总 数
明	0—50	17.6	1
明	200.1—500	2 158.2	2
明	500.1—1 000	10 784.234	10
明	1 000.1—2 000	85 375.08	6
明	2 000.1—3 000	88 264.43	11
明	50.1—200	100 713	2
明	>3 000	11 535 949.93	21

表 5.12　清代古建筑分布与地质构造线距离关系表

年　代	距　离　分　区	面积（平方米）	总　数
清	0—50	822.98	10
清	50.1—200	8 940.41	21
清	1 000.1—2 000	18 487.726	109
清	500.1—1 000	18 674.87	118
清	>3 000	52 660.845	108
清	2 000.1—3 000	55 249.36	73
清	200.1—500	96 636.805	80

在上一步结果分析基础上，结合隋唐、明、清不同类型建筑占比，对不同类型建筑选址与地质构造线的关系做进一步分析研究。根据样本选取基本原则与方法，选择清代民居建筑与宗庙建筑进行对比分析。

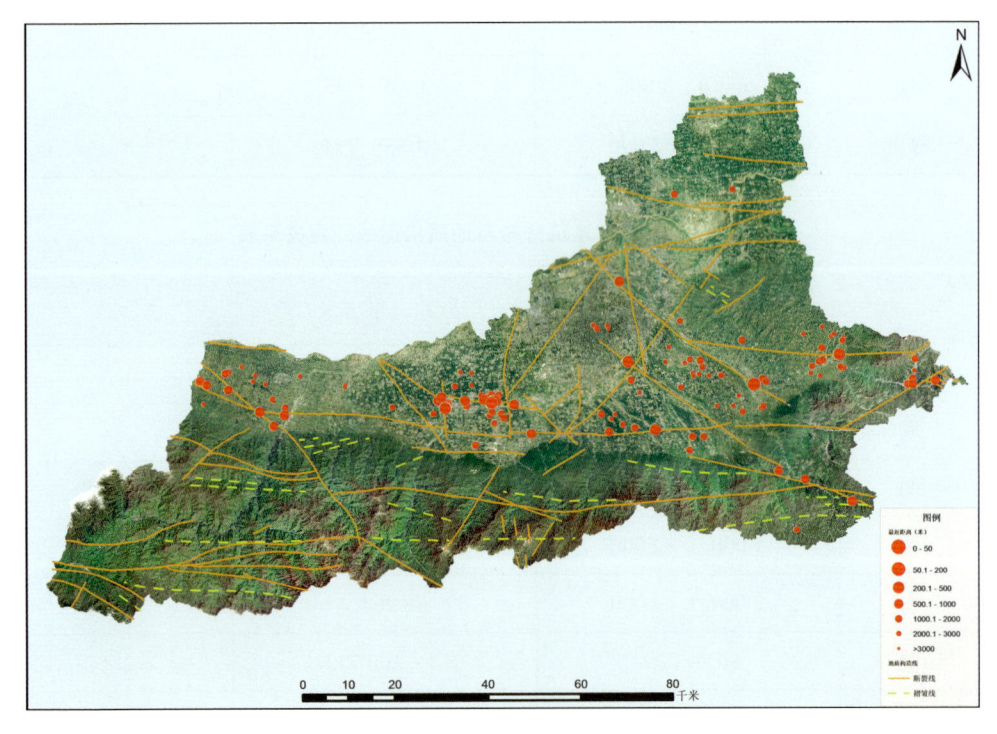

图 5.14　清代民居分布与地质构造线距离关系图

图 5.15　清代宗庙分布与地质构造线距离关系图

结合图 5.14 和表 5.13，可以看到在距离地质构造线 500.1—2 000 米以及大于 3 000 米的范围内分布的清代民居建筑不但数量较多，而且基本相同。分布在距离地质构造线大于 3 000 米的清代民居建筑占地面积最大，其次为 500.1—1 000 米范围。根据图 5.15 和表 5.14 可以看到在距离地质构造线 500.1—2 000 米及大于 3 000 米的范围内分布的清代宗庙建筑数量也是较多的，但与民居建筑不同的是，宗庙建筑在距离地质构造线大于 3 000 米分布的数量远高于其他距离区间，甚至形成断层。而宗庙建筑在距离地质构造线 2 000.1—3 000 米范围内的建筑占地面积反而是最大的，其次才是大于 3 000 米范围的。

对比该研究方向中古建筑总体分布规律以及民居、宗庙分布规律，并未发现两者之间有不同的分布规律，因此清代不同类型的古建筑在选址时首要考虑的因素还是地质原因，至于是否还参考了古建筑本身的用途和性质，还需要更多的材料来佐证。

表 5.13　清代民居分布与地质构造线距离关系图表

年　代	建筑类型	距 离 分 区	面积（平方米）	总　数
清	民居	0—50	54.72	1
清	民居	50.1—200	684.25	5
清	民居	200.1—500	3 186.145	27
清	民居	2 000.1—3 000	4 449.69	28
清	民居	500.1—1 000	7 205.444	42
清	民居	>3 000	8 169.42	43
清	民居	1 000.1—2 000	5 842.236	44

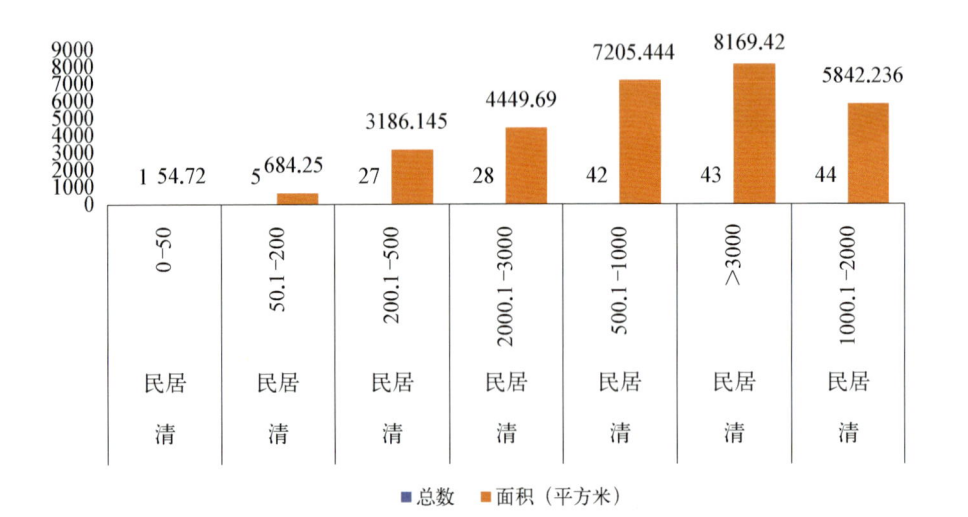

表 5.14　清代宗庙分布与地质构造线距离关系图表

年　代	建筑类型	距 离 分 区	面积（平方米）	总　数
清	宗庙	0—50	570	6
清	宗庙	50.1—200	7 894.73	10
清	宗庙	200.1—500	6 907.31	19
清	宗庙	2 000.1—3 000	50 262.15	33
清	宗庙	500.1—1 000	7 677.35	34

续表

年　代	建筑类型	距 离 分 区	面积（平方米）	总　　数
清	宗庙	1 000.1—2 000	11 210.28	47
清	宗庙	>3 000	42 414.605	55

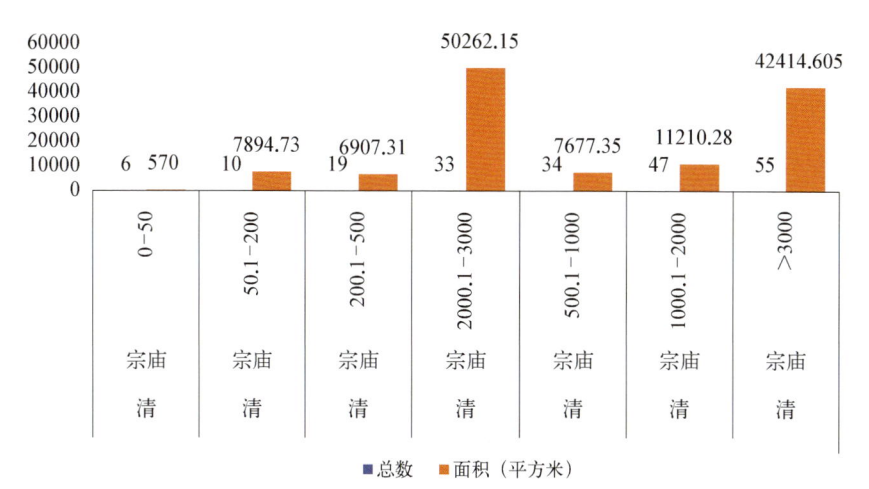

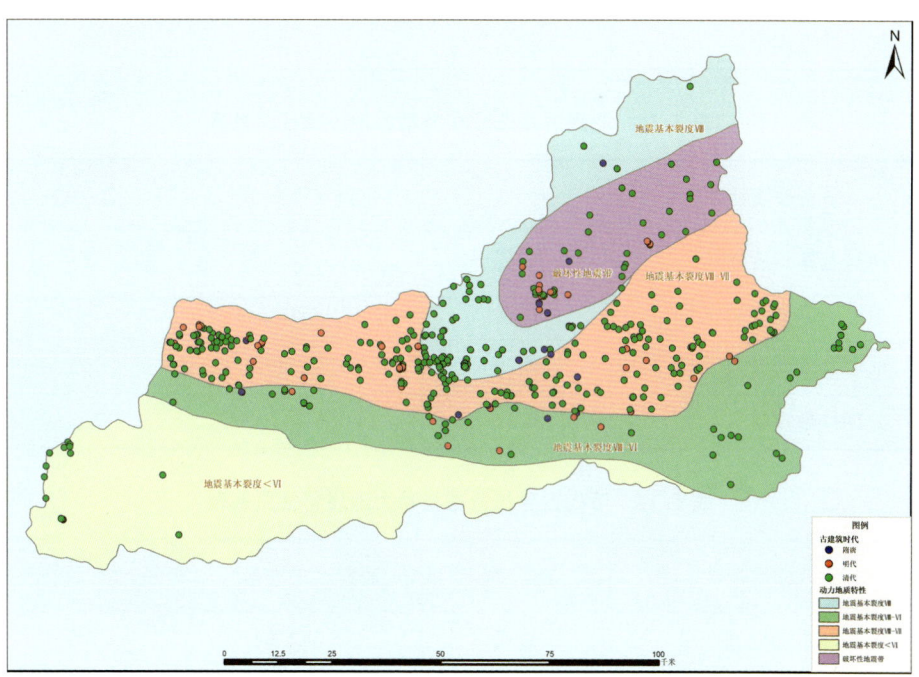

图 5.16　隋唐、明、清时期古建筑分布与动力地质特征关系图

(二) 动力地质特征对古建筑分布的影响

通过对动力地质特征面,包括地震基本烈度和破坏性地震带的分析,将其与古建筑进行地理信息系统(GIS)叠加展示。图 5.16 展示了隋唐、明代、清代古建筑在动力地质特征面上的分布情况。

从图中可观察到,自清代以来,古建筑的选址主要集中在地震基本烈度为 Ⅷ—Ⅶ 的区域。通过运用统计分析工具,对隋唐、明、清各历史时期进行单独深入研究,得到了古建筑分布与动力地质特征的关系表。根据表 5.15～5.17 中的具体数据可以揭示隋唐、明、清三个不同历史时期建筑选址与动力地质面积和数量特征之间的关联。

表 5.15　隋唐时期古建筑分布与动力地质特征关系表

动力地质特性	时　代	面积(平方米)	总　数
地震基本烈度Ⅷ—Ⅵ	隋唐	4 944.994	5
地震基本烈度Ⅷ—Ⅶ	隋唐	18 811.71	5
地震基本烈度Ⅷ	隋唐	20 550.25	4
破坏性地震带	隋唐	221 168	5

表 5.16　明代古建筑分布与动力地质特征关系表

动力地质特性	时　代	面积(平方米)	总　数
地震基本烈度Ⅷ	明代	153	1
地震基本烈度Ⅷ—Ⅶ	明代	19 620.724	26
地震基本烈度Ⅷ—Ⅵ	明代	38 399.1	9
破坏性地震带	明代	11 765 955.65	20

表 5.17　清代古建筑分布与动力地质特征关系表

动力地质特性	时　代	面积(平方米)	总　数
地震基本烈度Ⅷ—Ⅵ	清代	5 682.64	41
地震基本烈度Ⅷ	清代	28 009.27	129

续表

动力地质特性	时　代	面积（平方米）	总　数
地震基本烈度Ⅷ—Ⅶ	清代	49 475.921	293
破坏性地震带	清代	71 927.9	39
地震基本烈度＜Ⅵ	清代	87 839.215	14

与研究地质构造线对古建筑分布的影响一样，在上一步结果分析基础上，结合隋唐、明、清不同类型建筑占比，对不同类型建筑选址与动力地质特征的关系做进一步分析研究。根据样本选取基本原则与方法，依然选择清代民居建筑与清代宗庙建筑进行对比分析。

对比图 5.17 和 5.18，表 5.18 和 5.19 可以看到，不管是民居还是宗庙，在地震基本烈度＜Ⅵ和破坏性地震带范围内分布是最少的，甚至民居在地震基

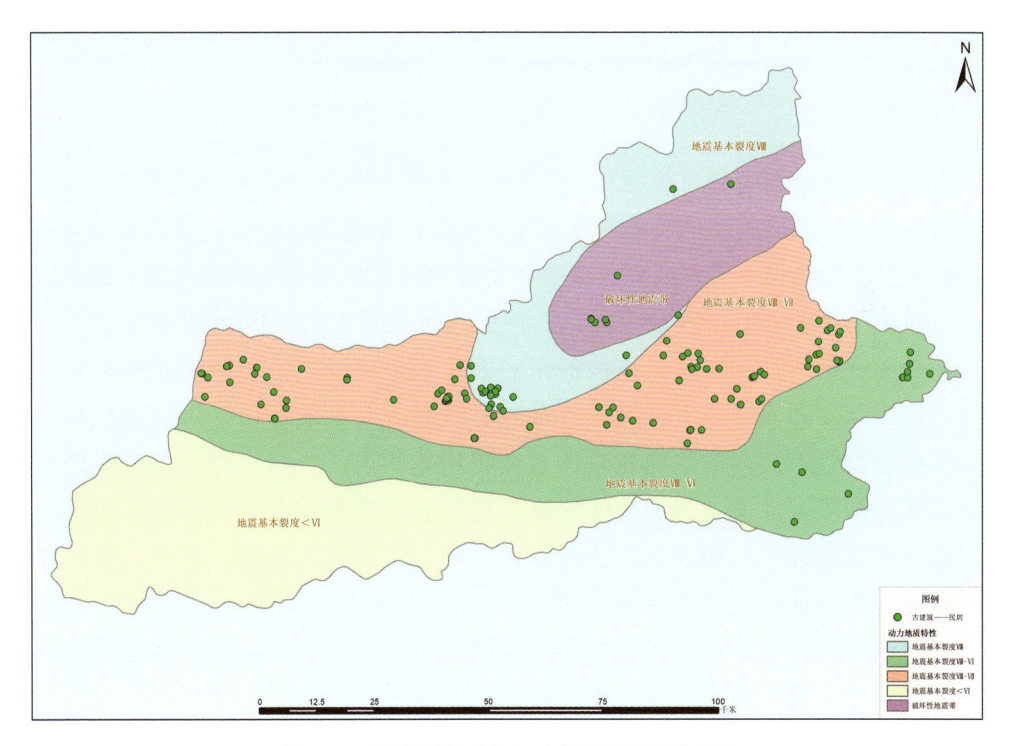

图 5.17　清代民居分布与动力地质特征关系图

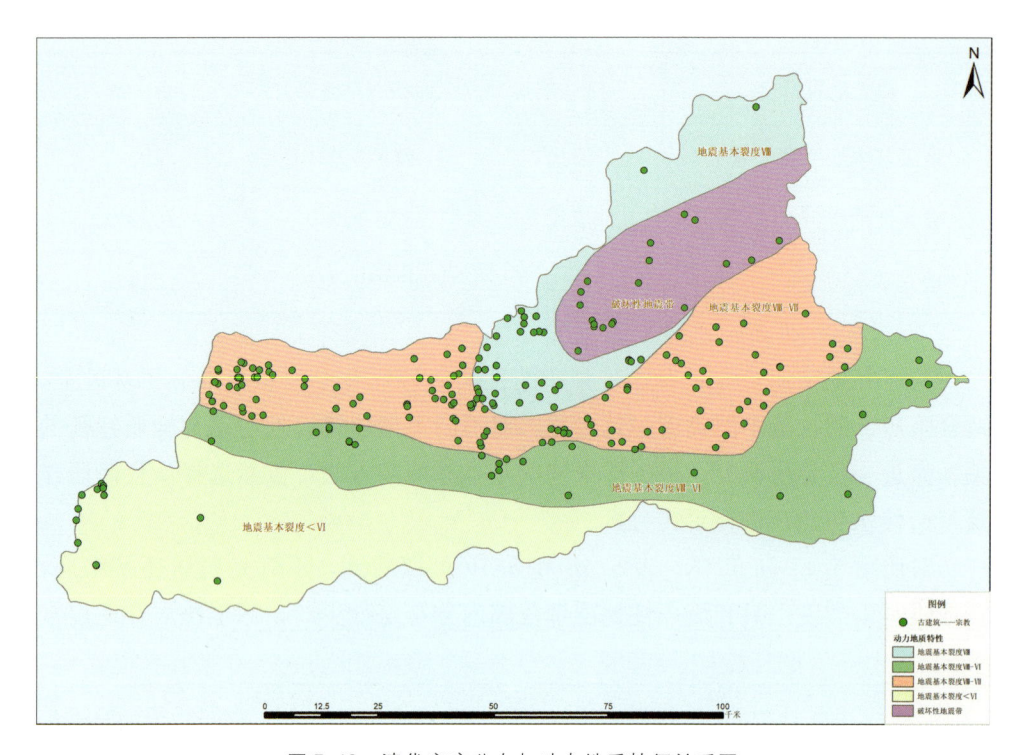

图 5.18　清代宗庙分布与动力地质特征关系图

本烈度＜Ⅵ的范围内分布数为 0，这些建筑主要分布在地震基本烈度Ⅷ—Ⅶ范围内，结合不同用途和性质的古建筑分布来看，在建筑选址时，依然主要分布在地震基本烈度Ⅷ—Ⅶ范围内。唯一区别较大的是在地震基本烈度Ⅷ—Ⅶ范围内分布的民居建筑不仅数量最多，占地面积也是最大的；但宗庙建筑恰恰相反，分布在破坏性地震带范围内的宗庙数量虽然较少，但占地面积却是最大的，地震基本烈度Ⅷ—Ⅶ范围内分布的宗庙虽然数量最多，但占地面积却与破坏性地震带范围内的宗庙建筑占地面积相差甚远。当然，由于民居建筑和宗庙建筑的不同性质，造成单体建筑本身的面积差别较大，所以宗庙建筑的占地面积总和会与民居建筑的占地面积总和有比较大的差距；另外，也可能宗教建筑在选址时更注重风水因素，某一地点在这一时段具有一定的特殊性，所以才会在破坏性地震带内建设大型宗庙建筑。但具体的原因还需要结合文献与相关的历史事件进一步探讨。

表 5.18　清代民居分布与动力地质特征关系图表

动力地质特性	时　代	建筑类型	面积（平方米）	总　数
破坏性地震带	清代	民居	1 071.73	8
地震基本烈度Ⅷ—Ⅵ	清代	民居	2 383.36	12
地震基本烈度Ⅷ	清代	民居	2 245.73	27
地震基本烈度Ⅷ—Ⅶ	清代	民居	23 891.085	143

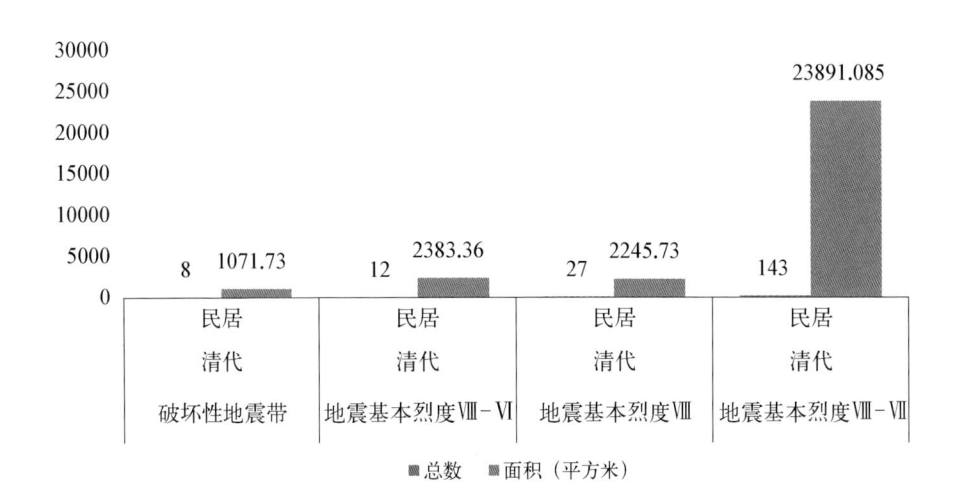

表 5.19　清代宗庙分布与动力地质特征关系图表

动力地质特性	时　代	建筑类型	面积（平方米）	总　数
地震基本烈度＜Ⅵ	清代	宗庙	3 121.595	13
破坏性地震带	清代	宗庙	69 731.74	19
地震基本烈度Ⅷ—Ⅵ	清代	宗庙	3 423.27	24
地震基本烈度Ⅷ	清代	宗庙	22 822.39	37
地震基本烈度Ⅷ—Ⅶ	清代	宗庙	27 837.43	121

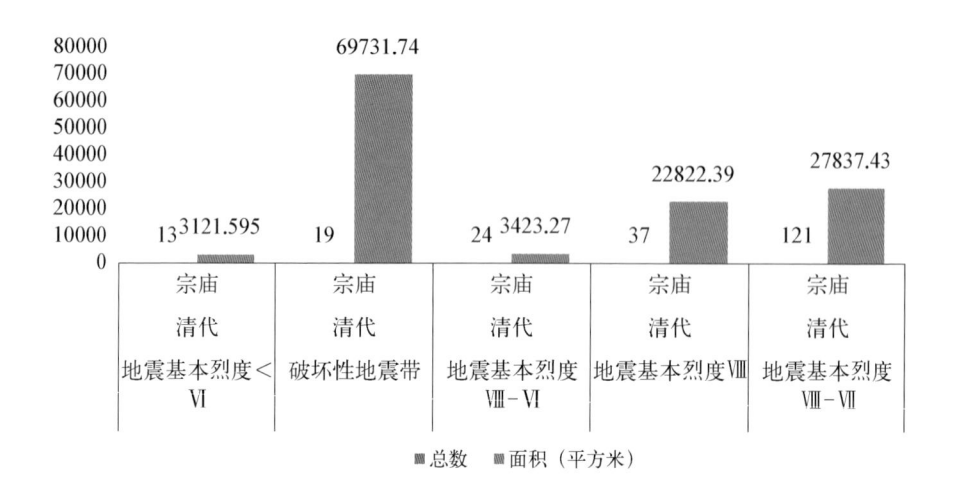

宗庙 清代 地震基本烈度<VI	宗庙 清代 破坏性地震带	宗庙 清代 地震基本烈度 Ⅷ-Ⅵ	宗庙 清代 地震基本烈度Ⅷ	宗庙 清代 地震基本烈度 Ⅷ-Ⅶ
13 / 3121.595	19 / 69731.74	24 / 3423.27	37 / 22822.39	121 / 27837.43

■ 总数　■ 面积（平方米）

三、讨论

经过数据分析，发现隋唐时期建筑选址在各地震动力区间数量分布较为均衡，这与当时西安地区地震对人类活动的影响较小有关。而明代建筑选址主要分布在地震基本烈度Ⅷ—Ⅶ与破坏性地震带之间，其中地震基本烈度Ⅷ—Ⅶ之间数量最多，破坏性地震带之间建筑面积总和最大。这可能是因为在"关中大地震"发生前，建筑选址多位于破坏性地震带之间，导致地震破坏程度较大。后期，人们吸取经验，尽量避开破坏性地震带，因此建筑选址多分布在地震基本烈度Ⅷ—Ⅶ之间。至清代地震基本烈度Ⅷ—Ⅶ之间分布的建筑数量最多，表明人们在选址时尽量避开了地质活动频繁的区域。

基于西安考古数据库的专题应用研究有助于深化对西安地区历史文化的理解。通过对比分析不同时期、不同类型的考古数据，可以观察到西安地区历史文化的变迁与发展轨迹，揭示其背后的社会、政治、经济、文化等因素。这种理解不仅有助于研究者更好的解读历史，也能为现代社会发展提供借鉴与启示。

第六章

结论与展望

随着考古学的发展和科技手段的应用，考古学在重建历史和探古溯源方面发挥着举足轻重的作用。如今，考古学的发展趋势不仅需要不断增强和改善本学科的技术和方法，还需要掌握其他领域的科技方法。考古数据库采用科学的实证方法探究考古现象及背后的形成原因，并采用严谨的科学程序和精密技术手段来分析和检验，从而实现跨学科研究一体化的协调与合作。西安地区考古数据库与考古地理信息系统的构建不是一个封闭的系统，它受到考古学自身发展、文化遗产保护、考古科研和公众服务的需求驱动，同时也随着考古学科的各种理论和方法、地理信息技术、计算机信息技术等的发展而不断演进。

第一节 结论与观点

一、研究结论

我们基于田野考古学、环境考古学、考古地理信息科学和计量考古学理论，利用区域分析法、数字环境考古分析法和空间分析法，基于空间信息采集技术、大数据技术和地理信息技术构建了西安考古数据库，在数据库建设的基础上，利用GIS技术和大数据技术开发西安文物考古地理信息系统，并利用西安考古数据库中的数据进行了相应的案例研究。主要得出以下结论：

（一）利用已有资源构建西安地区考古数据库

在搜集、分析整理西安地区考古调查、勘探、发掘、文物普查、文物保护规划资料的基础上，厘清西安地区考古数据库建设思路、建设原则与建设流程，并制定数据库标准体系。同时，进行数据编码设计、数据空间参考设计、基础地理数据设计、考古调查数据设计、考古勘探数据设计、考古发掘数据设计及文物保护单位数据设计等。进一步依据各类数据标准，结合已有考古资源搜集、整理情况，按照各个子库标准分别完成数据处理、录入和建库。

（二）实现西安文物考古一张图功能与应用

在进行考古需求分析的基础上，基于西安考古数据库的构建，分别从基础设施层、数据层、组件和服务层、应用层和用户层五个层次进行西安文物考古地理信息系统架构设计，利用大数据、WebGIS、微服务架构技术，构建系统，并进行了系统功能模块研发，包括：数据录入处理系统、考古数据中心、考古一张图系统、模型分析系统、运维管理系统、历史图库系统、文献检索系统和共享交换系统。基于全市统一城市规划坐标系，实现了将各类文物资源和考古数据叠加到一张总图上，实现了一张图文物管理、数据分析和综合应用。

（三）基于西安考古数据库进行案例研究

基于西安地区考古数据库建设成果，利用基础地理空间信息、文物保护单位、文物普查信息、考古勘探、考古发掘等多个子库进行西安考古的案例研究。例如：对西安148个新石器时代聚落遗址进行了文化重心迁移与环境考古研究，分别分析了西安市主城区遗址分布的集聚区域，探讨了遗址空间分布与高程、坡度、坡向、水系的关系，分析了西安新石器不同文化类型阶段的人地关系等。通过对唐长安城周边唐代墓葬的数据统计，分析了研究样本中出土某类器物的墓葬数量与所在时期墓葬总数的百分比，并对唐代各个时期的随葬器物种类和数量进行了数据分析与比较，分析了唐代随葬器物的类型分布、数量和社会原因等。通过对长安城周边236座墓葬的可视化分析，探讨了唐长安城郊区纪年墓的空间分布、唐长安城内居民宅邸与葬地之间的关系等。应用考古行业的案例研究证实了数据库构建对考古科研的赋能与支撑。

二、主要观点

西安地区考古数据库的建设涉及西安市地上、地下文物空间，覆盖基础地理空间信息、文物保护单位、文物普查信息、考古勘探、考古发掘、室内整理和研究文献等多个类别数据子库，数据类型丰富、数量庞大，该数据库构建的初衷就是面向应用和研究驱动。一方面，数据库的构建为西安市文物局和西安市文物保护考古研究院提供了支持，辅助城市建设工作，为建设用地审批提供文物埋藏信息，为有效避让文物空间提供了有效的手段。同时，由于在设计时考虑了与西安市城市规划坐标的统一，数据库也为日后向西安市国土空间规划提供文物紫线信息奠定基础，为城市文化遗产保护规划提供支撑。另一方面，数据库的建设不仅能够满足文物管理部门的需求，还能为西安市文物保护考古研究院的研究提供助力，特别是在隋唐长安城重点专项数据库建设中，整合了西安市历史地图集、考古勘探和考古发掘遗迹分布等信息。通过考古发掘的实证和精确测绘，集合数据库提供的信息，研究者验证了隋唐长安城东北角的发现以及安仁坊十字横街的发现。这些考古发现不仅验证了西安市历史地图集绘制的准确性，也为历史地图修订工作提供了辅助，更为预测性考古发掘与研究提供了新手段。

本书探讨了西安地区数据库的建设与应用，以及考古地理信息系统建设，并在系统开发的基础上进行了案例应用研究。整体而言，有以下三项突出成果：

（一）构建了统一的数字化采集标准

数据采集涉及考古调查、勘探、发掘、文物保护单位、第三次全国文物普查数据等。在统一数据标准之前，采集方法因其原理和技术手段的不同，前期获得了大量多元异构数据格式，这在数据应用过程中，容易造成数据的冗杂和难以利用的弊端。为了构建统一数据库，在充分结合西安市考古工作流程的情况下，制定统一数据标准。具体的方法是结合西安市考古的实际工作与《田野考古工作规程》要求，进行需求分析后，设计适合考古数据库的图层、表格、字段和数据字典等，并对数据采集方法制定了具体的标准要求。这极大方便了对田野考古资料的统一记录与存储，同时保障了数据的安全，数据的标准化采集也反作用于田野考古业务流程，实现了对业务流程的优化，也为数据的获取提供了便利。

（二）通过"数据湖"技术实现了考古数据的跨库整合与分析

在统一的数据标准下，建立了完整的覆盖全市的基础地形数据、遥感影像数据、城市历史地理数据、考古勘探数据、考古发掘数据、文献数据、第三次全国文物普查数据、全市文物保护单位数据的西安地区考古数据库。这些子库通过"数据湖"技术在逻辑上构成了一个总库，各个子库之间通过数据标准、对象标识码进行关联，实现了跨子库整合和分析。

（三）建立了首个基于统一城市规划空间参考基准的文物考古地理信息系统

探索建立了以数据库为基础的西安地区城市文物考古地理信息系统，这是国内首个基于全市统一城市规划空间参考基准，利用地理信息和大数据技术建成的文化遗产可视化"一张图"管理和辅助考古科研分析的大数据系统平台。该系统的建成和应用全面支撑全市文物资源管理和考古科研工作，系统规避了以往单个遗址建立地理信息系统，单项业务独立构建烟囱式系统的弊端，可打破"数据孤岛"，避免资源浪费。系统首次从区域整体思路建成综合文物考古

"一张图"，形成的一系列创新成果，包括相关标准、技术、架构和应用，将对我国文物考古大数据库建设起到示范、引领和借鉴作用，符合国家文物局"十四五"专项规划对于推动实现从文物资源大国向文物保护利用强国的要求。

三、示范意义

西安地区城市考古地理信息系统具有一定的开创性，是考古数据库、地理信息系统与考古学科研究的综合应用，具有一定的示范意义。

（1）以整个西安地区为研究对象，构建具有关联的各个子库，集史地、文献和考古学研究成果于一体。

针对西安市考古工作涉及的不同方向，对西安市文物保护考古研究院所有文物考古数据进行整理分析，设立了不同的类别，再根据不同的类别设计对应的数据结构。专题库有西安市第三次全国文物普查、考古勘探、考古发掘、文物保护单位数据库等。通过将以往考古工作获得的文字资料、结构化信息、图形信息、图像资料分门别类采集进库中，关联空间信息和图像信息，进而将各个子数据库进行整合，使其在一个总库中进行集成管理。这些子库的信息互为关联，实现了跨库检索和分析，将考古成果与历史资料、文献资料集中统一于西安大区域数据库下，为西安市考古研究提供不同维度的数据与资料。

（2）建立了一套数据标准体系，规范业务流程，实现标准化数据采集，又反作用于田野考古业务流程，优化了考古业务流程。

由于考古数据具有数据量大、数据结构复杂、纸质资料存储、空间和属性数据紧密联系等特点，项目投入大量的工作完成了数据录入。首先，需要将纸质资料进行人工提取，根据需求建立数据库表，将文字资料转变为格式规范的结构化数据，再进行数据录入，对遗迹进行地图空间定位等一系列操作，从而完成考古数据库建设。而数据库标准的制定则是重中之重，也是要重点解决的问题，鉴于涉及的数据较为繁杂与纷乱，针对城市考古工作性质和需求的分析对数据库的建设来说就至关重要。在需求分析的基础上，制定出适合整个区域各类别考古数据适用的标准。具体方法是结合西安市考古的实际工作与《田野考古工作规程》要求，参考《田野考古工作规程》《田野考古勘探工作规程》《田野考古发掘项目管理规范》和相关行业技术标准等，进行需求分析后，设计适合考古数据库的各个图层、表格、字段和数据字典等。针对每一个子数据库制定适合的结构，做到可共享可扩展性，保障数据成果的标准性、规范性和数据质量。

为了适应新标准下的数据采集，本研究通过制定一套共性较强的考古数据格式与标准反作用于田野考古业务流程，促进了新标准下数据的生成；利用数字绘图技术，逐步代替部分传统手工记录和纸质考古绘图工作，大大提高了田野考古整体工作效率，优化了田野考古业务流程。

（3）提供多专题、多类型时空数据分析功能，助力文化遗产资源管理与考古分析研究。

在文化遗产数据时空特性基础上，系统为数据的应用提供了多种分析功能，为文化遗产资源管理提供了基础。系统为城市建设提供查询、空间分析、专题地图制作和可视化展示等多种服务。利用这种服务，可在实际工作中为城市规划提供支持，打破文化遗产保护和城市规划之间的壁垒。近几年，随着城市建设脚步的加快，配合西安市基本建设的主要考古部门压力与日俱增，这要求文物考古部门对城市考古的综合状况有一个全面的掌握，而数据库的建设恰恰满足了这种需求，并且具备基本的查询、统计功能，还可针对文物部门的提前决策进行缓冲区分析，对指定区域和规定红线范围进行文物影响评估，为相关部门提供决策依据，加快西安市的规划供地工作。

西安地区考古数据库的建设也能辅助考古科研工作，在各期历史地图"底座"的基础上，为考古工作提供"一张图"的工作方法与系统性的参考意见，通过叠加已有碎片化考古资源，并提供预测性分析模式，构建"城市考古新范式"，有助于提高考古科研水平，促进以新的视角发现问题。这种基于"一张图"模式的服务为考古科研工作者提供了从空中鸟瞰的视角，能够从更大范围的地理空间视角，全面、系统地研究遗址空间分布规律及其与周边地形地貌的关系，为考古工作节省时间和人力，有利于对考古历史资料的挖掘，也提高了准确性。这种由空间预测指导实际考古发掘的模式在新时代下为文化遗产保护提供了一种新方法，也有利于更多基于统计学基础上的系统性考古区域研究的推进，促进千年古都的数字重现。

（4）隋唐长安城考古阶段性成果为都城考古提供了新方法与实践案例。

隋唐长安城遗址是全国重点文物保护单位，其考古工作一直是西安地区的重要考古工作，半个世纪以来取得了重要进展。1957年，陕西省文物管理委员会对长安城的范围和各城门的位置等进行了考古勘探和推测。1957年3月—6月，唐长安城外郭城、城门位置勘探，并对大明宫进行考古勘查、试掘，隋唐长安城的考古工作正式展开。近年来，随着长安城城门、宫殿、寺院、里坊的发掘，长安城内部结构得到进一步展现；华清宫、灞桥、东渭桥等遗址的发掘，为隋唐时期离宫别馆、道路桥梁研究提供了新的资料。然而，在众多考古工作以及考古成果不断涌现的情况下，隋唐长安城考古依旧存在着不小的难度。在已有实测、发掘和研究成果下，隋唐长安城与西安市主城区的相对位置以及长安城的整体结构仍然不太明晰，致使早前西安市规划的隋唐长安城保护范围出现了一些偏差。在利用现有研究成果进行地图配准时也发现不同成果之间还存在偏移，这对隋唐长安城考古提出了新的挑战。

鉴于地理信息系统的时空分析特性，以及西安城区叠压在隋唐长安城上的现状，在已经建成的隋唐长安城考古专题数据库的基础上，利用地理信息系统与考古勘探、发掘相配合的方式展开隋唐长安城的考古工作，采取的工作步骤包括：校准相关学者根据文献和考古发掘绘制的隋唐长安城复原图与实测图；对已经勘探和发掘的项目进行了测绘与矢量化处理；并根据发掘结果和文献记录，按照类别制作预测图层，对隋唐长安城的整体格局有了比较明确的认识。

数据库的建设为在隋唐长安城地图上拼出完整的城市布局和内部结构奠定了基础。通过长安城外郭城北墙的预测图层找到了北墙与东墙的交会区域，在此区域布方发掘出了外郭城的东北角。该区域内分布着较为丰富的隋唐长安城遗址，已发现有隋唐长安城外郭城北城墙、东城墙、夹城墙及之间的夹城道路，禁苑内的一段夹城，十六王宅北坊墙、东坊墙墙基，还有多条道路遗存。同时，在借鉴预测图层的情况下，后续考古发掘中发现了隋唐长安城外郭城南墙、永阳坊南墙、城壕、顺城路以及城外道路等遗迹，并发现了可能为永阳坊南门的遗存，大致确定了隋唐长安城外郭城南墙一带的形制布局和遗址保存状况，取得了重要收获。

将隋唐长安城的考古发掘与考古文物地理信息系统结合的过程，为都城考古提供了新的解决问题的方案与思路。同时，地理信息技术的应用不但能验证西安市历史地图绘制的准确性，也能辅助历史地图的修订工作。在预测图层的支持下，在配合城市基本建设的紧迫形势中，能够有针对性地开展各类遗迹单位的发掘工作，利用更多的科技手段将碎片化的发掘区域拼合成逐渐完整的隋唐长安城一张图。这项重点成果，对于古今叠压型历史名城的考古工作具有重要示范意义，可以在影响范围最小、效率最高的情况下，对古代遗址进行精准发掘，提高考古工作的效率，为解决城市发展与考古工作的矛盾提供另一种思路。

5）全信息记录与多手段展示服务公众考古，讲好中国故事。

公众考古是考古学的一个研究领域。西安地区城市考古地理信息系统以数据库为依托，利用全息记录与多手段展示技术，深挖西安历史文化资源价值，创新公众考古传播展示技术，打破传统记录展示手段，促使文物资源活化利用。通过构建西安地区考古数据库，充分对文物资源进行多维度、多视角展示，为文化遗产管理、保护、研究、利用、展示和挖掘提供支撑，让数据流动起来，使文物资源真正"活"起来。它扩展了传统数据记录手段，如拍照、绘图、文字记录，数据库采用了包括三维激光扫描、立体视觉图像采集、高光谱图像信息采集等技术手段，结合荧光分析、碳十四测年分析、古 DNA 数据分析等科技考古技术，为考古数据的采集和分析提供了强大的工具，丰富了考古信息图谱，有利于多学科交叉融合，奠定了考古成果转换为生产力的基础，为考古赋能文化科技发展提供了一手数据资源。

考古数据库在不断完善的过程中能够为公众提供考古教育平台，将普通公众所关心的话题带入到生活中，从知识性、趣味性、故事性甚至娱乐性视角进行考古科普。利用 VR、AR 等虚拟现实技术以及现代化科技手段介绍考古学科的基本知识，包括一般概念、研究对象、知识体系、技术手段、理论方法、工作流程、学科范畴、内涵外延、时代发展和科学精神等，增加教育的趣味性。

第二节　重　要　价　值

西安地区城市考古地理信息系统的建设既是一次考古学科技术交叉应用的探索与尝试，又是一次对传统考古学思想的延伸。从构思到完成，是在考古地层学与类型学的基础上的一次拓展，是尝试用现代信息技术以及空间思维拓展考古学的信息获取方法与分析能力，从而达到对历史的全新认知，并对考古学方法论进行新的思考。

从考古学方法与理论的角度进行总结与归纳，本研究的主要价值在于：

一、统计考古学的实践应用

西安地区考古数据库的建设是统计考古学的一次有力尝试。该数据库能够汇总并集中展示西安地区的所有考古数据，从而突破了以往以单个遗迹为研究对象的传统考古学方法。在此基础上，开始探索以大区域为研究维度，对数据进行整合分析，以推演出区域文化的发展规律。在大数据时代，对考古数据的整合是至关重要的考古学步骤。这不仅突破了传统考古学方法中以个人为基础的碎片化数据研究，同时从实践层面来看，统计学对于处理海量数据、比较两个现象之间的联系以及挖掘数据中有价值的认识都具有非常重要的意义。

除数据库外，以数据库为基础的西安文物考古地理信息系统提供了强大的统计分析能力。该系统的空间统计和预测分析等功能最为典型，可以对区域内的考古数据进行总结，尤其对大遗址考古，例如为隋唐长安城未知遗址的发掘提供强有力的支持分析能力。

本研究是考古学发展到新时期对考古学方法演变发展的一次重大尝试，对于西安这座历史文化名城的考古发掘工作，起着重要的推动作用。随着计算机软件与硬件的发展，考古统计学已经变得相对容易了，但是当前统计考古的实际应用还处于起步阶段，对考古数据的基本处理、分析功能的开发还有待强化。

二、从时空大范围视角研究都城考古的实践

大区域的考古数据库建设可以突破考古学研究的时空角度限制，以聚落为维度研究古代人类的活动。当今考古学中聚落考古的研究方法被广泛应用，聚落考古所开创的野外收集材料的方法，开创了考古学研究古代社会最重要的方法，即从区域的角度来研究一个或多个遗址，遗址不是孤立的，必须放在一个区域环境中来考察。

西安地区考古数据库以西安市下辖的 11 个区、2 个县，总面积 10 108 平方公里为研究范围，包含汉长安城、隋唐长安城等多个大型遗址，数据库包含多个子库和专题数据库。这些都是在大空间尺度下，基于全市统一城市规划空间参考基准，对考古数据的一种综合与集成，是对考古遗址、遗迹在空间上的一种利用。在西安地区考古数据库的基础上，借助 GIS 空间分析技术，如高程、坡度、坡向、水文、缓冲区、可视域等分析，对调查、勘探和发掘获取的

各类田野考古资料和已有的遥感影像资料、数字高程模型、专题资源进行综合性空间分析,从而充分发掘不同遗迹承载的人类各式复杂活动的地表空间要素的历史意义。在当今的城市考古研究中,空间分析也占有重要的地位,作为一个重要的分析维度,可用于城市考古研究的各个方面,如遗址重心迁移、遗址预测分析等。

除空间属性外,还注重对大区域考古数据时间属性的一种挖掘与研究。研究以"时间轴"为工具,通过对时间轴的拉动来达到对全时代考古信息的掌握。时态分析模型是将时间数据和空间数据相结合,随时间变化了解遗迹现象的时间和空间描述。在时态分析模型中,遗迹是时间轴上特定空间的一个节点,该模型回溯历史简单,只需要指定相应时间,即可查询相应历史时间的遗迹分布。通过选择数据来源、间隔时间、分析模式实现时态分析,利用时间轴对历史时态进行管理,当时间轴过渡到一个时间截面时,地图可以与时间截面进行联动,在不同的时间截面,可以获取该时间截面和空间范围的遗迹展示。

大区域尺度下的全时间轴线延展了传统考古学研究视角,突破了传统考古学针对单个遗址研究空间范围和时代的局限,为都城考古学提供了新的研究方法。

三、考古二重证据法在实践中的应用

考古二重证据法是由清华大学国学研究院导师王国维在 1925 年提出的,关于考古学的一项重要方法论,二重证据法的提出极大促进了考古学的萌芽与发展。王国维提出:"吾辈生于今日,幸于纸上材料之外,更得地下之新材料。由此种种材料,我辈因得据以补正纸上之材料,亦得证明古书之某部分全为实录,即百家不雅驯之言,亦无不表示一面之事实。此二重证据法,惟在今始得为之"。[①]

"二重证据法"明确历史文献与考古发掘出土的文物可相互佐证,以期达到探求历史真实面目的目的。进一步阐释二重证据法就是,将历史文献与出土文物进行对比,若对应成功得到验证,则为历史文献、历史地图记载正确,同时正确的历史文献也可以验证相同的考古资料的属性,为实际考古工作与历史文献的校对工作提供有力的方法论。当然,考古学除了有证史的作用外,还有

---

① 王国维,于闽梅. 大家国学(王国维卷)[M]. 天津:天津人民出版社,2009.

补史和纠史的功能，利用考古发掘成果并结合历史地理信息技术，还可以对西安历史地图等历史文献资料进行纠正和补充。

利用西安地区考古数据库进行研究是二重证据法应用的重要实践，是传统考古学理论的一次新的探索。文献对于考古遗存属性的解释只为提供考古发掘的线索和可能，然而数据库与数据分析功能的应用却能从数据层对设想进行验证。例如在隋唐长安城数据库中，考古工作者通过现有数据，利用数据分析工具，制作出长安城外郭城北墙的预测图层，并根据预测图层找到了北墙与东墙的交会区域，在此区域布方发掘出了外郭城的东北角，实测后精度达到厘米级误差，这就验证了史书典籍中对隋唐长安城的布局记载。

本研究利用现代化计算手段，不仅支撑了历史文献资料的验证，更为考古发掘提供了指导借鉴意义，是传统方法论在新时代考古学的创新与发展。

四、演绎思维方法论在考古研究中的应用探索

演绎逻辑思维是从普遍性结论或一般性事理推导出个别性结论的论证方法，在演绎论证中，普遍性结论是依据，而个别性结论是论点。演绎推理中的重要组成部分是由两个简单判断做为前提和一个简单判断作为结论组成的。演绎法在哲学与人文学科领域，可以作为大部分学科的一般原理。

考古学是利用实物遗存资料去研究古代社会的科学。西安地区考古数据库的建设在对数据的广泛采集与统一整理入库中，利用数据分析功能，对相关数据进行总结归类得出一般结论，并利用结论去指导发掘判断，并利用考古发掘实践进行检验和验证。例如在隋唐长安城利用数据库预测图层进行考古发掘时，验证了多处重要遗址的发掘，这一发掘过程就是将演绎逻辑思维通过现代计算机数据分析技术进行验证。大数据技术将隋唐长安城已有的考古遗址进行总结并绘制出预测图层，同时在预测图层所推断的地区进行考古发掘并找到遗址，这两个重要的前提就可以推测演绎出所发掘遗址的属性与功能。

本研究是一次考古学方法论上的创新应用，演绎法作为一项基本的原理应用在考古学实践中可以为考古工作提供积极的指导作用，其推理、演绎的思维可以指导西安城市考古的工作从"被动发掘"到"主动探寻"工作模式的转变，为中国古代城市考古研究提供新的"研究范式"。

第三节 研究展望

从当前建设应用情况以及未来发展情况来看，西安地区考古数据库的建设会随着应用和研究的深入不断发挥更大的作用，伴随着的技术的发展和文化遗产保护视野的拓展，数据库也将向更高层次发展，不断丰富和完善。

随着研究的深入，未来数据库将在以下几个方面发挥作用。

一、推动跨学科研究

西安地区考古数据库的建设涉及了多个学科的研究成果和相关技术，如考古学、文物保护、历史学、历史地理学、城市规划、地理信息科学、测绘科技、地质学、地图学、统计学、计算机信息技术等，数据库融合了多学科研究成果，不同学科可以根据交叉学科研究视角从不同方面在数据库中找到自己需要的数据和信息。如：结合考古学和地理信息科学，可以研究隋唐长安城与周边中小型墓葬的居葬空间关系；结合考古学、城市规划、历史地理学、地理信息科学可以研究关中地区道路、水系、地形与城址、帝王陵墓的山水空间格局；结合考古学与统计学可以计算某个墓群出土遗物的统计学规律，分析该墓群的等级划分等。

二、推动数据共享与服务

建立西安地区考古数据库的目的在于全面数字化、空间化管理全市文物信息资源，通过便捷的网络方式实现文物数据共享，提高数据共享的便捷度。共享是行业主旋律和政府开放数据的基本要求，服务是共享数据的应用方向，有利于提高系统使用的便捷度，拓展应用的深度和广度。数据共享不是对所有数据资源不分级别、不分应用的全部共享，是有权限、有粒度划分的数据共享，可以根据应用需求，设计不同的数据共享标准和技术规范，利用服务接口方式确保数据安全和接口调用的安全审计。文物信息可以进行一定敏感信息的剔除，共享给国土规划相关部门，为城市国土空间规划、文物保护规划提供数据。

在文博行业用户单位里，除了各类文物信息资源，还包括库房文物数据、报告文献和图书资源、文物保护修复数据、考古工地现场视频监控数据、文物巡查执法数据、遗产保护规划数据、遗产监测保护数据以及各类科技考古分析测试数据等。本研究开发的数据库的数据结构可以根据应用需求进行无缝扩展和完善。

三、推动文物大数据建设

应用和服务是文物大数据的主旋律，也是文物大数据发展的本质。建立文物大数据可向以下三个方面努力：

（一）利用大数据技术存储管理文物信息资源

利用大数据技术代替传统关系型数据库技术，为文物资源数据提供高效的查询检索速度、强大的分析挖掘能力和可视化展示功能，给用户带来更高的数据安全和系统性能，提高用户体验。大集中、大存储和超强解析将为多区域多人协同工作创造条件，通过统一平台，将大数据分解为小数据，依照研究人员专长和选择开展局部定向和深入研究，由后台自动整合。实现数据管理上的集中—分散—再集中模式，由此提高研究效率，促进跨领域多学科交叉研究和大区域研究[①]。

（二）利用大数据挖掘文物背后的价值

大数据的价值在于建立相关关系，能够基于现有数据和预测模型对文物资源数据进行预测分析，得出有价值的信息。例如：建立区域、省级甚至全国的文物资源大数据，可以根据各个区域遗址文化分期的特征，对比分析各类出土器物的差异，并结合自然地理环境和生态环境，建立各个遗址和多变量要素之间的分布关系和规律，从而为文化探源、文化发展承袭和文化区系研究提供数据知识。

从工作特点来看，大数据通过从海量的数据信息中提取关联度较大的信息，在有效研究的基础上，发掘事物之间的变化规律，为人们提供参考。基于大数据视角分析历史文化遗产相关问题时可以从某个历史文化遗产进行扩展，然后延伸到其他领域，从不同的学科研究历史文化相关的知识，以大数据平台为支撑，帮助人们从多个角度去研究历史文化遗产的原始形态、变化历程、相互因素之间的关系等。大数据技术在历史文化遗产中的管理和应用，为人们提

---

① 欧阳青. 文物保护大数据管理探析 [J]. 赤子（上中旬），2016（21）：181.

供了丰富的研究工具,在应用效果上更加多样化、系统化[①]。

(三) 结合人工智能建立智能服务系统

将大数据与人工智能结合,如利用深度学习建立预测模型,利用文物知识图谱建立智能检索以及利用大语言模型构建智能问答服务和决策服务,这些应用可以在文物知识服务平台搭建、文物智能机器人建设领域、文创产品设计和开发等方面得到应用。大数据和人工智能技术的结合,必将在传统文物信息资源管理、考古科研分析、文物预防性保护、博物馆信息化、公众考古等领域发挥重要作用。

四、推动文物智能发展

文物知识图谱是一种语义知识网络,能够将查询映射到语义知识库上,使得计算机能够理解人的语义,并对文物图谱知识库进行查询运算和知识推理,得到用户需要的智能的结果。文物知识图谱能够将海量、多源、异构的文物数据包括文物基本信息、空间地图信息、文献资料信息、多媒体图片和视频信息、三维模型数据通过语义关系进行组织和关联,并综合利用大数据、深度学习、自然语言处理等领域核心技术,为用户呈现智能的信息视图。

文物知识图谱可以从非结构化数据中转化出结构化数据并建立数据关联的场景。文物知识图谱实际应用范围不仅仅局限于科研服务与博物馆的展示,也可以用于构建问答系统,部署在博物馆,用来回答游客的提问;或是改进搜索引擎,让文物爱好者足不出户,就能了解历史和文物故事;更能够服务于文物创意设计、文物鉴定、文物修复等行业。它主要提供语义搜索能力,将检索结果以结构化知识的形式提供给用户,而不是普通的搜索条目信息。比如用户输入"李倕墓",则搜索结果会识别出这是一座墓葬,会显示其结构化知识卡片,如墓葬基本信息、墓葬形制、墓葬装饰、墓葬出土器物、墓葬照片、墓主生平事迹、墓主照片、墓主朋友等卡片知识信息,这些信息可以通过链接的形式进行导航。

对于一个文物管理单位或者科研院所,基本是根据业务的不同和时间的发展建立相关的业务系统和数据库,这些数据库往往因为不是同一批人构建的,所以数据库维护的成本很高,数据库访问不方便,而且数据库之间的关系也很

---

① 杨植元. 大数据背景下历史文化遗产的智慧管理与利用 [J]. 智能城市, 2019 (22): 38-39.

难理解。通过构建本体和数据库 Schema 的映射以及数据之间的匹配，就可以方便地实现多元异构数据库的集成和数据的语义关联，并且可以利用本体、知识图谱以及自然语言处理 NLP 技术来对语言进行解析，从而将自然语言查询直接转化为关系型数据查询 SQL 语句去查找数据库，并且给出答案，答案可以用表格、图表或者地图的方式进行呈现。

智能问答系统是一种针对自然语言处理的新型的信息检索系统，近年来因为大语言模型的利用，得到了深度发展和实际利用。它的出现，体现了人们对快速、准确地获取信息的热衷。智能问答就是智能人机交互，可以通过语音交互技术向机器人进行提问，机器人利用云计算超强的计算能力和大语言模型为问题提供智能的解答，类似 ChatGPT、文心一言等产品。后期可以开发文物领域的 ChatGPT，实现面向文物领域知识的智能问答系统，可以用于教学、科普、管理和科研工作。

五、推动公众考古发展

在当今互联网所带来的革命式的传播新媒体影响下，通过更多、更高效的传播途径和工具，将考古成果转化为生产力或者日常产品为大众服务，让公众考古成为考古与公众之间的一座桥梁。考古数据库在公众考古的发展方向可分为公众考古展示和公众考古教育。

（一）公众考古展示

利用考古数据库，结合现代科技手段开展丰富多彩的考古互动参与活动，对观众进行考古知识的阐释、教育和传播。调用考古数据库本身具有的考古资源，将考古发现和研究成果以某一种专题或主题的形式在博物馆作临展或特展，是现在常见的考古成果展览展示方式。在相关的博物馆、展馆、遗址公园等建设配套设施，开展模拟田野考古、文物修复展示和研学等公众考古的项目，采用沉浸式、带入式展示手段将展示展览项目做活，让观众身临其境，实现可观看、可感知和可互动的功能体验。

（二）公众考古教育

除了大学通识考古教育，公众考古教育的另一个类别是展示展览考古过程中的考古教育，特别是考古工地现场、博物馆考古站、考古遗址博物馆等以介绍、讲解类语言交流为主要特点的考古教育方式。通过调用考古数据库资源，由专业的考古人员介绍和讲解发生在考古发掘现场的全新考古发现，将正在发掘中的各种现象和尚未有研究结果的遗存和问题进行交流。或者以室外参观为形式，展现考古遗址博物馆和考古遗址公园独有的原真性、实景性、完整性和不可替代性，形成独具特色的公众考古教育形式。

考古学是过去与现在的桥梁，而信息技术则将现在链接到未来。西安考古数据库和城市考古地理信息系统的建设是新时代将考古工作与大数据库技术相结合的一次有力尝试，符合新时代建设中国特色、中国风格、中国气派考古学的基本要求，是对我国文物保护事业开拓的积极尝试与主动探索。数据库为西安市文化遗产保护提供了文物"数字底板"，为考古工作者提供文物资源空间管控手段，为考古科研工作提供鸟瞰全局视角和分析工具，为考古成果的深度应用提供数据保障与技术平台。

参考文献

中英文书籍

陈铁梅. 定量考古学 [M]. 北京：北京大学出版社，2005.

刘建国. 考古与地理信息系统 [M]. 北京：科学出版社，2007.

马利清. 考古学概论 [M]. 北京：中国人民大学出版社，2010.

李法军，王明辉，朱泓等. 鲤鱼墩——一个华南新石器时代遗址的生物考古学研究 [M]. 广州：中山大学出版社，2013.

[清] 徐松撰，李健超增订. 唐两京城坊考 [M]. 西安：三秦出版社，2019.

吴敏. 凤山楼——聚落考古学视角中的粤东古村落 [M]. 北京：社会科学文献出版社，2019.

史念海. 中国古都和文化 [M]. 重庆：重庆出版社，2021.

Allen K M S, Green S W, Zubrow E B W, et al. 1990, *Interpreting Space: GIS and Archaeology* [M]. Talor & Francis, Philadelpha.

Gaffney V L, Stancic Z. 1996, *GIS Approaches to Regional Analysis: A Case Study of the Island Hvar* [M]. Znanstveni Institut Filozofske Fakultete, Ljubljana.

Zimmerman, L. J. 1977, *Prehistoric Loca-rional Behavior: A Computer Simulation* [M]. University of lowa Press, Lowa City.

Sagona, Antonio, et al. 2016, *An Zac Battle Field: A Gallipoli Landscape of War and Memory* [M]. Cambridge University Press, Cambridge.

中英文论文

马得志. 唐代长安城考古纪略 [J]. 考古，1963（11）：595-611.

宿白. 隋唐长安城和洛阳城 [J]. 考古，1978（6）：409-425+401.

施劲松. 成都平原先秦时期的墓葬、文化与社会 [J]. 考古, 2019 (04): 74 - 87.

宿白. 西安地区的唐墓形制 [J]. 文物, 1995 (12): 41 - 50.

高立兵. 时空解释新手段——欧美考古 GIS 研究的历史、现状和未来 [J]. 考古, 1997 (7): 89 - 95.

曹兵武. GIS 与考古学 [J]. 考古与文物, 1997 (4): 79 - 84.

李岩. 田野考古资料的信息化处理与《田野考古·2000》[J]. 考古, 2000 (6): 90 - 97.

陶卫宁. 陕南汉江走廊新石器时代考古聚落研究 [J]. 经济地理, 2003 (4): 486 - 490.

郭旭东. "殷墟漂没说" 与中国考古学的科学化进程 [J]. 考古与文物, 2003 (3): 63 - 68.

李安波, 毕硕本, 裴安平等. 田野考古地理信息系统研究与建设 [J]. 地理与地理信息科学, 2004 (1): 39 - 42.

顾维玮, 朱诚. 苏北地区新石器时代考古遗址分布特征及其与环境演变关系的研究 [J]. 地理科学, 2005 (2): 239 - 243.

张颖岚. GIS 在考古学的应用现状和前景展望 [J]. 西北大学学报（哲学社会科学版）, 2006 (6): 94 - 97.

张鹏程. 关于建立文物考古数据库的几个问题 [J]. 考古与文物, 2008 (3): 108 - 110.

滕铭予. GIS 在半支箭河中游环境考古中的应用 [J]. 考古与文物, 2009 (1): 93 - 101.

倪金生. 山东沭河上游流域考古遗址预测模型 [J]. 地理进展, 2009, (4): 489 - 493.

张剑葳, 陈薇, 胡明星. GIS 技术在大遗址保护规划中的应用探索——以扬州城遗址保护规划为例 [J]. 建筑学报, 2010 (6): 23 - 27.

柳泽, 毛锋, 周文生等. 基于空间数据库的大遗址文化遗产保护 [J]. 清华大学学报：自然科学版, 2010 (3): 338 - 341.

霍东峰, 梁建军. 田野考古资料数据库的理论、方法与实践——以后套木嘎遗址为例 [J]. 边疆考古研究, 2015 (1): 399 - 406.

张凤梅, 黄羊山, 张红军等. 基于 WebGIS 的文化遗产及景区旅游信息系统的设计与实现［J］．现代测绘，2015（6）：28-30.

魏继印．从新石器时代晚期墓葬看豫陕晋相邻地区的等级分化［J］．华夏考古，2017（3）：131-144.

金鑫，董少春，王晓琪等．基于 ArcGIS Geodatabase 的浙江良渚古城遗址空间数据库的设计与实现［J］．南京大学学报（自然科学），2018（1）：163-175.

孔琪，刘冰，刘欢等．鲁东南新石器遗址时空格局与自然环境的关系［J］．测绘科学，2019（7）：88-95+104.

梁发超，刘诗苑，起晓星等．近 30 年闽南沿海乡村聚落用地空间演化过程研究［J］．农业工程学报，2019（22）：18-26.

赵晶，冯健，王洋．西安新石器时代聚落遗址文化重心迁移与环境考古研究［J］干旱区资源与环境，2021（5）：87-93.

曲轶莉，张开亮．馆藏皮影文物的数字化保护探讨——以黑龙江省民族博物馆馆藏皮影为例［J］．文物保护与考古科学，2022（4）：123-128.

宋伟，毛威，张益泽．GNSS RTK 定位技术的发展历程和机遇［J］．世界科技研究与发展，2023（3）：294-305.

Green S W: Sorting Out Settlement in Southeastern Ireland: Landscape Archaeology and Geographic Information Systems［J］．*Interpreting Space: GIS and Archaeology*，London: Taylor and Francis，1990: 356-363.

Reddy S，Brewster A．Applying GIS to Archaeological Site Prediction on Camp Pendleton，Southern California［J］．*Pacific Coast Archaeological Society Quarterly*，1999，35（1）：7-18.

Bauer A，Nicoll K，Park L，et al．Archaeological Site Distribution by Geomorphic Setting in the Southern Lower Cuyahoga River Valley，Northeastern Ohio: Initial Observations from a GIS Database［J］．*Geoarchaeology-an International Journal*，2004（8）：711-729.

Steinhauser G，Sterba J H，Bichler M，et al．Neutron Activation Analysis of Mediterranean Volcanic Rocks — An Analytical Database for Archaeological Stratigraphy［J］．*Applied Geochemistry*，2006（8）：1362-1375.

Hein A，Kilikoglou V．CeraDat-Prototype of a Web-Based Relational Database for Archaeological Ceramics［J］．*Archaeometry*，2012（2）：230-243.

Mazzia N, Gomez J C. GIS and Landscape Archaeology: A Case of Study in the Argentine Pampas [J]. *International Journal of Heritage in the Digital Era*, 2013 (4): 527-546.

Sewell J. Higher-Order Settlements in Early Hellenistic Italy: A Quantitative Analysis of a New Archaeological Database. [J]. *American Journal of Archaeology*, 2016, 120 (4): 603-630.

Diez, Fernandez-Lomana, J, et al. The Holocene Archaeological Research Around Sierra de Atapuerca (Burgos, Spain) and Its Projection in a GIS Geospatial Database [J]. *Quaternary International*, 2017 (433): 1-25.

Shnewer F M, Hasan A A, Al-Zuhairy M S. Groundwater Site Prediction Using Remote Sensing, GIS and Statistical Approaches: A Case Study in the Western Desert, Iraq [J]. *International Journal of Engineering & Technology*, 2018 (4): 166-173.

Caracausi S, Berruti G L F, Daffara S, et al. Use of a GIS Predictive Model for the Identification of High Altitude Prehistoric Human Frequentations. Results of the Sessera Valley Project (Piedmont, Italy) [J]. *Quaternary International*, 2018 (490): 10-20.

Filzwieser R, Eichert S. Towards an Online Database for Archaeological Landscapes. Using the Web Based, Open Source Software OpenAtlas for the Acquisition, Analysis and Dissemination of Archaeological and Historical Data on a Landscape Basis. [J]. *Heritage*, 2020 (4): 1385-1401.

Michael F, Sarah G. Landscapes of Mobility and Movement in North-West Arabia: A Remote Sensing Study of the Neom Impact Zone [J]. *Land*, 2022 (11): 1941.

后　记

　　本书是对已结项的国家社科基金项目的修改和扩充，自2015年底正式启动西安文物考古地理信息系统项目以来，已历时八年多，当初的设想终于落地，并在实际考古工作中发挥作用。我们亲历了文物考古工作与信息技术融合的过程，见证了考古数据库在公众考古发展中所发挥的作用，遇到了考古语言与数字语言碰撞的困惑，更面对了历史过往数据与多元考古数据采集的困难。幸运的是，在实际运行中构建了一套多尺度、多元异构的考古数据集成和相关标准体系，这套体系不仅满足了设计之初提出的构想与技术指标要求，并且随着考古事业的发展以及数字技术的应用，支持了考古全流程数据的数字化采集、存储、管理的动态更新，使我们能够不断适应和优化不同类别数据的多种模式。

　　西安市文物保护考古研究院承担着大量配合基本建设的考古工作，工作任务重、方向繁杂。在国家文物局强调城市考古工作应在"一张图"上完成的指导下，作为城市考古的主要承担者，我院充分利用遥感、高精度测量、三维建模、出土文物信息全提取等技术，提高城市考古工作的科学性和规范性，实现了配合基本建设的考古工作从"被动工作"到"主动服务""主动研究"的转变。如今的西安文物考古"一张图"不仅能为专业考古工作者提供数据服务，通过数据挖掘和分析，协助考古工作者发现结构性、格局性的遗址、墓葬等，还可为行政部门提供决策依据，支持城建规划布局时的文化遗产保护。同时，数据库还可为文物保护、修复等工作提供参考，提高工作效率和质量。

　　我们衷心感谢为本项目提供宝贵意见的专家学者，正是他们一遍又一遍的论证，使得项目得以顺利进行。特别感谢时任陕西省文物局局长赵荣先生和时任西安市文物局局长郑育林先生的大力支持，没有他们，数据库的底层设计和标准制定便无从谈起；感谢陕西省副省长徐明非先生，中国社会科学院考古研究所安家瑶女士、袁靖先生、刘瑞先生、刘振东先生、付仲杨先生、宋江宁先生，陕西省文物局孙周勇先生，陕西省考古研究院种建荣先生，西北大学马健先生、习通源先生、谢元礼先生，武汉大学仲思东先生，复旦大学王辉先生，陕西师范大学崔建新女士，时任洛阳市考古研究院院长史家珍先生，西安市勘察测绘院张周平先生、张春奎先生等，他们都曾参与系统建设的讨论，提出了真知灼见；感谢院内、院外所有参与系统建设的人员，他们八年多默默无闻的案头建档、田野勘核、反复校准，使西安文物考古"一张图"成为能被真正"看见"的"一张图"。在本书的撰写及修改过程中，中国社会科学院考古研究所刘建国先生提供了专业意见，西安云图信息技术有限公司的技术人员为书籍制作了精美的插图及表格，在此表示感谢。

当西安考古"一张图"首次以略显稚嫩的面貌呈现在公众面前时，我们既欣喜，也担心，担心它还有很多缺点，甚至漏洞，担心它能否成为大家接受的方式。然而，随着全国各兄弟单位陆续启动自己的考古地理信息系统建设，我们更加坚定了前进方向。我们希望全面、真实地展示我们的工作思路、数据库架构，希望对各位同行有所参考，不至于走我们走过的弯路。在此基础上能够生成适合各自区域考古工作特点的架构流程，实现区域资源整合与共享，进而转型成区域性、专题性、互通性的分级考古平台，那么考古工作面貌与科研成果产出也许会进入一个新时代。

我们相信不久的将来，文物考古"一张图"一定能发挥更为强大的作用，为考古工作者提供更多帮助，为考古学提供更为广阔的视角，推动考古事业的繁荣发展。随着文物考古数据库的不断优化升级，不仅能助力孵化更多的考古新成果，还能促进考古成果的保护、展示，成为讲好中国故事的平台，架起考古工作者与公众沟通的桥梁。让我们以考古工作为基础、以信息技术为助力，在新时代的考古事业中不断创新，不断推动考古工作走向更加广阔的天地。

冯 健 赵 晶
于西安市文物保护考古研究院
2024 年 6 月